Social Education for Infants and Young Children

영유아 사회교육

구경선

JUNGMINSA
정민사

이 저서는 2023년 서울신학대학교 연구년 연구비 지원에 의한 것임

머리말

현대 사회는 인공지능, 사물인터넷, 우주 산업 등 과학기술의 급속한 발전이 이루어지고 있으나, 인간의 정신적 성숙은 이를 따라가지 못하고 있는 실정이다. 최근 우리나라에 나타나는 다양한 현상을 생각해 보게 된다. 외국 언론에서조차 다루고 있는 '묻지마' 폭행, '묻지마' 살해, 충격적인 것은 교육 현장에서 벌어지고 있는 교사에 대한 학생과 학부모 갑질이 교사의 극단적 선택으로 이어지는 현실. 반갑지 않은 이런 주제들이 오늘을 살아가는 우리 마음을 무겁게 하고 있다. 이러한 사회적 현상들을 분석하고 그 대책을 세우기 위해 다양한 분야의 전문가들이 그 원인을 진단하고 있다. 왜 이런 현상들이 나타나게 되었을까?

불특정 다수를 향해 개인 내면의 불만이나 분노를 표출하는 것인가? 다른 사람들로부터 관심을 받고 싶은 것인가? 내 아이의 자존감과 존중이 너무 귀하기 때문에 교사나 타인에 대한 존중과 배려에 관심이 없는 것인가?

오늘날 가족 중심의 사회로 한 가정에 한두 명의 자녀를 양육하면서, 부모의 자녀에 대한 과잉양육의 문제가 나타나고 있다. 과잉양육(hyper-parenting)이란 자녀를 지나치게 배려하는 것을 말한다. 우리나라뿐만 아니라 외국에도 이러한 현상이 나타나고 있지만 유독 우리나라 부모들은 아이의 성공에 방해가 된다고 생각되는 모든 장애물을 부모가 알아서 제거해 주려는 성향이 있다. 부모의 마음을 들여다보면 자녀를 위한다기보다 부모 자신이 불안해서 사소한 부분까지 아이의 욕구를 즉시 해결해 주는 정성을 보이지만 정작 아이의 인성교육에는 관심이 없어 보인다. 아이는 역경과 장애물을 헤쳐나가면서 문제해결 능력이 생기고 문제해결 방법을 찾는 과정에서 주도성이 생기게 된다. 그러나 과잉양육을 받은 아이는 역경을 이길 힘과 의지가 부족하여 문제를 회피하거나 긴장을 해소하기 위해 충동적인 행동을 하며 자존감은 낮고 근거 없는 자신감만 키워질 수 있다.

영유아교육은 다변화하는 현대 사회에서 나를 존중하고 자신의 능력을 발휘하며 생활할 뿐만 아니라 다른 사람과 더불어 조화롭고 건강하게 살 수 있는 능력을 개발하여 바른 인성과 민주시민의 기초를 형성하도록 하는 것이다. 특히 사회성과 정서발달의 결정적 시기인 영유아기는 이러한 역량을 길러주는 사회교육의 최적기라 할 수 있다.

영유아 사회교육은 영유아가 사회구성원으로서 살아가는 데 필요한 지식, 기술, 태도, 가치를 이해하고 다양한 경험을 통해 사회적 역량을 기르게 하는 교육이다. 이를 위해 필요한 사회적 능력은 다음과 같다(이현경 외, 2020).

첫째, 사회적 능력의 기본 단위인 나, 가족, 또래 그리고 사회에 대해 알아야 한다.

둘째, 공감하는 능력이 필요하다. 자기 중심에서 벗어나 다른 사람의 입장에서 그 사람의 감정과 의도, 입장 등을 추론하는 능력을 배워야 한다.

셋째, 다른 사람의 다름을 인정하고 소통하는 능력인 의사소통 능력을 키워야 한다. 의사소통은 사람과 주변의 환경 속에서 관계를 맺고 그 관계를 유지해 나가는 데 필요한 능력이다.

넷째, 궁극적으로 이러한 사회적 능력은 영유아가 행복하게 살아가는 데 있어 중요한 요소이다.

이 책은 전체 3부, 7장으로 구성되어 있다.

제1부는 4개의 장으로 구성되어 있으며, 영유아 사회·정서지도에 대해 다루고 있다.

1장에서는 영유아의 사회화와 관련된 내용으로 구성하였다. 사회성과 사회화의 개념에 대해 다루었고 영유아 사회화에 미치는 영향으로 가정, 또래, 유아교육기관, 교사, 대중매체에 대해 살펴보았다.

2장에서는 영유아 사회성 발달과 관련된 이론들을 살펴보고 이들 이론들이 영유아 사회성 발달에 주는 시사점과 교사의 역할에 대해 살펴보았다. 성숙주의이론, 사회학습이론, 정신분석이론, 인지발달이론, 생태학적 이론에서 다루는 사회성의 의미와 내용들을 살펴보았다.

3장에서는 영유아 사회·정서발달과 관련하여 자아발달과 관련된 내용과 사회적 관계 발달에 대한 내용으로 나누어 다루었다. 자아발달에는 자아 및 자아존중감, 정서발달, 성역할발달 그리고 이를 지원하기 위한 교사의 역할에 대해 다루었다. 사회적 관계발달에는 애착, 친사회적 행동, 도덕성 발달과 이를 지원하기 위한 교사의 역할에 대해 알아보았다.

4장에서는 유아교육 현장에서 교사가 사회·정서적으로 어려움을 겪는 영유아를 조기에 파악하여 적절한 지도방안을 마련할 수 있는 능력을 키울 수 있도록 영유아의 사회·정서적 어려움에 대해 다루었다. 영유아가 사회적 관계에서 겪을 수 있는 어려움으로 스트레스, 공격성, 주의력결핍 과잉행동장애에 대하여 살펴보았다. 성인 우울과 다른 형태로 나타나는, 그러나 매우 민감하게 살펴야 하는 소아 우울에 대한 내용은 이 책에서 다루지 않았다.

제2부는 크게 2개의 장으로 구성되며 영유아 사회교육과 사회교육과정에 대한 내용을 다루고 있다.

5장에서는 영유아 사회교육이란 무엇이며, 영유아 사회교육의 내용과 범위에 대해 살펴보았다. 영유아 사회교육에서 다루는 사회과학적 지식 중 지리(공간적 개념), 역사(시간적 개념), 경제, 환경, 다문화에 대한 개념과 학습 내용, 발달을 위한 지원방안에 대해 살펴보았다.

6장에서는 영유아 사회교육과정의 이해 및 교수–학습 방법, 평가를 중심으로 살펴보았다. 먼저 제4차 어린이집 표준보육과정과 2019 개정 누리과정 사회관계 영역의 목표와 내용을 살펴봄으로써 국가 수준의 교육과정에서 제시한 영유아 사회교육의 내용들을 다루었다. 둘째, 영유아 사회교육의 교수–학습 방법 및 평가 방법을 다루었다. 영유아 교육 현장에서 활용할 수 있는 교수–학습 방법을 활용하여 영유아의 학습을 지원하고 평가해 볼 수 있는 내용을 제안하였다.

제3부는 영유아 사회교육의 실제에 대해 다루었다.

7장에서는 표준보육과정에 소개된 영아를 위한 사회교육의 실제와 2019 개정 누리과정에 소개된 유아를 위한 사회교육과 유아의 실제 경험을 소개하였고, 유아를 위한 사회교육은 사회교육으로만 다루어지는 것이 아니라 5개 영역과 어떻게 통합적으로 이해할 수 있는지 소개하고 있다.

이 책은 영유아의 사회·정서발달을 돕기 위해 예비교사가 영유아의 발달이론에 기초하여 일상생활과 교육 장면에서 영유아의 긍정적 자아개념과 사회적 상호작용을 증진시킬 수 있는 내용으로 구성하였다. 또한 영유아가 다른 사람과 함께 더불어 행복한 공동체를 형성해 나가도록 돕기 위해서는 교사도 행복해야 한다. 행복한 교사가 행복한 아이를 만들 수 있다. 이 책을 통해 영유아 교사는 교육 현장에서 바른 인성과 건강하고 내면이 강인한 정신을 갖춘 아동으로 성장하도록 지원하며 행복한 공동체를 만들어나가는 역량을 기를 수 있기를 바란다. 영유아 사회교육과 사회·정서지도의 내용을 충실히 담아 전달하려고 노력하였으나 부족한 부분은 차후에 더욱 보충하여 수정해 나가도록 하겠다.

2023년 11월

저자 씀

목차

PART 1

영유아 사회·정서지도

PART 2

영유아 사회교육과 사회교육과정

6장 영유아 사회교육과정 • 167

PART 3

영유아 사회교육의 실제

7장 사회교육의 실제 • 207

PART 1

영유아 사회 · 정서지도

chapter 1

영유아의 사회화

1. 사회성과 사회화의 개념
2. 영유아 사회화에 미치는 영향

1. 사회성과 사회화의 개념

영유아는 사회화를 통해 사회성이 길러지고 사회화는 사회성을 바탕으로 이루어진다. 사회성(sociality)이란 출생과 동시에 타인과 접촉하고자 하는 사회적 욕구 내지 공동생활을 유지하려는 성향을 말한다(오성숙 외, 2020). 사회성은 인간의 기본능력 중 하나로, 한 개인이 사회적 또는 집단적 상황 속에서 적절히 적응하고 조절하는 행동의 경향 또는 행동의 특성으로 개인의 사회적응 정도나 대인관계의 원만성을 의미한다. 인간은 사회성 발달을 통해 사회의 한 구성원으로서의 역할을 수행한다. 영유아기는 사회화의 기초가 이루어지는 시기로 사회성 발달은 중요한 의미를 갖고 있다. 영유아의 사회성 발달은 다음과 같은 특징을 가지고 있다(이미진, 2020; 오성숙 외, 2020 재인용).

첫째, 영유아기의 자기주도성을 증가시키고 독립심과 자신감을 얻게 된다. 영유아기는 신체적·정신적으로 상당 부분 부모에 의존하는 경향이 있다. 그러나 6, 7세가 되면 점차 능력이나 기술이 성장하게 되고, 어떤 일에 대해 스스로 결정하고 행동하게 되면서 자신의 능력에 대한 자신감을 갖기 시작한다.

둘째, 영유아의 관심이 가족에서 또래로 바뀌어 가면서 폭넓은 경험을 통해 또래집단이 형성된다. 이러한 경험들은 자기중심적 사고에서 벗어나 인지발달을 촉진시킨다.

셋째, 사회 속에서의 나를 인식하게 되면서 자아개념을 확립하는 기초를 마련한다. 또래와의 생활을 통해 자신의 모습을 객관적으로 볼 수 있게 되며 인지하지 못했던 자신의 장점을 발견하게 된다.

넷째, 성역할에 대해 인지하게 된다. 자신의 성을 의식하고 여자다운 것, 남자다운 것을 선택하고 행동하게 된다. 이러한 특성은 연령이 증가하면서 더 뚜렷해지고 전 생애를 통해 지속된다.

사회성 발달은 생물학적 성장과 성숙이 전제되어야 하며, 동시에 환경적 자극이 큰 영향으로 작용한다.

유아의 사회성이란 유아가 사회의 한 구성원으로 성장, 발달하는 동안에 그 사회에서 공인된 언어, 사고, 감정, 행동 등을 포함하는 생활양식을 학습하여 타인과의 상호접촉을 통한 건전한 사회생활을 할 수 있는 성향을 말한다. 사회성 발달과 사회화는 영유아기를 포함한 생애 전체에 있어 매우 중요하다.

인간은 다양한 잠재력을 가지고 태어나지만 사회적 존재가 곧바로 되는 것은 아니다. 영유아는 자신이 속한 사회의 구성원으로서 성장하는 데 필요한 가치, 기술, 행동들을 습득해 나가야 하는데 이러한 성장 과정을 사회화(socialization)라고 한다. 영유아는 이러한 사회화 과정에서 자기 인식과 타인 인식을 통해 여러 심리적 특성을 분화, 발달시키고 공유하면서 다른 사람들과의 관계를 형성해 나간다.

2. 영유아 사회화에 미치는 영향

영유아를 둘러싼 가족, 또래, 유아교육기관, 지역사회, 국가 등 모든 사회문화적 환경은 영유아가 사회적 관계를 이해하고, 영유아가 한 사회의 구성원으로 성장하는 데 필요한 가치, 기술, 태도를 형성하는 데 중요한 역할을 할 뿐만 아니라 영유아 사회화와 사회성 발달에 지속적인 영향을 미친다. 이러한 사회화 과정에 대한 설명으로 부모 등 가정환경, 또래집단, 유아교육기관 및 교사 그리고 대중매체의 영향이 강조되고 있다(Melendez & Beck, 2007).

1) 가정

영유아 사회화에 영향을 주는 요인 중 가장 직접적인 영향을 미치는 장소는 가정이다. 가정은 부모-자녀 관계뿐만 아니라 가족구성원들끼리 서로 영향을 미치는 곳이며 영유아가 속한 사회에서 필요한 지식, 기술, 태도 등을 배우게 되는 최초의 사회집단이다.

이영자, 유효순과 이정욱(2004)은 영유아의 사회화와 인격 형성에 기여하는 사회적 요인 중 가정이 중요한 요인이라는 것을 다음과 같이 설명하고 있다.

첫째, 가족구성원은 인간이 최초로 그리고 거의 유일하게 사회적 접촉을 하게 되는 사람들이다. 뿐만 아니라 생애 초기는 사회적 발달의 결정적 시기로 영아와 부모 간의 상호작용과 정서적 관계는 이후 관계에서 유아의 기대와 반응을 형성하게 한다.

둘째, 사회문화의 믿음, 가치, 태도 등은 비교적 부모의 주관적인 선택 양상에 따라 걸러져 영유아에게 제시된다. 즉, 부모의 성격, 태도, 사회·경제적 수준, 종교, 교육, 성별 등이 문화의 가치관과 기준을 자녀에게 제시하는 데 영향을 준다.

셋째, 영유아의 사회화 과정을 돕는 부모의 구체적 기술에 따라 영유아의 사회성 발달에 차이가 나타난다. 즉, 어떠한 문화권에서는 영유아가 그 사회에서 성공하고 적응하려면 특정한 목표를 성취하거나 과제를 수행할 것이 요구된다. 그러나 영유아가 이러한 공통적인 과제를 완수하도록 돕는 부모의 구체적인 방법은 부모마다 다르고, 완성에 따른 표현도 다르다.

(1) 가족의 형태

현대 사회의 규모가 축소되고 이에 따라 가족의 기능도 약화되고 있다. 과거의 대가족 중심 가족 형태는 핵가족으로 변했고 다양한 가족들이 나타나게 되었다. 가족의 형태는 영유아의 사회화에 영향을 준다. 현대사회에서 일반적으로 볼 수 있는 가족의 형태는 핵가족, 한부모 가정, 이혼 가정, 맞벌이 가정, 다문화 가정 등이 있다(김희태, 김경희, 2021).

핵가족에서의 영유아는 전통 가정에서보다는 독립적이고 자율적이지만, 부모와 본인 또는 소수의 형제와만 의사소통을 하기 때문에 친사회적 행동을 배우기 어렵다. 이는 가족구성원의 감소로, 대가족제도에서 혜택을 입었던 사회교육에 대한 가정의 역할이나 영향이 줄어들게 된 것이다.

한부모 가족은 양친 중 한쪽과 18세 미만의 자녀로 이루어진 가족을 의미한다. 한부모 가정의 경우, 부 또는 모가 가사, 육아, 경제활동 등을 오롯이 혼자 감당하고 사회적 편견을 견뎌야 하는 어려움이 있다(정현숙, 유계숙, 어주경, 전혜정, 박주희, 2002). 한부모 가정의 자녀는 부모 역할 모델의 부재와 정서적 유대감의 경험에 제한이 있어 사회화에 어려움을 겪을 수 있다.

이혼 가정의 경우, 이혼 당시 아동의 연령이 낮은 유아기일 때는 부모의 이혼으로 공격적 행동, 퇴행 현상 등이 일어날 수 있으며 전조작기 인지적 특성의 영향으로 부모의 이혼이 자신 때문이라는 죄책감을 가질 수 있다. 구체적으로 살펴보면, 연령이 낮은 집단(2.5~3.25세)은 퇴행적 행위(예를 들어, 배변훈련에서의 퇴행), 공격성 증가, 초조감, 혼돈, 주의를 끄는 행동 등으로 반응한다. 연령이 중간 집단(3.25~4.75세)은 퇴행적 행동을 보이며, 공격적이고 울고, 성미가 급하고 초조해진다. 또한 인지수준이 높은 아이는 성인과의 관계에서 불안정한 상태를 보인다. 연령이 높은 집단(5~6세)은 초조감, 높은 정도의 불안감, 성급함, 까다로운 행동이 나타난다. 학령기 아동들은 학교 성적이 하락하고 또래관계의 문제가 생길 수 있으며 버림받았다는 느낌 등을 가지게 되면서 이후 부정적 정서에 노출되어 부적응의 문제가 나타날 수 있다.

맞벌이 가족은 결혼한 부부가 함께 경제활동에 참여하는 가족을 말한다. 맞벌이 가정의 부모는 일과 가정의 균형을 맞추는데 스트레스가 유발되기 쉽고 자녀 양육과 가사노동의 분담에서 갈등과 어려움을 경험하게 된다. 특히 자녀양육에 대한 시간 부족과 직장 스트레스 등으로 어려움을 겪게 되면서 영유아의 사회화가 왜곡될 수 있다. 맞벌이 가정의 부모는 자녀와 함께하는 시간의 양보다 자녀에 대한 부모의 역할과 태도에 집중하는 질적인 상호작용에 집중할 필요가 있다.

다문화 가정은 서로 다른 민족·문화적 배경을 가진 사람들로 구성된 가정이다. 다문화 가정의 영유아는 이중 언어 환경에 노출되어 있으나 일상생활에 필요한 한국어를 완벽하게 구사하지 못하는 경우가 있어 의사소통의 문제, 느낌이나 감정 표현의 제약이 있을 수 있다. 이로 인해 다문화 가정의 영유아는 언어와 사회적응의 문제를 경험할 수 있다.

(2) 부모

부모는 결정적 시기인 영유아의 사회성 발달에 지대한 영향을 주는 사람이다. 부모의 영아와의 상호작용 및 정서적 관계가 영유아기에 다른 사람들과의 사회적 관계 형성에 중요한 영향을 미치게 된다. 부모는 주관적인 선택에 의해 삶을 살아가는 태도, 가치, 신념, 사회적 규칙 및 행동 기준을 영유아에게 제시한다. 영유아는 이렇게 제시된 것들의 영향을 받아 행동을 내면화하게 된다. 특히 부모의 양육태도는 영유아 사회화에 미치는 중요한 사회화 요인이다. 양육태도란 부모가 자녀를 양육함에 있어 보편적으로 보여주는 행동 유형이다. 부모는 양육태도의 유형에 따라서 자녀에 대한 양육 전략을 가지고 자녀를 대하며, 자녀는 그러한 전략에 반응하고 경험하면서 자신의 태도 방식, 가치관 등을 형성하게 된다. 영유아의 사회화와 관련된 바움린트(1991)의 부모 양육태도 유형과 영향을 살펴보면 다음과 같다.

바움린트는 애정과 통제라는 두 차원에 의해 부모의 자녀 양육 유형을 권위적(authoritative) 유형, 독재적(권위주의적; authoritarian) 유형, 허용적(indulgent) 유형, 무관심한(neglectful) 유형으로 범주화하였다. 각 유형의 부모는 자녀의 사회화에 각기 달리 영향을 미치게 된다. 자녀 양육 유형을 구체적으로 살펴보면 다음과 같다.

권위적 부모는 애정적이고 반응적이며 자녀와 대화를 많이 한다. 자녀의 독립심을 격

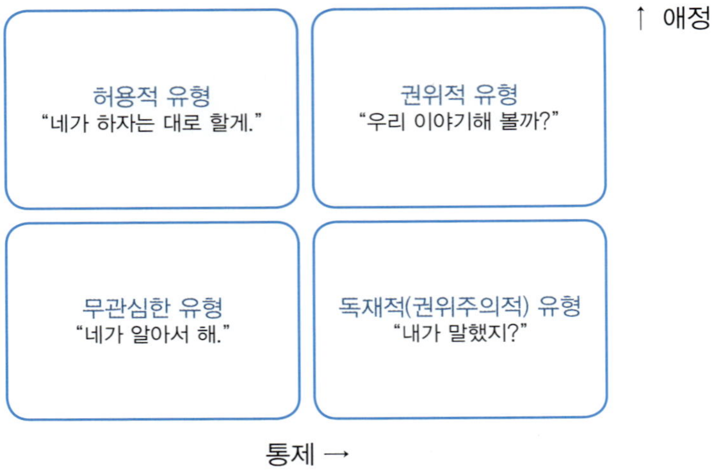

그림 1-1 바움린트의 자녀 양육 유형

려하며 사회에서 허용된 범위 내에서 자율적 행동을 보장한다. 자녀의 그릇된 행동 등 필요한 부분에 대해서는 강하게 제한을 설정하고, 보다 성숙한 행동을 하도록 단호하게 요구하면서도 그것을 자녀가 이해할 수 있도록 논리적 설명이나 이성적 설득, 심리적 강화 등의 방법을 사용한다. 이러한 부모를 둔 자녀는 사회적 책임감이 강하고 자신감과 사회성이 높다. 과제수행 능력에 대한 자신감을 가지고 있으며 감정 조절이 잘 발달되어 있다. 가장 긍정적인 양육 유형이다.

독재적(권위주의적) 부모는 자녀에게 대한 통제와 요구 수준이 높고 즉각적이며 장기적 복종을 강요하고 엄격한 통제를 한다. 부모가 규칙 등을 일방적으로 정하고 절대적으로 지킬 것을 강요하면서 규칙이나 규율에 대한 설명은 거의 하지 않고 훈육 시 체벌이나 강압적 방법을 사용한다. 상호호혜적인 의사소통은 거의 이루어지지 않으며 자녀가 복종하지 않을 경우 부모는 무섭게 처벌하고 자녀의 의지를 꺾으며 자녀가 원하는 것에는 상당히 둔감하다. 이러한 부모를 둔 자녀는 두려움과 걱정이 많고 사회성이 떨어지고 위축되며 자신감이 없어 대인관계를 효율적으로 맺지 못하고 복종적이거나 반항적인 성격을 나타낸다. 이것이 수동적인 공격성으로 표출되기도 한다. 좌절당할 때, 여아는 쉽게 포기할 가능성이 높고, 남아는 적대적인 반응을 보인다.

허용적 부모는 비교적 온정적이고, 비지배적이고 비요구적이며 자녀에게 벌을 주는 경우가 거의 없다. 지나치게 참을성이 많고 자녀로 하여금 모든 결정을 하게 한다. 가장 바람직한 양육 유형으로 오해하지만 사실은 그렇지 않다. 자녀가 훈육 시 성숙한 행동을 할 것을 요구하지도 않고 자녀의 독립심 훈련에도 관심이 없다. 자녀를 애정으로 양육하나 단호한 제한을 설정하지 않아 자녀의 요구를 거의 수용해 주다 보니 자녀에게 끌려가는 유형이다. 따라서 부모는 훈육에 일관성이 없고 자율에 맡기는 방식으로, 자녀는 충동적이고 부모가 없는 낯선 환경에 잘 적응하지 못하며 제멋대로 행동하는 경향이 있다. 허용적 부모의 자녀는 지나치게 의존적이고 성인에게 요구를 많이 하는 경향이 있으며 자신의 요구와 상충되는 것을 요구하면 반항하고 공격적인 반응을 보인다. 도전 과제에 대한 지속성이 낮게 나타난다.

무관심한 부모는 자녀에 대하여 애정과 관심이 부족하고 무관심하며 때로는 냉담하고 엄격하게 대하지도 않는다. 자녀의 요구를 논리적 설명 없이 거부하거나 무시한다. 규범이나 규칙에 대한 통제도 하지 않는 경향이 있다. 이런 부모를 둔 자녀의 특성은 반사회적 성향이 나타나는데, 자기통제력이나 독립심이 부족하고 불안해하며 각종 사회인지적 수행 능력도 떨어진다. 무관심한 태도를 지닌 양육 유형은 가장 심각한 발달적 문제를 야기할 수 있는 유형이다.

표 1-1 부모의 양육태도 유형과 자녀에 미치는 영향

양육태도 유형	아 동 기	청 소 년 기
권위적 태도	• 활기차고 행복하게 지냄 • 자존감이 높고 자기통제를 잘함 • 성유형화가 덜 고정적임	• 자존감이 높음 • 사회적 · 도덕적으로 성숙함 • 학업 성취수준과 교육수준이 높음
독재적 태도	• 정서 상태가 불안하고 위축되며 불안정함 • 욕구좌절 시 적대적 태도를 보임	• 권위적 부모의 자녀에 비해 적응력이 떨어짐 • 허용적이거나 무관심한 부모의 자녀에 비해 학업성취 수준이 높음
허용적 태도	• 충동적이거나 반항적임 • 성인에게 요구가 많고 의존적임 • 과제 완수력이 떨어짐	• 자기통제력이 부족하고 학업성취 수준이 낮음 • 빈번한 약물 사용
무관심한 태도	• 애착, 인지, 놀이 및 사회 · 정서적 기술이 부족함 • 공격적이며 행동이 생각에 앞섬	• 정서적 자기조절력과 학업수행 능력이 부족함 • 빈번한 약물 사용과 비행

출처: 구경선, 김혜경(2011)

부모는 애정을 가지고 자녀와 일관되게 상호작용하면서 명확한 행동 기준을 제시하므로 자녀 발달에 긍정적인 영향을 미칠 수 있다. 부모는 가정에서 자녀에 대한 올바른 교육관을 확립하고 장기적인 교육적 안목으로 양육해야 하며 자녀의 바람직하지 못한 행동에 대해 감정적인 벌을 주지 않아야 한다.

부모의 역할이 영유아의 사회화에 영향을 준다. 부모 한 사람이 주양육자의 역할을 했던 과거와는 달리 양육에서의 아버지의 역할이 강조되면서 공동양육(Coparenting)에 대한 관심이 높아지고 있다. 부모의 공동양육은 자녀 양육에 대한 가치관, 신념 및 부모 각자의 정서 존중, 자녀 양육 관련의 행동과 생각의 공유, 자녀에 대한 지지 방식 등을 부부가 함께 나누고 양육하는 것을 말한다. 이러한 공동양육의 역할은 영유아의 사회적 발달에 긍정적인 영향을 미칠 수 있다(박선진, 강민주, 2020).

2) 또래

영유아가 가족의 테두리를 벗어나 처음 접하게 되는 관계가 또래이다. 영유아기는 또래와의 관계를 통해 사회를 알아가고 사회성과 인성교육이 이루어지는 결정적 시기라고 할 수 있다. 교사는 이러한 결정적 시기를 놓치지 않고 또래와의 다양한 경험을 제공하고 사회관계를 형성해 가는 데 필요한 대처 능력과 기술을 습득하도록 도와주어야 한다.

(1) 또래의 중요성

또래란 연령이나 수준이 비슷한 무리를 말한다. 오늘날 핵가족과 맞벌이 가정의 증가로 영유아는 유아교육기관에서 이른 시기부터 집단생활을 경험하고 또래집단 속에서 그 구성원들과 상호작용을 통해 친밀감과 갈등을 경험하게 된다. 또래관계는 성인과의 관계와는 달리 놀이 중심으로 이루어지고 대등한 관계에서 시작된다. 영유아는 또래관계를 통해 그들만의 공동 관심사를 공유하며 관계 설정에 있어 리더나 다른 영유아와 관계 맺는 법, 자신의 욕구와 분노, 불안을 처리하는 법 등을 배우게 된다. 또래들로부터 수용되면 긍정적 자아개념이 형성되고 거부당하면 자존심이 상하게 된다. 또래의 세계에서 자신의 능력이나, 행동, 인기 등을 스스로 평가하고 다른 또래와 비교함으로써 자신의 유능함을 판단하고 자아 개념을 형성해 나간다. 이처럼 또래관계의 형성은 사회성 발달에 중요한 역할과 의미가 있다(구광현, 이희경, 2002; 김희태, 김경희, 2021).

- 또래는 영유아의 사회화를 돕고 적합한 사회적 행동에 관한 피드백을 제공한다.
- 영유아는 또래와의 상호작용을 통해 자기중심적 사고에서 벗어나 타인을 존중하는 법을 배운다.
- 영유아는 또래와의 상호작용을 통해 자기활동을 스스로 창조하고 통제할 기회를 갖는다.

- 영유아는 또래관계를 통해 새로운 행동을 실행할 기회를 갖는다.
- 영유아는 또래와의 상호작용을 통해 경험을 확장하며 사회적 기술을 향상시킨다.

(2) 또래 관계의 발달과 영유아의 사회화

영아는 생후 약 6개월경부터 다른 영아에 관심을 보인다. 1세 이전의 영아는 또래보다는 놀잇감에 더 많은 관심을 보이며 가지고 논다. 1세경이 되면 또래가 놀잇감과 다른 상호작용이 가능하다는 것을 알게 된다. 또래가 없으면 혼자 놀잇감을 가지고 놀지만 또래가 있으면 또래에게 놀잇감을 건네주거나 혼자 놀이를 할 때보다 다양한 방법으로 놀잇감을 사용한다. 1세 말경에 진정한 의미의 사회적 행동이 나타난다.

2세경에 이르면 또래와의 사회적 상호작용이 증가하고 미소 짓거나 웃는 등 서로 반응을 교환하는 쌍방적인 반응을 보인다. 만 2세 이후부터는 긍정적 상호작용이 증가하지만 놀잇감을 가지고 때리고 깨무는 행동 등의 부정적 상호작용도 증가하는 경향이 있다.

유아기에는 또래와의 상호작용 빈도와 질적 변화가 나타난다. 유아교육기관에서 유아들은 또래와 어울려 생활하면서 또래의 행동을 관찰하고 모방할 수 있는 기회를 가지기 때문에 사회적 상호작용에 필요한 기술을 습득할 수 있게 된다. 유아기에 나타나는 큰 변화는 가정에서의 자기중심적 행동과 태도가 또래관계를 형성하면서 유아의 행동과 태도를 상황에 맞게 조절해 가는 탈중심화 현상이다.

영유아는 다른 영유아와 상호작용을 하고, 사회적 관계에서 서로 도움을 주고받는 것을 배우며 우정을 발달시킨다. 풀 등(Pool, Miller, & Church, 2006)이 제시한 연령에 따른 우정 발달 특성을 소개하면 다음과 같다(조운주, 최일선, 2017: 193 재인용).

① 0~2세

– 영아는 관계를 형성할 준비가 되어 있어서 성인을 놀이에 초대하려고 시도한다.

- 걸음마기 초기 영아는 상호작용은 없으나 모방과 병행놀이를 통하여 또래로부터 긍정적인 사회·인지적 경험을 배운다.
- 걸음마기 후기에 영아는 다른 영아가 울 때 감정이입을 하고 달래려고 한다.
- 원인과 결과에 대한 이해로 친구의 놀잇감을 뺏으면 친구가 운다는 것을 알게 된다.
- 영아의 우정 발달은 자기조절 능력에 근거한다.

② 3~4세

- 3세는 다른 사람의 견해를 알기 어려우며, 이 시기의 우정은 일시적이어서 근접성, 친구의 놀이에 대한 흥미, 친구의 매력적인 외모에 근거한다.
- 4세는 다른 사람의 견해를 알기 시작한다. 특정 동성 친구에 대한 애착을 보이기 시작하며 다른 사람과 상호작용하고, 협동놀이에 참여하기를 원한다. 유아는 다른 친구의 아이디어를 인식하고 놀이에 적응하는 등 긍정적인 상호작용을 통해서 우정을 유지시킨다.
- 자신의 행동이 우정에 어떤 영향을 미치는지 이해하기 어렵다.

③ 5~6세

- 친구에게 관심이 많아서 질문을 하고, 우정을 실험하고, 다른 친구와 함께 활동하는 기쁨을 경험한다.
- 우정 형성을 위해서 관심과 반응을 유도하고 의사소통을 한다.
- 감정이입을 배우고 다른 사람의 관점을 보기 시작하며 다른 사람이 느끼는 것을 느껴서 우정에 헌신한다.
- 친한 친구를 사귀기 원하나 친구는 매일, 매주 바뀔 수 있다.
- 집단에 소속되고, 집단에 강한 정체성을 보인다. 다른 사람과의 관계성을 탐색하면서 자신의 우정 정체성을 발달시킨다. 일부 유아는 리더가 되고 아이디어를 제공할

수 있고, 또 다른 유아는 따르고 친구의 아이디어를 실행하는 역할을 즐긴다.

- 기질적으로 친구들과 어울리는 것을 좋아하는 유아가 있고, 혼자 노는 것을 좋아하는 유아가 있다.

이처럼 또래와의 상호작용은 유아의 사회화와 사회성 발달에 영향을 미친다. 교사가 영유아들에게 다른 사람과 의사소통하는 방법을 학습할 기회, 이해되지 않는 메시지를 명료화할 기회, 놀이 주제들을 통합해 볼 기회, 또래집단의 사회적 규범을 학습할 기회, 놀이 상황에서 타인의 감정적 반응을 다루어 볼 기회, 갈등을 효과적으로 해결해 볼 기회, 공격성에 적절히 반응해 볼 기회를 제공할 때 영유아의 사회화와 사회성 발달에 더욱 효과가 나타난다(구경선, 김혜경, 2011).

3) 유아교육기관

유아교육기관은 영유아가 가정 다음으로 경험하게 되는 중요한 사회적 환경으로, 가정과는 달리 인위적이며 가정을 떠나 최초로 집단생활을 경험하는 사회적 공간이다. 유아교육기관은 영유아가 기본적인 사회기술을 익히고 대인관계 능력을 발달시켜 나가는 환경으로, 이곳에서 영유아가 성공적 경험을 하게 되면 자신감과 정서적 안정감 그리고 사회적 유능감을 획득하게 된다.

(1) 유아교육기관의 물리적 환경

유아교육기관의 물리적 환경은 영유아 사회화에 영향을 준다. 유아교육기관의 규모와 시설, 교실의 공간 배치, 학급의 크기, 놀이자료로 나누어 살펴보자.

① 규모와 시설

유아교육기관은 영유아의 발달 수준에 적합하고 교육 목적에 따라 크기를 정한다. 영유아가 신체적 제약을 받지 않고 뛰어 놀 수 있는 시설이 갖추어진 놀이터와 실내 환경으로 이루어진다. 영유아를 위한 실내외 환경은 영유아의 발달에 적합해야 하고 교실 내 책상과 의자 및 교구장 등은 영유아의 신체 발달에 알맞은 크기여야 한다.

② 교실의 공간 배치

교실 공간은 영유아의 사회적 행동에 영향을 준다. 영역 구분이 거의 되어 있지 않거나 정리되지 않은 교실에서는 영유아가 공격적 행동이나 피로, 불만족 등을 나타내는 경향이 있지만, 정리되고 매력적인 교실에서는 안정감과 만족감을 느끼고 적극적으로 활동하려는 욕구를 충족시킨다(이영자, 이기숙, 이정욱, 2009). 교실의 공간 배치는 고정된 것이 아니라 활동에 따라 교구장의 위치를 변화시키므로 적절한 공간 활용을 통해 효율적인 교육활동이 이루어지도록 한다.

학급의 흥미 영역 수는 학급의 크기와 영유아의 발달 수준을 고려하여 결정한다. 영아는 교육보다는 보호 영역을 더 확보해야 하므로 유아에 비해 흥미 영역을 줄여야 한다. 유아의 경우에도 학급 크기에 비해 너무 많은 흥미 영역을 배치하면 영역의 크기와 생활 영역이 좁아져 충돌이 빈번하게 발생할 수 있고 공격적 행동이 증가할 수 있다. 흥미 영역별 공간 확보와 효율적 배치를 통해 영유아들 간에 원활한 소통이 이루어질 수 있도록 한다.

③ 학급의 크기

영유아가 유아교육기관에서 처음으로 집단생활을 한다는 것을 고려하여 학급의 영유아 수는 적을수록 좋다. 「유아교육법」이나 「영유아보육법」에 교사 대 아동 비율이 명시되어 있으나 교사가 영유아와 개별적인 요구를 반영하고 학급을 운영하는 데에는 교사 대

아동의 비율이 낮을수록 좋다. 아동 수가 적은 학급의 교사는 영유아와 자주 상호작용하면서 칭찬, 도움행동, 개별 대화 행동을 많이 보이고 구속적인 규칙을 비교적 적게 만드는 경향이 있다(최혜순, 2004). 영유아의 수가 증가하면 전체적인 대화의 양이 줄어들고 대화에 참여하는 영유아의 수도 줄어든다. 또한 교사도 규칙을 강조하고 통제적·구속적·직접적 지도 방법을 사용하는 경향이 있다.

④ 놀이자료

놀잇감의 종류와 양은 영유아의 사회적 상호작용에 영향을 미친다. 놀잇감이 적은 경우 갈등, 다툼, 공격적인 행동이 나타날 수 있지만, 한편으로는 놀잇감을 가지고 함께 놀거나 협동놀이를 할 기회가 주어지기도 한다. 놀잇감이 많을 경우 갈등이나 공격적인 행동은 줄어들 수 있지만, 한편으로는 혼자놀이나 병행놀이가 증가하고 협동놀이가 줄어들 수 있다. 또한 놀잇감의 특성에 따라 놀이의 유형도 달라진다. 책이나 십자말풀이 등은 혼자놀이를, 쌓기놀이나 게임판, 역할놀이 등은 또래와 어울려 함께하는 집단놀이를 하기에 적합한 유형이다.

(2) 교사

교사는 영유아의 사회화에 중요한 역할을 한다. 교사는 교수자, 훈육자, 모델, 평가자, 도덕 및 가치 제공자로서의 역할을 통해 영유아의 사회성 발달에 기여한다. 교사가 온정적이며 융통성이 있고 긍정적인 태도로 영유아를 대하면 그들은 자기의 감정을 솔직히 표현하고 자율적으로 활동에 참여한다. 영유아의 사회화에 미치는 교사의 특성을 살펴보자.

① 교사의 성별

교사는 부모와 마찬가지로 영유아의 성역할의 모델이 된다. 영유아들은 동성의 교사들을 역할 모델로 받아들이기 때문에 유아교육기관의 남녀 교사 비율이 적절한 것이 좋다. 그러나 현실적으로 대부분의 교사가 여성이어서 남아에게 적절한 역할 모델이 없는 실정이다. 교직의 여성화로 인한 긍정적·부정적인 영향이 있다.

긍정적인 영향으로는 여교사는 온화하고 부드러운 모성적 특성을 보이고 자연스러운 양육과 인내를 제공하며 남교사보다 더 잘 영유아를 이해할 수 있다는 점이다. 그러나 부정적인 영향으로는 특히 남자 영유아를 여성화한다는 점을 들 수 있다.

② 교사의 성격

교사의 인간적 자질은 영유아를 교육하는 양식이 반영된다. 즉 교사의 성격은 일반적으로 교사의 유형과 관계가 있다. 교사의 성격 특성은 독재형, 자유방임형, 민주형으로 구분할 수 있다(이영자 외, 2004).

첫째, 독재형 교사는 교실의 규칙과 행동 기준을 자신이 결정하고, 영유아의 역할을 정해주고 영유아의 행동을 칭찬하거나 비판한다. 독재형 교사는 시범 보이기 이외에 다른 집단활동에는 참여하지 않으며 친절하지만 비인격적이다. 이런 경우 영유아는 서로 경쟁적이고 적대감이 있고 교사에 의존적이다.

둘째, 자유방임형 교사는 부진한 유아의 활동에 대한 언급이나 간섭이 없고 교사로서의 역할을 철저히 수행하지 않으나 영유아가 원하는 대로 완전히 자유를 준다. 유아가 요청할 경우 자료 제공이나 충고를 해주나 영유아들의 활동에 적극적으로 참여하지 않고 그들의 목표 달성에 어떠한 도움도 주지 않는다. 이럴 경우 영유아는 자발적이기는 하나 규칙과 질서는 없다.

셋째, 민주형 교사는 교실에서의 문제를 영유아와 함께 토의하고 결정하며 일단 결정에 대한 동의가 이루어지면 모든 영유아가 목표 달성에 참여하도록 격려한다. 민주형 교사는 영유아와 의사소통을 많이 하고 비교적 공정하게 칭찬하고 격려한다. 이럴 경우 영유아는 자발성이 높고 자기주장을 할 수 있으며 솔직하다.

③ 사회성 발달을 저해하는 교사의 행동

교사의 다음과 같은 지도형태는 교육의 목적을 달성하는 데 실패할 뿐만 아니라 영유아의 사회성 발달에 부정적인 영향을 줄 수 있다.

첫째, 거짓으로 위협하기이다.

영유아가 유아교육기관이나 학급에서 활동에 참여하지 않거나 규칙을 어기는 등 반사회적인 행동을 할 때 교사는 이를 교정하기 위해 종종 좋아하는 활동에 참여할 수 없을 것이라는 위협을 한다. 그러나 교사는 이 사건이 지난 후 영유아에게 언급한 처벌을 하지 않는 경우가 있어 교사는 신뢰를 잃는다. 위협은 교사의 권위가 약하다는 신호이다. 교사와 영유아의 의사소통은 정직하고 직접적이고 존중할 때 효과가 있다. 교사는 실행하지 않을 위협보다는 자신의 말을 그대로 실천하여 영유아의 신뢰를 얻어야 한다.

둘째, 암암리에 비난하기이다.

교사가 어떤 영유아의 행동을 변화시키기 위해 영유아가 알고 있는 다른 친구와 비교하여 칭찬하거나 질책하는 경우이다. 이는 영유아로 하여금 다른 영유아의 장점이나 재능을 시기하게 되는 결과를 초래한다. 교사는 바람직하지 못한 행동에 대해 다른 영유아와 비교하거나 비난하기보다는 다른 내용으로 초점을 바꾸는 것이 좋다.

셋째, 부적절하게 칭찬하기이다.

칭찬을 지나치게 남발하는 경우 진실성, 의미, 가치 등을 상실하게 된다. 이는 영유아의 실제 행동에 대해 가치나 의미를 생각하기보다 다른 사람의 눈을 의식하며 행동하게 만든다. 영유아는 자존감이 높고 솔직하며 분명하게 표현하는 칭찬과 긍정적 반응을 원한다.

넷째, 교사의 지나친 강요이다.

"내가 네 이름을 부를 때까지 기다려야 해", "바른 자세로 앉아 있어야 해"와 같이 말하면 영유아에게는 위협이나 협박으로 들릴 수 있다. 이보다는 교사의 기대나 바람을 간접적인 언어로 표현하는 것이 좋다. 조용하고 침착하면서도 교사의 권위를 가지고 요청할 때 영유아의 집단생활이 원만하게 이루어질 수 있다.

다섯째, 혼란스러운 질문 던지기이다.

교사가 이미 답을 알고 있는 내용을 질문하는 것이다. 이럴 경우 영유아는 교사가 원하는 답을 하도록 압력을 가한다고 생각하고 방어적인 태도를 갖게 된다.

여섯째, 타임아웃(time-out)을 부적절하게 사용하기이다.

규칙을 위반하거나 공격적인 행동을 했을 경우 "생각하는 의자"에 앉아 있게 하거나 타임아웃 전략을 종종 쓰는 것이다. 이 방법을 너무 많이 쓰면 충동조절 능력을 발달시키기보다 오히려 상대 유아에게 보복하려는 욕구가 더 생겨나게 된다. 타임아웃은 바람직한 행동을 일시적으로 중단시킬 수는 있으나 바람직한 대안 행동까지는 가르치지 못한다.

4) 대중매체

대중매체에는 텔레비전, 비디오, 스마트폰 등 기타 전달수단을 포함하는 것으로, 이들 매체는 현대인에게 큰 영향을 끼친다. 이 중에서 영유아에게 큰 영향력을 발휘하는 것은 텔레비전과 스마트미디어에 대해 살펴보자.

(1) 텔레비전

영유아는 어려서부터 텔레비전에 노출되어 있고 연령의 증가에 따라 시청 시간이 급격히 증가한다. 영유아기에 1일 30분에서 많게는 5시간까지 텔레비전을 시청한다고 한다. 취학 후에는 10~12세에 시청 시간이 많아지는 경향을 보이며, 청소년기가 되면 감소한다. 텔레비전이 영유아 사회성 발달에 미치는 영향은 긍정적 영향과 부정적 영향으로 구분할 수 있다(하수연 외, 2015; 김희태 외, 2021). 영유아는 텔레비전을 통해 다음과 같은 긍정적 영향을 받는다.

- 간접경험을 한다. 텔레비전을 통해 영유아가 경험하지 못했거나 할 수 없는 다양한 문화를 경험하고 새로운 정보를 얻을 수 있다.
- 사회적 태도를 학습한다. 영유아를 위한 교육적 프로그램을 시청함으로써 친사회적 행동을 모방하기도 하며 사회에서 인정하는 역할에 대한 학습이 이루어진다.
- 즐거움과 정서 순화를 경험한다. 텔레비전 시청을 하는 동안 일상에서 벗어나 편하게 쉴 수 있다. 또한 영유아를 위한 프로그램은 권선징악의 내용이 대부분이기 때문에 정서 순화에 도움이 된다.

반면, 텔레비전이 영유아 사회성 발달에 부정적 영향을 미치기도 한다.

- 텔레비전의 폭력물 시청을 통해 공격적인 행동을 배우고 관련 행동에 무감각해질 수 있다. 폭력으로 문제를 해결하는 모습을 배우고 파괴적 행동에 대해 무감각해질 수 있다.
- 전통적인 성역할과 부적절한 가족관계를 간접 경험할 수 있다.
- 집중력 약화와 무절제한 생활태도를 형성시킬 수 있다.

- 사회화 경험 기회가 줄어든다. 텔레비전 시청은 영유아가 또래와 함께 노는 행동을 감소시키고 가족 사이에 상호작용도 줄어들게 한다.

텔레비전 시청의 부정적 영향을 최소화하기 위한 부모나 교사의 지도 방법은 다음과 같다.

- 가능하면 영유아와 함께 시청한다.
- 영유아의 발달에 적합한 교육 프로그램 선정해 준다. 특히 교육성을 띤 프로그램을 다양하게 시청하게 선택해 준다.
- 텔레비전 프로그램에 대해 대화를 나눈다. 영유아는 실제와 허구를 구분하는 데 어려움이 있으므로 등장인물과 상황에 대해 이야기하면서 실제와 허구를 구분할 수 있도록 도와준다. 폭력이나 공격 없이 문제를 해결하는 방법을 의논하고 친사회적 행동과 기술 등을 의논한다.
- 텔레비전을 시청하기 전에 명확한 제한을 한다. 가능하면 좋아하는 프로그램을 시청하기 전에 시간제한을 하고 시청시간에는 적극적으로 시청할 수 있도록 격려한다.

(2) 스마트미디어

TV이나 컴퓨터 게임, 스마트폰, 태블릿 PC 같은 기기를 활용해 육아하는 부모들이 늘어나고 있다. 이들 매체는 영유아 발달에 있어 긍정적인 또는 부정적인 영향을 끼친다. 이들 매체의 긍정적인 측면은 간접 경험을 통한 풍부한 학습 경험과 흥미를 제공하여, 궁극적으로는 영유아의 사고력과 창의성을 계발시키고 사회성을 함양하는 데 긍정적인 영향을 준다. 한편 부정적인 측면으로 무분별한 이들 매체의 노출로 학습능력 저하, 집중력 저하, 인간과의 의사소통 단절로 인한 사회적응력 저하 및 협동심 부족과 학습의 기초인 지능과 같은 기본적인 인지능력에 문제가 나타날 수 있다(이경희, 2006; 조운주 외, 2017 재인용).

최근 스마트폰, 태블릿 PC 등으로 대표되는 스마트미디어를 영유아에게 일찍부터 제공, 육아의 과도한 이용이 심각한 수준에 이르렀다고 보는 시각이 많다. 영유아들의 스마트미디어 사용 시기도 빨라지는 추세이다. 2019년 기준 영유아 스마트미디어 이용률은 53.1%, 스마트미디어 최초 이용 시기는 평균 2.27세로 만 3세가 되기 이전에 이미 사용하고 있는 것으로 나타났다(류미향, 2014). 「2018년 스마트폰 과의존 실태조사」에 따르면 유·아동의 20.7%가 과의존 위험군으로 나타났다(과학정보통신부, 한국정보화진흥원, 2019). 영유아는 아직 자기조절력이 부족하고 성숙하지 못하기 때문에 스마트미디어를 무분별하게 제공하는 것은 바람직하지 않다.

가정에서 부모가 자녀에게 스마트미디어를 이용하게 하는 이유는 '방해받지 않고 다른 일을 하기 위해', '아이를 달래기 위해', '아이가 좋아해서' 등이었다. 자녀가 스마트미디어에 노출되는 이유의 상당 부분이 부모의 필요에 의한 것임을 알 수 있다.

스마트미디어에는 다양한 어플리케이션이 있어 시공간의 제약을 받지 않고 간접적인 체험 등의 다양한 방법을 사용하여 학습할 수 있다는 점에서 교육적 효과가 높다는 장점이 있다(유구종 외, 2012). 반면 다음과 같은 단점도 있다(박소영, 2015; 인터넷중독대응센터, 2014; 김희태 외, 2021).

- 스마트미디어는 중독성이 강하다. 스마트미디어 최초 이용 시기가 빠를수록 우울, 불안, 공격성 수준이 높아지고 스마트미디어 이용을 많이 할수록 공격성이 높아진다(김수정, 정익중, 2016). 또한 스마트미디어를 과다하게 사용하면 의존성, 불안, 금단 증상 등으로 중독에 노출될 수 있다.
- 영유아의 뇌 발달에 치명적인 영향을 미친다. 6세 미만의 영유아가 스마트미디어 동영상, 게임 등의 자극에 장시간 노출되면 우뇌가 발달해야 하는 직관적 사고기에 좌뇌가 과도하게 발달하여 뇌의 균형이 깨진다. 이는 주의력 산만, 집착 행동, 언어

지체 현상이 나타날수 있다. 뇌 발달의 불균형이 지속되면 ADHD, 틱장애, 발달 장애 등으로 이어질 수 있다.

- 영유아의 사회성 발달에 부정적 영향을 준다. 또래와 가족과의 상호작용이 줄어들고 놀이의 형태도 협동놀이보다는 병렬놀이에 가까운 사용 패턴을 보인다. 또한 스마트폰 과다사용은 충동성과 공격성 같은 외현화 행동 문제와 우울 및 불안 등의 내재화 행동문제를 일으키는 데 영향을 준다(설샛별, 이혜원, 이경숙 외, 2017).
- 영유아의 정서발달에 부정적 영향을 준다. 스마트미디어 과다사용은 자기조절 능력을 낮추고 감정 조절과 충동 억제를 잘하지 못하게 한다.

영유아의 스마트미디어 사용에 있어 심각한 문제점은 아직 신체적·심리적으로 성숙하지 않고 자기통제력 또는 조절 능력 등이 미숙한 영유아가 지나치게 스마트미디어를 과다 사용하는 것으로, 이에 대한 관심과 지도가 필요하다.

스마트미디어의 바람직한 사용을 위해 부모와 교사는 스마트미디어 사용 시 함께해야 한다. 그리고 최대한 스마트미디어를 접하는 시기를 늦추는 것이 뇌 발달에 도움이 된다. 미국소아과학회에서는 특히 2세 이하의 영아에게 텔레비전을 포함한 모든 형태의 미디어를 제한할 것을 권장하고 있다. 스마트미디어를 사용하는 장소와 시간에 대해서도 규제할 필요가 있다. 스마트미디어를 끄고 나면 영유아가 좋아하는 활동이나 재미있는 놀이를 함께 함으로써 스마트미디어 이외에도 재미있는 활동이 있음을 경험하게 한다.

chapter 2

영유아 사회성 발달이론

1. 성숙주의이론

1) 게젤의 성숙이론

성숙주의이론은 루소(J. J. Rousseau)의 자연주의 교육철학[1]에 뿌리를 두고 있다. 루소의 자연주의 교육철학은 20세기 초 아동 연구의 중심이었던 홀(S. Hall)과 게젤(A. Gesell)에 영향을 주었다. 대표적인 성숙주의이론가인 게젤은 인간의 성장과 발달이 유전적 요인에 의해 좌우된다는 결정론적 입장을 취하고 있다.

게젤에 따르면, 영유아는 성장과 성숙의 자질과 능력을 타고났으며 연령이 증가함에 따라 이러한 능력이 발현된다. 즉 영유아는 환경에 결정적인 영향을 받는 것이 아니라 스스로 성장하려는 유전적 힘을 가지고 있어서 이 힘에 의해 성장 발달이 순서적으로 이루어진다는 것이다. 영유아는 내적 힘에 의해 어떤 과제를 해결해 가기 시작한다. 이러한 개념을 '준비도'라고 하는데 교육은 준비도에 맞추어 계획·실행되어야 한다고 주장한다.

게젤은 신체적·사회적·정서적·지적 발달의 모든 측면에서 영유아의 단계별 성장의 표준[2], 즉 표준행동목록을 만들었는데, 이에 따라 영유아의 사회성 발달 정도를 평가하게 된다. 교사는 사회화와 관련된 연령별 표준행동목록표를 보고 사회적으로 중요한 행동의 규준과 내용을 양육자에게 안내하고 적절한 양육 방법을 제시하여 영유아의 사회성 발달을 돕게 된다.

---

1 루소는 "발달이란 정해진 스케줄에 따라 전개된다"고 하였으며 아동이 지닌 유전적 성향을 자연스럽게 펼쳐 나갈 수 있도록 자연의 원리에 따라 교육해야 한다고 강조하였다.

2 성장 표준은 특정 연령 집단 내에서 개별 아동의 성숙 정도를 객관적으로 볼 수 있는 준거로 제시된다.

영유아의 사회성 발달은 발달단계를 거치면서 예정된 스케줄에 따라 진행된다. 발달과정을 거치는 동안 미숙한 형태의 반응에서 보다 성숙하고 바람직한 반응으로 바꾸어 간다. 미숙한 상태에서는 자신과 사회에 대한 불편감을 느끼는 불균형 상태를 경험하지만, 반복적인 경험을 통해 자신과 사회에 적응하고 익숙해져서 평안함을 느끼는 성숙한 반응인 균형 상태로 나가게 된다. 이처럼 영유아는 불균형과 균형의 상태를 경험하며 성장·발달해간다.

2) 사회성 발달에 주는 시사점과 교사의 역할

성숙주의이론은 인간에게는 타고난 유전적 성향이 존재하고 나이가 증가함에 따라 자연적으로 성장·발달한다고 주장한다. 인간의 성장과 발달에 있어 내적 성장 시간표를 중시하고 있기 때문에 교육을 통해 보다 빨리 성장하기를 기대하거나 재촉하기보다는 스스로 성장할 기회를 주는 것이 바람직하다고 본다. 이러한 의미에서 교사는 영유아의 자발적 성장 의지와 욕구가 나타날 수 있도록 자연적 발달 순서에 적합한 다양한 학습 자료를 제공하는 것이 바람직하다.

영유아의 사회성 발달에 있어 바람직하지 않은 상태, 즉 미숙한 상태는 불가피한 것이다. 영유아가 미숙한 상태에 있을 때 부모나 교사는 지나치게 간섭하거나 개입하지 말고 자연스럽게 미숙한 상태에서 성숙 상태로 나아가게 하는 것이 바람직하다. 미숙한 상태에 있는 영유아에 대해 교사는 포용과 인내심을 가지고 도우며, 영유아는 자기통제와 자기훈련을 통해 불균형 상태에서 균형 상태로 나아감으로써 성숙해질 수 있다.

표준행동목록표에는 영유아의 각 연령을 대표하는 행동 규준이 제시되어 있다. 이는 영유아의 현재 성숙 정도를 확인하고 미래에 성취되어야 할 성숙 정도를 추정하는 것으로 활용할 수 있음을 시사한다. 이 접근법은 사회화 과정에 있어 연령에 따른 사회적으로 중요한 행동 규준을 부모들에게 알려주고 양육 방법을 자문해 주는 데 도움을 준다.

성숙주의는 준비도의 개념을 강조한다. 준비도는 성숙에 기초하여 새로운 교육 경험을 위한 가장 적합한 시기가 있고, 이때가 효과적인 훈련이 가능한 적기임을 의미한다. 이러한 관점에서 교사는 유아의 학습 준비도를 고려하여 사회성 발달에 기초가 되는 활동 자료를 제공해주는 것이 중요하다.

2. 사회학습이론

1) 반두라의 사회학습이론

바람을 넣어 크게 부풀린 오뚜기 인형을 성인이 발로 차고 주먹으로 치고 때리는 장면의 영화를 본 유아원의 유아는, 같은 오뚜기 인형을 갖고 놀게 했을 때, 그런 영화를 보지 않은 아동에 비해 공격적인 행동을 더 많이 했다(Bandura, 1969).

반두라(A. Bandura)는 이 실험을 통해, 모델이나 관찰자에 의한 직접적인 강화자극 없이 관찰을 통한 간접적이고 대리적 강화에 의해서도 학습이 이루어진다는 사회학습 원리를 주장하였다.

반두라의 사회학습이론에 따르면, 영유아는 보고 들은 것을 적극적으로 관찰하고 모방함으로써 학습한다. 사회화의 관점에서 영유아는 사회생활을 하는 데 필요한 여러 가지 기술을 습득함에 있어 영유아 주변의 사회 상황 속에서 타인의 행동을 관찰하고 모방하면서 사회적 행동을 습득해 나간다.

그러나 영유아는 관찰하는 모든 행동을 자동적으로 모방하지 않고 모방할 행동을 선택한다. 모방할 행동을 선택한다는 것은 인간 내면에서 일어나는 인지과정이 중요한 역할을 한다는 것을 보여준다. 모방할 때 영유아는 모델의 행동을 관찰하고 기억해야 하며 관찰행동을 연습하고 조직화하며 회상하는 전략을 능동적으로 사용할 줄 알아야 한다(교육학 용어 사전, 1995). 이처럼 관찰에서 모방 행동에 이르기까지 관찰학습 과정은 다음의 단계를 거친다.

표 2-1 관찰학습 과정

과정	특 징
주의집중 과정	• 모델을 모방하는 데 필요한 정보를 얻기 위해 모델에 주의를 집중하여 선택적으로 지각하는 과정이다. • 모델의 성 · 연령이 자신과 비슷할 때, 모델이 매력적이거나 존경 받거나 지위가 높고 유능할 때 주의집중을 더 많이 한다.
기억 과정	• 모델의 행동이 더 이상 존재하지 않아도 그 행동을 나타내려면 관찰에서 얻은 정보를 언어적 방법이나 심상(또는 시각적 영상)을 이용하여 머릿속에 기억해야 한다. • 언어 사용 능력이 부족한 영유아의 관찰학습에서는 시각적 영상이 기억에 중요한 역할을 한다.
운동재생 과정	• 많은 정보를 기억하더라도 그것을 자연스럽게 행동으로 재생하기 힘든 경우 많은 연습이 필요하다. • 자신의 행동을 기억하고 있는 모델의 행동과 비교하면서 재생해 낼 수 있도록 교정적 피드백(corrective feedback)이 필요하다.
동기화 과정	• 모델의 행동을 습득 · 기억 · 수행할 수 있는 능력을 가지고 있는 영유아는 어떤 행동에 대해 자신이 이전에 직접 정적 강화를 받았거나(직접 강화) 타인이 그 행동을 했을 때 정적 강화를 받는 것을 관찰한 적이 있으면(대리 강화) 그 행동을 수행하게 된다.

출처: 정옥분(2017)

사회화 과정에서 사회적 상황은 영유아가 다른 사람의 행동을 관찰하고 모방함으로써 대리학습의 장으로서의 역할을 한다. 즉 영유아는 자신과 관계없는 사람들의 행동까지도 모델로 삼아 모방함으로써 그 모델이 얻었던 보상을 받고 벌은 피하려고 한다.

반두라는 1980년대 말, 모방에서 중요한 것은 자기효능감(self-efficacy)이라고 하였다.

자기효능감은 자신이 어떤 행동을 보다 성공적으로 수행할 수 있다는 개인적인 신념으로 어떤 행동을 모방할지 결정하는 데 도움을 준다. 자기효능감이 높은 영유아는 자신의 능력을 벗어나는 행동이라 하더라도 성공할 수 있다는 자신감을 가지고 모방을 시도한다. 그리고 성공하게 되면 자기효능감은 더욱 증대된다(Bandura, 2004).

2) 사회성 발달에 주는 시사점과 교사의 역할

영유아는 성장하면서 이 행동이 상황에 적합하다 혹은 적합하지 않다는 개념을 끊임없이 학습해 나간다. 반두라의 사회학습이론에서는 영유아가 다른 사람의 행동을 적극적으로 관찰하고 모방함으로써 그러한 행동이 학습될 수 있다고 하였다.

사회학습이론이 영유아 사회성 발달에 주는 시사점과 교사의 역할에 대해 살펴보면 다음과 같다.

첫째, 교사는 부모와 함께 영유아의 관찰 및 모방의 대상이다. 교사가 사용하는 언어, 행동, 가치관 및 태도는 영유아 사회성 발달에 있어 유의미한 모델링의 대상이 된다. 일상생활을 통해 애정적이고 반응적인 행동을 자주 경험한 영유아는 다른 사람에게 관심을 보이고 배려하는 행동을 보이게 된다(송석재, 2003).

둘째, 영유아는 관찰하는 모든 행동을 자동적으로 모방하는 것이 아니라 모방할 행동을 선택한다. 즉, 어느 모델에 주의를 기울일 것인지와 같은 모델 선택권과 모델에게서 무엇을 배울 것인지에 대한 선택권이 영유아에게 있다. 따라서 교사는 사회교육을 할 때 영유아들이 정보에 선택적 주의집중을 할 수 있도록 자극 제시의 방법과 순서를 달리하는 등 다양한 교수전략을 구사하여 영유아들이 학습 내용에 집중할 수 있도록 유도할 수 있다(서동미, 엄은나, 이혜경, 박성희, 2019).

셋째, 영유아는 사회화 과정에서 자신과 관계없는 사람의 행동까지도 모델로 삼아 모방함으로써 그 모델이 받았던 보상을 얻고자 하고 벌은 피하려는 대리학습이 이루어진다.

특히 영유아가 보여주는 친사회적 행동이나 공격적 행동 등의 사회적 행동은 직접 모방과 관찰뿐만 아니라 대리학습을 통해서도 이루어진다. 사회적 행동의 변화와 학습을 위해 영유아에게 영향력이 높은 다양한 모델을 제공하고 모방하게 하는 것이 중요하다.

3. 정신분석이론

정신분석이론은 무의식의 세계와 성격발달 과정을 통해 인간의 마음과 행동을 이해하고자 했다. 인간의 행동에 영향을 미치는 요인으로 성적 본능(Libido)에 초점을 둔 프로이트(S. Freud)의 심리성적 발달이론(psycosexual theory)과 이를 보다 풍성하게 확장시켜 사회적 상호작용에 초점을 둔 에릭슨(E. Erikson)의 심리사회적 발달이론(psycosocial theory)이 있다.

1) 프로이트의 심리성적 발달이론

영유아의 사회성 발달과 프로이트의 심리성적 발달이론을 살펴보기로 한다. 인간의 심리적 현상은 우연히 나타나는 것이 아니라 선행되는 현상들과 관계가 있다. 마음속에서 일어나는 현상 중 대부분은 무의식의 작용에서 비롯된다.

프로이트는 인간의 성격이 원초아(id), 자아(ego), 초자아(superego)로 구성되어 있다고 가정하였다. 이들은 서로가 서로에게 영향을 주며 한 부분이 강해지면 다른 부분이 약해지면서 인간의 성격과 행동을 결정하게 된다.

(1) 성격의 구조

① 원초아(id)

출생부터 존재하며 맹목적이고 충동적인 본능을 즉각적으로 만족시키는 쾌락의 원칙을 추구하려는 성향이 있다. 아기들이 배고프면 울어 배고픔을 채우고 졸리면 자는 등 원하는 것을 즉각적으로 해결하고자 하는 일이 원초아적 욕구를 반영한 것이다.

② 자아(ego)

자아는 원초아가 요구하는 내면의 욕구를 현실에서 만족시키기 위해 원초아로부터 분리되어 발달하는 요소로 현실 원칙을 따른다. 즉 자아는 원초아의 본능적 욕구를 만족시킬 수 있는 방법을 현실에서 찾는다. 자아가 따르는 현실 원칙은 행동을 조정하고 주변 환경에서 적절한 방법을 선택하여 원초아를 충족시켜줄 것과 그 방법을 결정하는 역할을 한다. 2세경의 영유아는 자신의 욕구가 현실과 충돌하게 되면서 본능을 만족시키기 위한 현실적 수단을 발견하게 되는 자아가 발달하게 된다.

③ 초자아(superego)

초자아는 사회의 가치와 도덕이 내면화된 요소로서 도덕 원칙을 따른다. 영유아는 부모와의 상호작용을 통해 도덕적 가치와 사회 규칙을 내면화함으로써 양심을 갖게 된다. 양심은 옳고 그름을 판단하는 내적 감시자로서 규칙을 어기면 양심의 가책을 느끼게 된다. 초자아의 발달은 자아가 원초아의 바람직하지 못한 충동을 사회적으로 용납하는 방식으로 충족시키는 방법을 찾게 한다.

(2) 심리성적 발달

프로이트는 인간 행동에서 본능의 역할을 강조하였다. 이러한 본능 가운데 성적 만족을 체험하는 리비도(Libido)를 강조하였는데, 성적인 발달단계에 따라 리비도의 신체부위가 다르게 나타난다. 프로이트는 성격의 발달을 구강기, 항문기, 남근기, 잠복기, 생식기의 다섯 단계로 구분하고 있다. 각 단계마다 인간은 외부의 통제를 받으면서 리비도를 사회에서 수용하는 방향으로 해결할 것인가 하는 갈등에 직면한다. 아동은 각 발달단계에서 욕구를 어떻게 처리하느냐에 따라 그 단계에 고착된 성격을 형성할 수 있고 다음 단계로 이행할 수 있다. 다음 단계로 이행한 후에도 긴장 상황에 부딪치면 능동적으로 대처하지 못하고 퇴행 행동을 보이기도 한다.

① 구강기(oral stage)

출생 후부터 1년 반 정도의 시기로 영아가 맺는 상호작용의 대부분은 입과 입술을 중심으로 발생하며, 만족은 그 부분을 통해 얻는다. 영아는 생존에 필수적인 영양을 제공하는 보호자의 보호를 통해 구강적 쾌감을 추구하게 된다. 이러한 행위 중에서 입을 꼭 다무는 행위는 거부와 부정을, 받아먹고 삼키는 행위는 획득욕을, 뱉어내는 것은 배척과 경멸을, 놓치지 않으려고 하는 것은 끈기와 결단력 형성의 최초의 기틀이 된다. 영아기에 구강적 욕구가 위협을 받게 되면 이 시기에 고착되어 의존적 욕구가 발달하게 된다.

② 항문기(anal stage)

약 1세 반에서 3세까지 계속되며 쾌감을 느끼는 부위가 항문으로 옮겨가는 시기이다. 이 시기에는 대·소변 훈련이 중요한 과제가 된다. 이 시기의 아동은 배변훈련 상황에서 본능적 욕구에 대한 만족을 지연해야 한다는 외부의 간섭을 처음 접하게 된다. 배변훈련에 따른 정서적 경험은 이후의 성격 형성에 영향을 준다. 배변훈련을 너무 일찍 시작하거나 지나치게 엄격하면 항문기에 고착되어 결벽증적 성격을 갖게 되거나 무질서한 생활 태도 또는 공격적인 성격이 형성된다.

③ 남근기(phallic stage)

3세부터 6세 정도의 시기로 유아의 관심과 쾌락의 신체부위가 생식기로 집중되며 이성의 부모에게 애착을 느끼고 동성의 부모에게 경쟁의식을 느끼는 오이디푸스 콤플렉스(Oedipus complex)와 엘렉트라 콤플렉스(Electra complex)를 해결해야 한다. 이를 극복하기 위해 동성의 부모와 동일시함으로써 부모의 도덕적 가치체계와 도덕률을 내면화하여 초자아를 발달시킨다. 이 시기에 겪는 콤플렉스를 극복하지 못하면 그 갈등이 무의식에 남아 성격에 결함이 생길 수 있다.

④ 잠복기(latency stage)

6세부터 11세 정도의 시기로 아동의 성적이고 공격적인 성향이 억압되어 비교적 평온한 상태를 유지한다. 이 시기의 아동은 가족과 또래에 대한 강한 애정과 사회적 유대를 발달시켜 나간다. 즉 아동은 성적 에너지를 학교 공부나 사회적 놀이 등 사회에서 용인하는 활동을 함으로써 발산한다. 이때 사회적으로 용납되는 행동을 습득하는 데 실패하면 열등감이 형성된다.

⑤ 생식기(genital stage)

12세경 사춘기에 이르면 2차 성징이 나타나고 성적 성숙이 이루어지면서 성 기관을 통해 쾌감을 충족하고자 한다. 이 시기에 이성에 대한 성적 욕구를 독서나 운동 그리고 사회봉사활동 등과 같은 대체 활동으로 승화되지 못하면 성적 에너지가 비행으로 표출될 수 있다.

2) 에릭슨의 심리사회적 발달이론

에릭슨(E. Erikson)은 프로이트 이론을 기반으로 아동과 사회가 상호작용하는 과정을 설명하면서 심리사회적 이론을 제시하였다. 인간은 자아가 형성되는 과정에서 개인과 개인, 개인과 집단, 개인과 사회 사이의 상호작용 속에서 서로 간에 제기된 갈등이나 대립의 문제를 어떻게 해결해 나가느냐에 의해 자아를 발달시켜 나간다.

인간에게 있어 영유아기의 발달은 매우 중요하나, 그 후 평생을 통해 유기체적인 발달이 계속되며 사회문화적 요인의 영향을 받아 역동적으로 발달이 이루어진다. 에릭슨은 발달을 8단계로 제시하였고 각 발달단계에는 고유한 심리사회적 행동양식과 위기의 개념인 양극적 용어로 대(對: versus)를 사용하였다. 인간은 양극의 두 가지 면을 모두 보유하지만 어느 부분을 보다 많이 보유하느냐가 관건이다(Erikson, 1963; 교육학 용어 사전, 1995).

① 기초 신뢰감 대 불신감

출생 후부터 1세 반까지 자신의 욕구와 희망에 반응해 주고 기쁨, 음식, 따뜻함 등을 제공해주는 양육자와의 믿을만한 관계를 통해 기본적인 신뢰감을 형성한다. 양육자가 일관된 반응과 관심을 가지고 사랑을 주게 될 때 영유아는 신뢰감을 형성하지만, 양육자의 행동이 비 일관적이어서 예측할 수 없고 믿을 수 없으면 불신감을 형성하게 된다.

② 자율성 대 수치심

1세 반에서 3세까지의 영유아는 신체운동 기능의 발달로 스스로 외부세계를 탐색하기 시작한다. 이 시기의 주요 과업은 배변훈련으로, 적절한 배변훈련이 이루어지고 양육자에게 받는 통제가 잘 이루어지면 자율성을 습득하여 다음 단계 발달에 좋은 영향을 주지만 그렇지 못한 경우에는 수치감을 느끼게 된다. 이 단계에서 수치심을 많이 느끼거나 회의를 경험하면 자신감이 부족한 사람이 될 수 있다.

③ 주도성 대 죄의식

3~6세경까지의 유아는 신체활동이 활발한 시기로 다양한 신체활동 및 언어활동에

참여하면서 자신의 능력을 시험해 보고자 한다. 이 시기 영유아는 나름대로의 통제된 자율성을 기반으로 목표나 계획을 세우고 성취하려고 노력한다. 이때 양육자가 지지하게 되면 유아는 주도성을 획득하게 되지만 계획하고 목적했던 행동에 대해 양육자의 제한이 지나치면 죄의식을 가지게 된다.

④ 근면성 대 열등감

6~12세경으로 초등학교 생활을 통해 학업, 운동, 협동 과제에 참여하면서 인정을 받을 수 있다는 것을 배우며 가정 밖의 세계에 적응할 준비를 한다. 이 단계는 도전한 일에 대한 성취감을 느끼고 다양한 기술을 습득해 가면서 근면성을 발달시킨다. 그러나 근면성의 발달이 순조롭지 못하거나 실패를 거듭할 경우에 열등감을 기르게 된다.

3) 사회성 발달에 주는 시사점과 교사의 역할

영유아 사회교육은 영유아들의 자아개념, 자아존중감, 정서, 사회화 및 사회성 발달을 돕고자 한다. 프로이트는 인간의 본능과 무의식이 인간 행동에 영향을 준다고 보았고, 에릭슨은 각 발달단계에 나타나는 위기, 즉 인간의 내적 욕구를 타인과의 관계 속에서 어떻게 해결하느냐에 따라 성격 발달이 이루어진다고 하였다.

정신분석이론이 영유아 사회성 발달에 주는 시사점과 교사의 역할에 대해 살펴보자.

첫째, 프로이트의 심리·성적이론은 인간의 무의식이 행동에 영향을 주고 무의식에 억압된 내적 갈등이 심리적 어려움을 초래할 수 있으며 사회성 발달과정에서 고착, 퇴행 등의 현상으로 나타날 수 있다고 설명한다. 특히 부모와 교사는 영유아에게 있어 중요한 존재로 영유아기의 부모와 교사와의 경험이 성격이나 인성 형성에 절대적인 영향을 미친다.

둘째, 영유아는 동성 부모를 동일시하는 과정에서 그들이 가치 있다고 생각하는 도덕성을 내면화하고 부모의 행동을 모방함으로써 도덕성을 발달시켜 나간다. 영유아의 도덕적 행동은 생득적인 것이 아니며 생후 6년간에 걸쳐 영유아가 동일시하는 부모와 교사의 도덕적 가치나 태도를 내면화함으로써 실행된다(홍순옥, 2020).

셋째, 에릭슨은 개인의 자아가 성격 발달에 역동적으로 작용하고 있음을 강조한다. 영유아가 자신에 대해 느끼는 감정이 실제 행동보다 더 중요하다고 주장한다. 영유아가 자신이 가치 있고 좋은 사람이라고 믿으면 사회적으로 보다 더 적절한 행동을 하게 될 것이다. 따라서 교사는 영유아에게 자아개념에 대한 긍정적 시각을 촉진하는 지도 방법을 고려해야 한다.

넷째, 에릭슨의 3단계인 주도성 대 죄책감 단계에 속한 유아들에게 교사는 활동이나 놀이에서 자신의 목표를 설정하고 그것을 성취할 수 있는 주도적 활동을 다양하게 제시해야 한다. 주도적인 활동을 시도할 때 부모나 교사는 너무 많은 간섭이나 경고를 주기보다 문제해결을 하는 과정에서 적절한 지지와 격려를 제공해야 한다(이기숙, 장영희, 정미라, 심성경, 손순복, 김영아, 2017). 유아교육기관에서는 영유아가 일상생활 속에서 자신의 일에 대해 책임감을 가지고 수행하여 성공적 경험을 해 봄으로써 자신감을 갖고 행동할 수 있도록 지도해야 한다.

4. 인지발달이론

1) 피아제의 인지발달이론

피아제(J. Piaget)는 영유아가 환경과 상호작용하면서 환경에 보다 잘 적응하기 위해 인지의 구조를 끊임없이 재구성해 나간다고 주장한다. 피아제는 관찰을 통해 영유아가 세상에 대한 지식을 습득하고 그에 지적으로 대응하는 과정을 인지발달 과정으로 제시하였다. 피아제 인지발달이론의 주요 개념과 인지발달단계는 다음과 같다.

- 인지: 기억하고, 생각하고, 이해하는 정신적 활동으로 유전과 환경의 끊임없는 상호작용으로 여러 단계를 거치는 가운데 구성된다.
- 도식(scheme): 인지 능력의 기본으로 개인이 세계를 이해하여 조직화하기 위해 사용하는 일종의 틀로써 인지적 구조이다. 동화와 조절에 의해 도식이 변화되고 발달이 이루어진다.
- 동화(assimilation): 영유아가 환경에서 어떤 정보나 자극을 얻게 되었을 때 그것을 자신이 이미 가지고 있는 도식에 맞추어 받아들이는 과정이다.
- 조절(accommodation): 영유아가 환경에서 접한 정보나 자극이 기존 도식에 맞지 않을 때 인지적 갈등[3]이 생기며, 이러한 갈등을 해결하기 위해 기존의 도식을 변형하고 수정하게 된다.
- 평형화(equilibrium): 영유아는 동화와 조절을 통해 상호보완하면서 기존의 지식과 새로운 지식 간의 균형을 맞추려고 하는데 이를 '평형화'라고 한다. 동화와 조절은 평형화되는 과정 속에서 계속해서 일어나며 끊임없이 수정된다.

(1) 인지발달단계

피아제의 인지발달은 4단계로 분류하고 있다. 영유아의 사회적 행동발달은 인지발달

3 인지적 갈등을 통해 영유아의 인지는 보다 더 다양해지고 복잡해지며 도식은 더욱 정교해진다.

이 선행되어야 가능하다. 피아제의 인지발달단계의 특징과 사회성 발달과의 관계를 살펴보도록 하자(이영자 외, 2004; 김희태 외, 2021 재인용).

① 감각운동기(sensorimotor stage, 0~2세)

감각과 신체적 운동 경험이 인지발달의 기초가 된다. 감각운동기에는 정신적 표상(mental representation)에 의한 개념적 사고가 시작되기 때문에 다른 사람을 정신적으로 표상할 수 있으며 어머니에 대한 도식과 다른 사람에 대한 도식을 구분할 수 있다. 대상영속성(object permanence) 개념이 형성되어 어떤 대상이 눈에 보이지 않더라도 그 대상이 계속 존재한다는 사실을 알 수 있게 된다.

② 전조작기(preoperational stage, 2~7세)

어떤 사건이나 사물을 볼 때 제한된 지각적 능력에 의해 한 가지 속성(예: 외적인 측면)에만 초점을 두는 특성이 있다. 숨겨진 의도나 행동의 이면을 파악하기 어렵다. 예를 들어, 친구를 설명할 때 외모와 같이 관찰 가능한 특성을 기초로 설명한다. 자기중심적으로 사고하는 이 시기의 영유아는 타인의 관점을 알지 못한다.

③ 구체적 조작기(concrete operational stage, 7~11세)

논리적인 사고 능력이 발달하여 가역적 사고가 가능하며 보존개념을 형성한다. 자기중심성에서 벗어나 타인의 조망이나 입장을 이해할 수 있게 된다. 친구의 행동에 대해 외적인 결과뿐만 아니라 의도와 같은 내적 특성도 고려할 수 있다. 이 시기에는 구체적인 대상이 있을 때 체계적인 조작이 가능하게 된다.

④ 형식적 조작기(formal operational stage, 11~15세)

이 시기가 되면 성숙한 인지구조가 습득되어 가설적·연역적 추리가 가능하며 조합적 사고도 가능하다. 따라서 친숙하지 않거나 가설적 도식도 이해할 수 있고 사회 규칙의 현실성을 알게 된다. 그러나 사회의 도덕적 기준이나 행동을 통제하는 데에는 동의하지 않는다. 자기중심성이 다시 나타나 타인을 무시하거나 자기만 생각하는 경향이 있다.

2) 콜버그의 사회인지발달이론

콜버그(L. Kohlberg)는 피아제의 인지발달이론의 체계에 맞추어 애착, 성역할, 이타주의, 도덕성 등의 사회적 현상을 이해하려고 했다. 콜버그는 영유아의 사회적·도덕적 발달은 질적으로 다른 일정한 단계를 따라 불변의 순서로 진행된다고 하였다. 영유아의 사회화를 설명하기 위해 다음과 같은 몇 가지 가정을 하였다(구경선 외, 2011).

- 사회적 인지발달은 피아제의 인지발달단계를 따른다. 진정한 사회적 애착은 대상영속성을 획득해야 가능하고, 이타주의는 자기중심성의 감소와 조망수용 능력이 발달해야 가능하다.
- 영유아의 사회적 인지발달은 같은 사회적 집단에서 타인과의 관계를 통해 자신에 대한 정보를 얻고 기존의 자아개념을 재구성하면서 발달이 이루어진다.
- 영유아의 사회인지는 역할수용 능력과 직접적인 관련이 있다.
- 영유아의 행동과 타인의 행동 간에 상호호혜성을 유지하기 위한 과정에서 사회성 발달이 이루어진다. 상호호혜성을 이루기 위해 영유아는 안정된 자아정체성을 가지고 타인이 예측할 수 있는 방향으로 반응해야 한다(이영자 외, 2004; 김희태 외, 2021).

3) 사회성 발달에 주는 시사점과 교사의 역할

인지발달이론 관점에서 인간은 선천적으로 타고난 발달적 단계가 있으며 환경과 적극적으로 상호작용하는 능동적인 존재로 이해한다. 따라서 영유아는 어른들이 가르치는 대로 배우는 것이 아니라 스스로의 방법으로 배우고 사고방식도 성인들의 그것과는 차이가 있다. 인지발달이론이 영유아 사회화에 주는 시사점과 교사의 역할에 대해 살펴보면 다음과 같다(최혜진, 조은래, 권유선, 김선영, 2022; 김희태, 김경희, 2021).

첫째, 영유아의 현재 인지발달 특성을 고려하여 사회교육 과제를 조직, 해석, 제시한다.

둘째, 영유아의 사회성 발달에 도움을 주고 능동적으로 상호작용할 수 있는 환경을 제공한다. 교사는 영유아가 인지적으로 갈등을 일으키게 하는 개방적 질문을 통해 사회성 발달을 이루어 가도록 해야 한다.

셋째, 협동학습의 기회를 제공하여 사회·문화적 주제를 토의하고 문제해결을 해보도록 한다. 공동의 문제를 해결할 때 또래와의 갈등 상황을 조정하고 문제를 해결하는 과정에서 인지발달이 이루어지게 된다. 이러한 일련의 과정들을 통해 긍정적인 방법으로 문제를 해결하며 배려, 양보, 타협 등 사회적 기술을 익히게 된다.

5. 생태학적 이론

1) 브론펜브레너의 생태학적 체계이론

생태학적 체계이론은 영유아 개인과 그를 둘러싼 환경과의 관계 및 상호작용을 통한 사회성 발달을 설명하는 이론이다. 이 이론은 가정과 지역사회 등의 환경체계와 사람들과의 관계 및 환경적 체계 안에 있는 다양한 관계에 관심을 가지고 있다. 객관적으로 주어진 환경뿐만 아니라 영유아가 갖고 있는 주관적인 경험도 중요하다.

생태학적 체계이론은 브론펜브레너(U. Bronfenbrenner)가 제시한 것으로 영유아에게 영향을 주는 환경은 미시체계(microsystem), 중간체계(mesosystem), 외체계(exosystem), 거시체계(macrosystem), 시간체계(chronosystem)로 이루어져 있다. 이는 미시체계에서 거시체계로 확장되는 동심원 형태로 이루어져 있으며 서로 긴밀한 영향을 주고받는다.

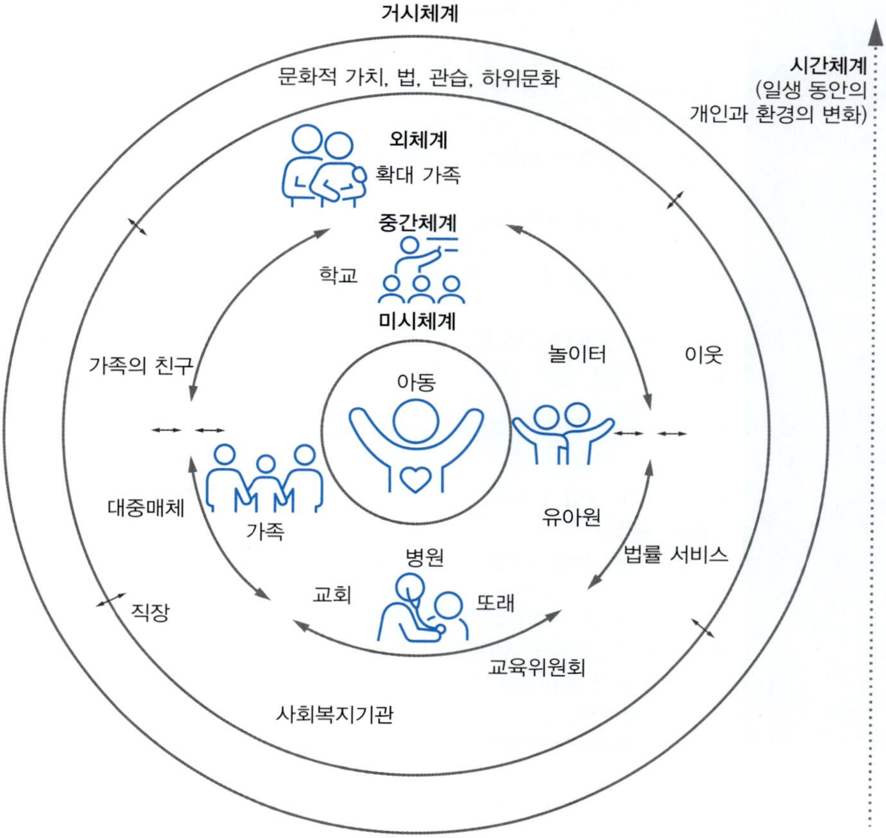

그림 2-1 브론펜브레너의 생태학적 체계 모델

생태학적 체계와 영유아의 사회성 발달 특징은 다음과 같다.

표 2-2 생태학적 체계와 영유아의 사회성 발달

구분	내용
미시체계 (microsystem)	• 영유아에게 근접해 있고 직접적인 영향을 미치는 환경체계 • 영유아의 거의 모든 영역에 직접적인 영향을 주기도 하지만 영유아들이 미시체계에 영향을 주기도 함 • 부모, 가족, 가정, 유아교육기관, 또래집단 등
중간체계 (mesosystem)	• 영유아가 능동적으로 참여하는 가정, 유아교육기관, 또래집단 같은 둘 이상의 미시체계 상호 간의 관계 • 중간체계들 간의 관계가 밀접하면 영유아의 사회성 발달에 유의미하게 작용함 • 미시체계에 있는 다양한 조직들이 영유아에게 일관된 가치를 전달하는가의 문제와 관계됨 • 가정–유아교육기관, 부모의 태도–교사의 태도 등
외체계 (exosystem)	• 영유아가 직접적인 상호작용은 하지 않으나 관계된 사람들에 의해 영향을 받는 환경 • 영유아의 행동에 간접적이고 간헐적으로 영향을 미침 • 부모의 직장, 정부 정책, 관련 법률, 대중매체 등
거시체계 (macrosystem)	• 사회제도나 국가, 문화 등 사회 시스템이나 이데올로기, 가치체계, 관습 등을 포괄하는 환경 • 영유아가 직접 눈으로 보는 환경이라기보다 경험하고 느끼고 깨달아 이해하는 환경 • 문화, 관습, 법률, 이데올로기, 정치 · 경제적 요소 등
시간체계 (chronosystem)	• 시간의 흐름에 따라 전 생애에 걸쳐 일어나는 변화와 사회 · 역사적 환경 • 동일한 사건이라도 시대에 따라 의미와 해석이 달라지는 것 등 • 시간에 따라 일어나는 변화로 영유아의 신체나 행동 변화 등 • 영유아의 신체 및 인지의 변화 등

2) 사회성 발달에 주는 시사점과 교사의 역할

브론펜브레너에 의하면 영유아는 환경과 적극적으로 상호작용하면서 발달하고 환경에 영향을 미치는 능동적인 존재로 생태학적 환경체계로부터 영향을 주고받으며 발달한다고 보았다. 생태학적 체계이론이 영유아 사회성 발달에 주는 시사점과 교사의 역할에 대해 살펴보면 다음과 같다.

영유아는 가정 안에서 부모–자녀 관계로 설정되는 미시체계의 영향을 받는다. 그러나 영유아를 둘러싼 환경의 미시체계는 중간체계, 외체계, 거시체계, 시간체계에 영향을 주고받을 수 있다. 영유아가 건강하게 성장하고 발달하기 위해서는 각 체계 간의 직간접적인 상호협력을 개인과 부모와 교사, 사회적 환경의 상호작용의 결과임을 알아야 한다. 이에 교사는 영유아와 가정, 유아교육기관, 지역사회 및 문화와 같은 여러 가지 생태계 환경체계 간의 관계를 적극적으로 활용하여 영유아의 전인적 발달과 성장을 도와야 한다.

chapter 3

영유아의 사회·정서발달

1. 자아발달

1) 자아 및 자아존중감 발달

(1) 자아개념

자아개념은 자아인식, 자기의 평가적 요소인 자아존중감 그리고 자신의 욕구나 행동을 자제하는 능력인 자기조절이 있다. 이에 대해 간단히 살펴보자.

자기이해는 자기인식(self-cognition)에서 시작된다. 자기인식은 자신과 타인이 별개의 존재임을 알고 구분하는 능력을 말한다. 영아는 자신이 다른 사람과 분리되어 있다는 것을 인식하고 어머니의 신체와 자신의 신체가 다르다는 것을 알게 된다.

긍정적인 자아개념은 건전한 인생 발달의 기본 요소가 되며, 이는 사회적으로 유능한 개인으로서의 성장과 행복 성취를 위한 요소로 작용한다. 이러한 자아존중감은 자아개념의 한 요소로 사회적 능력에 있어 중요한 요소이다(이현경 외, 2020). 자기인식을 위해서는 어느 정도 수준의 인지발달을 전제로 하지만 사회적 경험도 있어야 한다.

자아개념(self-concept)은 신체적 특징, 성, 행동 성향, 정서 능력, 흥미, 사회적 신분 등에 대해 느끼는 생각, 관념, 태도, 신념을 말한다. 자아개념은 자신이 독특하고 다른 사람과 구별되는 존재라고 인식하는 것에서 발달하기 시작한다.

자아개념은 네 가지 범주로 나뉜다(정옥분, 2017).

첫째, 전체적 자아개념으로 자신의 능력, 신분, 역할에 대한 전반적인 인식이다.

둘째, 일시적 자아개념으로 순간적인 기분에 의해 영향을 받는다. 유아교육기관에서 몸이 아픈 친구를 도와준 것에 대해 칭찬을 듣고 순간적으로 자신을 가치 있는 인물로 생각하는 것 등이다.

셋째, 사회적 자아개념으로 다른 사람이 자신을 어떻게 보느냐에 따라 자신을 평가하는 것이다. 영유아가 자기 주변에 있는 중요한 타자와의 사회적 상호작용 속에서 자아개념이 반영된다.

넷째, 이상적 자아개념으로 자신이 그렇게 되었으면 하고 바라는 자아이다.

(2) 자아존중감

자아존중감(self-esteem)은 자신에 대한 긍정적 또는 부정적인 태도로 표현될 수 있다. 자아개념이 자아에 대한 인지적인 측면이라면, 자아존중감은 자기 존재에 대한 감정적인 측면이라 할 수 있다(Simmons & Blyth, 1987).

자아존중감은 인간의 기본적인 욕구로서 자기 자신이 다른 사람에게 인정받고 있으며, 가치가 있고, 중요한 사람인지를 스스로 평가하는 느낌을 의미한다. 이는 타인이 보내는 나에 대한 전반적인 가치를 지각하게 되면서 발달한다(Kostelnik et al., 2009).

자아존중감은 가치, 능력, 통제의 세 가지 차원으로 구성된다(박희숙, 2020).

첫째, 가치는 '나는 내가 좋아', '친구들이 나를 안 좋아해'와 같이 나와 다른 사람이 자신을 가치 있게 여긴다고 생각하는 정도와 관계가 있다.

둘째, 능력은 '나는 무엇이든 잘 할 수 있어', '나는 잘 못해'와 같이 과제 수행을 잘할 수 있다는 유능감에 대한 믿음과 관계가 있다.

셋째, 통제는 '선생님은 내 마음을 이해하고 따라줄 거야'와 같이 주변에서 일어나는 일에 내가 영향을 미칠 수 있다고 느끼는 정도와 관계가 있다.

영유아기에는 일반적으로 자아존중감이 매우 높은 편이다. 영아기에는 긍정적인 애착 형성을 통해 자신을 긍정적으로 평가하며, 자조기술의 발달로 일상의 과업을 성공적으로 수행하면서 자아존중감의 기초를 마련한다. 유아기에는 자신의 행동을 다른 사람과 비교하면서 자신의 수행한 과업을 스스로 평가하고 잘한 것에 대해 자부심을 느낀다. 이 시기의 유아는 대체로 지나치게 자신을 긍정적으로 평가하고 자아존중감이 높은 경향이 있다. 자아존중감이 높은 영유아는 또래와도 긍정적인 관계를 형성한다.

자아존중감과 영유아의 특징을 살펴보면 다음과 같다(조세핀 킴, 2012).

표 3-1 자아존중감과 영유아의 특성

자아존중감이 높은 영유아	자아존중감이 낮은 영유아
새로운 일에 열정을 가지고 도전한다.	가급적 위험부담이 있는 상황은 피하려 한다.
자기 스스로의 판단을 가장 중요하게 여긴다.	다른 사람의 영향을 많이 받는다.
유머 감각이 있다.	매사에 비협조적이고 쉽게 짜증을 낸다.
나중의 만족감을 위해 과정에 충실하려는 편이다.	과정 하나하나마다 확인받기를 원한다.
필요하다면 주저 없이 도움을 요청한다.	자신의 잘못을 다른 사람의 탓으로 돌린다.
자신감이 넘치고 의욕적이다.	늘 고립되어 있으며 친구도 거의 없다.
활동적이고 열정적이다.	내성적이고 수동적이다.
스스럼없이 자신의 감정을 표현할 수 있다.	지속적으로 불만을 표출한다.
마음이 편하고 스트레스를 잘 다룬다.	지나치게 민감하며 늘 스트레스를 안고 있다.
삶에 대한 태도가 긍정적이다.	삶에 대한 태도가 부정적이다.

출처: 조세핀 킴(2012)

(3) 자기조절

자기조절(self-regulation)이란 사회적 지시나 요구 없이 영유아 스스로 자신의 감정과 생각을 상황과 요구에 맞추어 조절하는 능력(양옥승, 김정림, 양유진, 2020)을 말한다. 자기조절 능력에 대한 초기 연구에서는 성인의 지시에 순응하거나, 자신이 좋아하는 목표를 달성하기 위해 순간의 충동적 행동을 억제하며 만족을 지연시키는 등의 요인으로 정의 내렸고 자기통제와 혼용되어 사용되었다. 그러나 1980년대 이후 자기조절 능력은 행동조절, 인지조절, 정서조절을 아우르는 포괄적인 영역으로 보고, 자기조절이란 자신의 생각이나 느끼는 바를 이루기 위해 주어진 상황을 참고하여 행동할 수 있는 능력으로 정의하였다.

영유아의 자기조절 능력은 개인의 발달 및 미래 사회에 있어 중요한 핵심역량이라 할 수 있다. 자기조절 능력은 일반적으로 외적 조절에서 내적 조절로 발달적 변화를 보인다. 이에 먼저 성인들이 영유아가 자신의 정서를 잘 관리하여 타인과 효율적으로 상호작용할 수 있도록 교육하는 것이 중요하며, 이것이 내면화되어 스스로 자기조절할 수 있는 역량을 갖추도록 하여야 한다. 자기조절 능력의 하위 요인으로는 인지조절 능력과 감정조절 능력이 있다.

인지조절 능력은 자신의 행동을 계획하고 점검하며, 평가하고 조절하는 능력으로 자기통제와는 구별되는 능력이다. 인지조절 능력은 첫째, 자기의 의도를 인지하는 능력이고, 둘째, 행동을 계획하고 점검하는 능력이다. 인지조절 능력은 연령의 증가와 함께 향상되며 계획하기 능력이 점검이나 평가하기 능력보다 먼저 발달한다. 학문적 영역에서의 인지조절은 약 8~9세경에 나타나지만, 반성적 능력을 의미하는 인지조절은 2~3세에도 관찰된다.

감정조절 능력은 자신의 감정을 정확하게 인식하고 그 감정이 타인에게 미칠 영향을 고려하여 자신이 속한 사회가 기대하는 정서 상태로 조절하는 능력을 말한다. 감정조절이 잘되는 영유아는 다양한 상황에 능숙하게 대처하고 적응도 잘하지만 그렇지 않은 영유아는 청소년기에 비행을 저지를 가능성이 높다는 연구 결과가 있다.

영유아기는 감정조절 능력의 발달에 있어 중요한 시기이다. 감정조절 능력은 일반적으로 자신 및 타인의 감정인식, 감정억제, 감정 대처하기 순으로 발달한다고 보고 있다(양옥승, 이옥주, 이정란, 손복영, 2017). 최근 들어 감정조절 능력이 사회 영역에서의 해석과 함께 인지기능으로 해석하기도 한다. 즉 자신의 감정을 인식하고 이를 조정하며 적절히 대처하는 과정이 고도의 인지기능을 필요로 한다는 것이다. 감정조절을 인지기능으로 해석한다면 인지조절뿐만 아니라 감정조절도 교육을 통해 그 능력을 향상시킬 수 있다.

(4) 자아개념 및 자아존중감 발달

자아개념은 사회적 거울에 비친 상으로 타인의 반응에 영향을 받아 발달한다. 자아는 출생 시부터 존재하는 것이 아니라 사회적 발달과정에서 나타난다. 자아개념의 발달과정을 영아기와 유아기로 나누어 살펴보자(김규수, 안영경, 이종향, 2018).

① 영아기

- 공생적 관계: 출생 초기에 영아는 어머니와 자기를 하나의 단위로 생각한다.
- 존재적 자아: 어머니가 자신의 모든 욕구를 채워주지 못한다는 것을 알게 되면서 점차 자신과 어머니가 다른 존재임을 인식하게 된다. 즉 영아는 자신을 타인과 구분하고 독립적인 존재로 본다.
- 심리적 이유기: '나'와 '내 것'을 강조하며 15개월경이 되면 자신의 능력을 실험하거나 어머니의 요구에 저항하는 반응을 보인다. 부모의 지시나 명령을 따르지 않거나 자기주장을 하게 되는데, 이는 독립심, 자율성을 나타내는 것으로 보아야 한다.
- 20~22개월경에는 자신의 이름을 부르고 '내가'와 같이 자신과 관련된 대명사를 자주 사용하고, 24개월경에는 '내가 할 수 있어'와 같이 자신의 행동이나 능력에 대한 말들을 사용한다.

② 유아기

- 사회적 자아: 유아는 자신이 소속되거나 자신과 관계 맺고 있는 사람들의 사회적 특성에 맞추어 자신의 행동과 표현을 조절하면서 '사회적 자아'를 발달시킨다.
- 범주적 자아: 자신과 타인이 분리되어 있음을 인식한 유아는 사람들이 어떤 점에서 다른지에 주목하고 그 차원에서 분류하기 시작한다. 주로 연령과 성에 따라 자신의 위치를 개념 짓는 '범주적 자아'가 발달한다.

- 소유적 자아: 3~4세의 유아들은 사물과 사람에 대한 소유개념이 형성된다. 유아는 자신의 소유로 자아를 인식하는데 이를 '소유적 자아'라고 한다.
- 평가적 자아: 자신의 신체적·심리적 특성들을 이해하고 자신이 가진 속성들의 질을 평가하기 시작하는데, 이를 '평가적 자아'라고 한다. 예를 들면, 유아는 '나는 키가 커요', '나는 얼굴이 하얘요', '나는 아이스크림을 좋아해요' 등 자신의 생활습관이나 신체 특징, 기호 등 외형적 특성을 가지고 평가하는 경향이 있다.

(5) 자아개념과 자아존중감 강화를 위한 교사의 역할

① 긍정적 자아개념 발달을 위한 교사의 역할

영유아는 교사의 자신에 대한 평가를 내면화하기 때문에 교사의 태도나 행동은 영유아에게 중요한 영향을 미친다. 영유아의 긍정적인 자아개념 발달을 돕기 위한 연령별 교사의 역할은 다음과 같다(한국아동학회, 2012; 오성숙 외, 2020 재인용).

표 3-2 긍정적 자아개념 형성을 위한 연령별 교사의 역할

구분	세부 내용
만 2세 미만	• 영아가 자신을 인식할 수 있도록 개별적인 침대, 침구, 서랍장, 그 밖의 개인 소지품에 영아의 얼굴 사진을 붙여주고 이름을 적어준다. • 영아가 자신을 볼 수 있도록 거울을 제공한다. • 영아에게 신체적 접촉과 언어적 표현으로 애정을 자주 표현한다. • 영아와 일대일로 얼굴을 마주 보며 상호작용을 한다. • 간식시간, 기저귀 갈이나 낮잠시간 등의 일상생활 중에 대화하면서 영아들과 함께 하루일과를 진행한다. • 영아가 몸을 움직이는 것을 스스로 알 수 있도록 관련 물품(예: 손목에 차는 영아용 딸랑이, 방울 달린 영아용 슬러퍼)을 제공한다. • 영아기에 친근한 대상이나 물건을 선호하고 선택하는 것을 존중해준다.

구분	세부 내용
만 2세	• 영아 자신의 이름, 얼굴사진, 가족사진 등을 곳곳에 붙여준다. • 영아의 성취에 대해 칭찬해 주고, 영아가 스스로 능력이 있다고 느끼고 자신을 조절할 수 있도록 도와준다. • 영아가 친근한 물건이나 음식을 선호하고, 친근한 사람을 선택하는 것을 존중해 준다. • 영아가 혼자서 편안하게 쉬거나 놀 수 있는 독립적인 여유 공간을 따로 마련해 준다. • 영아 스스로 다양한 일을 시도하고 경험하게 하려면 많은 인내가 필요하다는 것을 인식한다. • 영아가 하루일과 내에서 스스로 할 수 있는 일을 시도할 기회를 많이 제공해 준다. • 영아가 독립적으로 수행하는 행동에 대해 지켜보고 기다려주며 이를 성공적으로 수행한 경우에는 긍정적으로 반응해 준다.
만 3~5세	• 유아 스스로 자신에 대해 알아가며 자아를 형성하는 과정에서 자신은 남과 다른 독특하고 소중한 존재임을 깨달을 수 있도록 도와준다. • 유아의 있는 모습 그대로를 수용해 주고 욕구나 필요, 그에 따른 행동을 가능한 한 존중해 주어 유아 자신이 인정받고 존중받고 있음을 느끼도록 한다. • 유아가 노력을 기울여 이루어 놓은 행동이나 활동의 결과물에 대하여 수시로 칭찬과 격려를 해준다. • 유아와 대화할 때에는 이해하기 쉽도록 발달에 적합한 내용과 어휘, 문장 등으로 이야기한다. • 유아의 이야기를 잘 들어주며 따뜻하고 친절한 표정으로 대한다. • 훈육이 필요한 경우에는 어떤 행동이 좋고 나쁜지 유아가 의견을 말하고 상황을 판단할 수 있도록 돕는다. • 유아의 모든 소지품에는 자신의 이름을 적어주고, 일과 중에 다양한 활동을 진행하면서 이름을 다정하게 불러준다. • 교실에 큰 거울을 준비하여 유아가 자신의 신체를 관찰할 수 있는 기회를 주고, 자신과 또래의 모습을 비교하여 자신만의 독특함과 소중함을 알 수 있도록 한다. • 교실 내에 일과표를 만들어 걸어주고, 전이시간에는 신호음악이나 악기를 정하여 유아가 자발적으로 활동을 마무리하고 다음 활동을 시작할 수 있도록 돕는다. • 교구장에는 분류 표시를 해주어 놀잇감을 스스로 제자리에 정리할 수 있도록 해준다. • 유아가 자신의 신체나 성에 대한 이야기를 할 때 이를 진지하게 수용하도록 한다. • 유아가 자신의 성을 정확하게 알 수 있고, 일생 동안 같은 성을 갖게 된다는 것을 이해하며, 양성평등의식을 가질 수 있도록 지도한다. • 고정화된 성역할에서 벗어날 수 있도록 새로운 활동과 놀이를 계획하여 소개하고, 역할놀이나 극놀이를 하면서 다양한 성역할을 경험해 볼 수 있는 기회를 제공한다.

구분	세부 내용
만 3~5세	• 유아가 자신의 건강상태를 알고, 건강이 좋지 않거나 장애가 있는 유아를 이해하고 도와주도록 지도한다. • 유아가 자신의 사회적 · 경제적 · 문화적 환경의 상태를 알고, 다른 사람과의 차이를 인정하고 받아들일 수 있게 지도한다. • 유아가 다양한 측면의 사회적 약자(장애유아, 다문화가정 유아 등)의 상황을 이해하고 배려하도록 지도한다.

② 자아존중감 강화를 위한 교사의 역할

자아존중감은 전 생애에 걸쳐 타인과의 상호작용 및 환경의 영향을 받는다. 개인의 자신에 대한 평가는 상황에 따라 변화하며, 자아존중감의 수준도 높아지거나 낮아질 수 있다. 특히 영유아기는 주변 사람들의 영향을 절대적으로 받는 시기이므로 교사는 영유아가 스스로에게 가치 있고 존중받는다고 느끼도록 도와야 한다. 이를 위해 자아존중감을 높일 수 있는 다양한 기회와 경험을 제공하는 것이 중요하다. 유아의 자아존중감을 강화시키기 위해 교사는 영유아와 긍정적 관계 형성하기, 성공을 경험하게 하기, 선택의 자유를 강화시키기, 유아의 감정을 인정하기의 방법을 사용한다(Berk, 2013; 이영미 외, 2021 재인용).

표 3-3 유아의 자아존중감을 강화시키는 방법

방법	내용
긍정적 관계를 형성하기	• 유아에게 온전히 함께하는 시간을 만들고 싶다는 것을 알려준다. • 유아의 행동을 판단하지 말고 귀 기울이며, 유아 스스로의 생각과 감정을 표현하도록 한다. • 감정을 서로 공유하면 유아는 스스로를 가치 있게 느끼게 된다.

방법	내용
성공을 경험하게 하기	• 기대를 적절히 수정한다. • 유아에게 현재 능력 이상의 것을 요구할 때는 도움을 준다. • 유아의 행동이나 작업에서 긍정적인 면을 강조하고, 구체적인 행동에 대한 언어적 지지를 제공하여 동기부여를 돕는다. • 유아의 노력과 특정한 행동을 언급하며 칭찬해 준다. • 유아의 기술이 향상되고 있음을 말해주며 작품들을 전시해 준다.
선택의 자유를 강화시키기	• 유아 스스로 선택하게 함으로써 책임감과 자신의 행동을 통제할 수 있다는 느낌을 갖게 한다. • 유아가 혼자 결정하기 어려워하면 언제 어떤 순서로 과제를 할 것인지 함께 선택해 준다.
유아의 감정을 인정하기	• 유아의 강렬한 감정을 받아들이고, 감정을 조절할 수 있는 건설적인 방법들을 제시한다. • 유아가 자존감이 상해서 부정적인 정서를 표현한 것이라면 지지받고 있음을 느낄 수 있도록 공감해 주고 현실적인 설명을 해준다.

2) 정서발달

(1) 정서 개념

정서가 무엇인지 정의하기란 쉽지 않다. 그러나 일반적으로 정서란 사람 마음에 일어나는 여러 가지 감정으로, 일상생활에서 사람들과의 관계 또는 일에서 느끼는 감정을 의미할 때 사용하는 용어이다.

정서는 생리적·표현적·인지적 측면의 결합으로 나타난다(Messinger, Fogel, & Dickson, 2001; 김희태 외, 2021 재인용). 정서의 생리적 측면은 어떤 사건이 일어났을 때 심장박동이 빨라지고 얼굴이 빨개지는 등과 같은 신체적 변화를 의미한다. 정서의 표현적 측면은 행동으로 나타나는 울음, 웃음, 얼굴 찡그리기 등과 같은 것을 말한다. 정서의 인지적 측면은 이러한 모든 것을 고려하여 자신이 행복, 슬픔, 두려움 등을 어느 정도 경험하는지 판단하는 것을 의미한다.

각각의 측면에 나타난 상이한 정서의 의미를 정리하자면, 정서란 구체적 맥락 속에서 일어나는 자극, 즉 구체적인 사건이나 인물 등과 같이 광범위한 종류의 자극에 의해 유발되고, 특정 목표나 대상에 가까이 또는 멀리하려는 동기화된 행동을 수반하는 개인의 심리적·생리적 상태라 할 수 있다(김민성, 2009).

정서에는 긍정적인 정서와 부정적인 정서의 특성이 있다(곽금주 외 역, 2005). 긍정적인 정서는 높은 에너지, 열정, 흥분에서부터 침착, 조용, 위축까지의 긍정적인 정서의 범위를 말한다. 부정적인 정서는 불안, 분노, 죄책감, 슬픔 같은 부정적인 정서의 범위를 의미한다.

(2) 정서발달

영유아의 정서는 다양한 정서 출현, 자신과 타인의 정서 인식 발달, 자아의식적 정서의 출현, 정서조절 등의 과정을 순차적으로 거치면서 발달한다. 영유아기의 정서 정도와 수준은 개인차가 있으며, 영유아의 생물학적으로 타고난 부분과 사회문화적인 영향에 의해 발달한다.

① 영유아의 정서발달

인간은 선천적으로 기본적인 정서를 가지고 태어난다. 기본 정서는 일차 정서(primary emotions)라고도 하는데 기쁨, 분노, 슬픔, 두려움 등과 같은 것이다. 일차 정서는 연령의 증가에 따라 점차 분화하고 통합되면서 다양한 정서가 나타나게 된다. 기쁨은 놀람, 애정, 자긍심 등으로 분화되고, 분노는 좌절, 성가심, 질투, 혐오 등으로 분화된다. 슬픔은 낙담, 불행, 수치심, 죄책감 등으로 분화되고, 두려움은 불안, 의심, 공포(panic) 등의 정서로 분화된다(Izard et al., 1995; 김희태 외, 2021 재인용).

일차 정서는 정서가 분화되고 연합하여 당혹감, 수치심, 부러움, 죄책감, 질투심, 자부심 등의 자아인식 정서(self-conscious emotions)가 나타난다. 자아인식 정서는 이차 정서 또는 복합정서라고도 하며, 이는 영유아가 자신에 대한 인식과 함께 자신의 행동을 평가하는 능력이 발달하면서 나타난다. 즉 이차 정서는 영아가 거울이나 사진으로 자신을 알아보기 전에는 출현하지 않는다. 그리고 해서는 안 된다고 생각하는 행동을 했을 때는 죄책감을 느끼고, 어려운 일을 해냈을 때는 자랑스러워하는 모습을 보인다. 유아기 말이 되면 대부분 기본적인 정서는 모두 표현할 수 있게 된다. 영유아기 정서의 특징은 지속시간이 짧고 강렬하게 표현되며 다른 정서로 쉽게 전환될 수 있다. 이러한 경향은 연령이 증가하면서 완화되고, 직접적이며 외적인 표현에서 점차 구체적이고 내적인 표현으로 변화하게 된다.

영유아기에 발달하는 정서의 발달적 순서는 다음과 같이 예측할 수 있다.

- 기쁨: 생후 6주 정도에 나타나며, 사회적 미소를 보인다.
- 분노: 생후 3~4개월경에 나타나며, 초기 분노는 신체의 불편함이나 목표가 달성되지 않을 때 나타난다.
- 슬픔: 5~7개월경에 나타나며, 양육자와의 분리된 경우 입을 삐죽거리거나 울기, 흐느낌 등으로 표현된다.
- 두려움: 6~12개월경에 나타난다.
- 놀람, 좌절, 불안 등: 생후 1년경 나타나는 정서적 반응이다.
- 당혹감, 질투심, 수치심, 죄책감, 부러움 등: 2~3세경에 자아 인식 정서가 나타난다.
- 자긍심, 수치심, 죄책감 등: 3세경 자기평가를 시작하며 나타난다.

표 3-4 생후 3년간 출현하는 정서

6주	기쁨			
3~4개월		분노		
5~7개월			슬픔	두려움 조심성
8~10개월	놀람		분리불안	수줍음
1년경	고무됨	좌절	어색함	낯가림, 불안
2년경	애정	저항, 질투, 경멸		
3년경	자긍심	· ·	수치심 죄책감	수치심 죄책감
	· · 공감	· · 공감	· · 공감	· · 공감

출처: Kostelnik et al., 2012; 김희태 외, 2021 재인용.

② 정서 인식 및 이해

던햄(Denham, 1998)에 따르면 정서 인식 및 이해는 정서가 담긴 언어를 사용하고 자신과 타인에 대해 인식하는 능력, 상황에 적절한 감정적 표현에 적응하는 능력을 포함한다. 영유아가 자신과 타인의 정서를 이해하기 위해서는 다음과 같은 학습을 해야 한다(Kostelnik et al., 2009).

첫째, 사람은 모두 정서를 경험한다. 누구에게나 감정이 있다.

나는 오늘 아침에 행복하다. OO이도 행복하고, OO이도 행복하다. 선생님도 감정이 있다. 선생님은 어떤 때에는 흥분하거나 기분이 좋고, 어떤 때에는 짜증을 내거나 화를 낸다.

둘째. 정서는 다양한 상황에서 유발된다.

내가 좋아하는 옷을 입는 것, 간식 시간에 좋아하는 간식을 많이 먹는 것, 자동차길을 저 끝까지 만들 수 있을 만큼 블록이 충분한 것 등 많은 것이 나를 행복하게 한다. 누군가가 내 길을 가로막거나 운동장에서 넘어졌을 때, 좋아하는 장난감을 잃어버렸을 때 나는 화가 나거나 슬프다.

셋째. 정서를 표현하는 방법은 다양하다.

나는 기쁘면 노래를 부르기도 하고, 크게 소리 내어 웃기도 하고, 가만히 앉아서 혼자 미소를 짓기도 한다.

넷째. 다른 사람은 나와 다르게 느낄 수도 있다.

소방차가 학교에 왔을 때 나는 소방차에 올라타서 앞자리에 앉고 싶었다. 그건 참 흥분되는 일이었다. ○○이는 선생님 뒤에 서서 겁이 나는 듯 소방차를 쳐다보았다.

다섯째. 나는 내 감정과 다른 사람의 감정에 영향을 미칠 수 있다.

슬플 때 엄마 무릎 위에 앉아있으면 기분이 좋아진다. 동생이 기분이 안 좋아 보일 때 나는 동생에게 웃기는 표정을 짓는다. 그러면 동생은 웃는다.

정서를 인식하고 이해하는 능력은 영아기부터 나타난다. 영유아가 타인의 정서를 해석하고 이에 반응하기 위해 처음에는 얼굴, 목소리, 신체적 움직임과 같은 겉으로 드러나는 정서적 단서에 주의를 기울이다가 점차 더 미묘한 단서에 주의를 기울인다. 예를 들어, 약 5개월경의 영아는 얼굴표정을 조직화된 패턴으로 지각하고 목소리에 나타난 정서와 말하는 사람의 적절한 얼굴을 일치시킬 수 있다. 다른 사람의 의도를 알아차리고 공유된 주의집중을 형성할 수 있는 기술이 향상됨에 따라 정서 표현의 의미를 이해할 수 있을 뿐만 아니라 특정 대상이나 사건에 대한 의미를 해석할 수 있다(심숙영, 2014).

만 1세가 되면 자신이 느끼는 정서를 자기 것으로 인식할 수 있다. 만 2세가 되면 기본 정서를 언어로 표현할 수 있고 사회적 참조(social reference)[1]를 통해 타인의 정서 반응이 자신의 정서와 다를 수 있음을 알게 된다. 만 3~4세경에는 자신의 내적 상태를 정서와 연관시킬 수 있으나 3세 이전까지는 타인의 정서를 정확하게 해석하지 못한다. 만 5~6세가 되면 타인의 정서를 분명히 분별할 수 있다.

영유아기 정서 인식 및 이해의 특징은 다음과 같다(이영 외, 2015).

첫째, 영유아는 슬픔, 분노, 두려움 등의 부정적 정서보다 기쁨 같은 긍정적 정서를 더 쉽게 이해한다.

둘째, 영유아는 기쁨, 슬픔, 분노, 놀람 등의 단순 정서를 유발시키는 원인이나 상황을 이해할 수 있다. 3~4세경이 되면 "친구가 장난감을 뺏어서 화가 나요"와 같이 단순 정서의 원인을 정확히 판단하고 말할 수 있다.

셋째, 4~5세경에는 상황과 정서, 정서와 행동 간의 관련성을 인식하고 이해할 수 있다. 상황에 따라 다른 사람이 어떻게 느낄지, 상대방이 정서를 표현하고 난 후 어떤 행동을 할 것인지 예측할 수 있다. 상대방이 화가 나면 밀치거나 때릴 수 있음을 예상할 수 있다.

넷째, 영유아는 다른 사람이 슬퍼하거나 속상해하는 모습을 보고 부정적인 정서를 완화하거나 없애려는 방법을 모색하거나 행동으로 표현할 수 있다. 친구나 어머니가 슬퍼할 때 안아 주거나 표정으로 동조하면서 부정적인 정서를 완화시키려고 노력한다.

1 상황을 인식하기 위하여 다른 사람의 정서적 반응에 의존하는 것을 말한다. 예를 들어, 영아는 불확실한 상황에서 다른 사람에게서 정서적인 단서를 얻는다. 영아는 낯선 사람을 만났을 때 어떻게 행동해야 할지 애매한 상황에서 이를 보다 정확하게 해석하도록 도움을 준다. 24개월 정도의 영아들은 행동하기 전 부모의 정서적 반응을 살펴 자신의 행동을 조절하게 된다.

다섯째, 영유아는 다른 사람이 슬퍼하거나 속상해 하는 모습을 보고 부정적인 정서를 완화시키거나 없애는 방법을 모색하거나 행동으로 표현할 수 있다.

여섯째, 영유아기에는 다른 사람의 내면적 정서와 외면적 정서를 모두 고려하기 어렵고, 두 가지 이상의 정서가 복합적으로 나타나는 것을 이해하기 어렵다. 영유아는 너무 기뻐서 울거나 어머니가 화를 내면서 사랑한다고 말하는 것을 이해하기 어렵다.

③ 정서조절

정서조절이란 자신의 정서가 상대방에게 미치는 영향을 고려하여 자극에 대한 정서적 반응을 스스로 적절한 방식으로 조절하고 변화시킬 수 있는 능력(이영 외, 2015)으로 긍정적인 정서를 극대화하고 부정적인 정서를 최소화하기 위한 의식적·무의식적 과정(Westen, 1994; 지성애, 2020 재인용)이다.

정서조절은 단순한 감정관리가 아니라, 노력이나 자발적 통제를 통해 능동적으로 정서를 관리할 수 있는 능력을 포함한다. 정서조절 능력에는 다음과 같은 것들이 있다(이영자 외, 2004).

- 긍정적 정서나 부정적 정서와 관련되어 부적절한 행동을 억제하는 능력
- 정서적으로 매우 흥분되었을 때 자신을 진정시키는 능력
- 자신의 주의를 집중하거나 통제하기 위하여 정서 상태를 사용하는 능력
- 중요한 목적을 성취하기 위하여 자신의 감정, 사고, 행동을 조절하는 능력
- 타인의 감정과 행동에 영향을 주기 위하여 자신의 정서를 사용하는 능력
- 자신의 정서를 문화적 규범에 맞게 표현하는 능력

정서조절은 영유아기를 거치면서 점진적으로 발달한다. 초기에는 부모나 교사의 안내에 의해 조절되다가(외적 조절), 점차 지시가 없어도 스스로 조절하는 내적 조절로 발달하

게 된다. 정서조절 능력의 발달은 인지발달과 밀접한 관련이 있다. 정서조절 능력의 발달과정을 살펴보면 다음과 같다(Kopp & Neufeld, 2002; 심숙영, 2014 재인용).

첫 번째 단계는 12~18개월경에 나타나는 통제의 시기로, 이 시기에는 특정한 상황에서 요구되는 사회적 요구에 대해 막연하게 이해한다. 영아는 신체적인 행동이나 의사소통을 시도하고 대부분 교사나 부모의 지시나 명령에 순응하는 행동을 한다. 영아는 부정적인 정서 유발을 줄이기 위해 몸을 앞뒤로 흔들기, 입술 깨물기, 불쾌한 사건이나 사람 피하기 등의 책략을 발달시킨다.

두 번째 단계는 18~20개월경에 나타나며 이 시기의 영아는 부정적 정서를 숨길 줄 안다. 예를 들어 넘어졌을 때 엄마가 함께 있을 때만 울음을 터뜨린다.

세 번째 단계는 2세경에 나타나기 시작한다. 이 시기는 만족지연 능력이 나타나는 시기로, 이는 이후에 얻을 수 있는 더 큰 보상을 위하여 지금의 즉각적인 보상을 뒤로 미루고 현재의 욕구를 인내하며 조절하는 능력을 말한다. 만족지연 능력은 자기조절 능력과도 밀접한 관계가 있다. 또한 이 시기에는 표상 및 기억의 발달로 양육자의 의도를 기억하여 사회적 기대에 따라 자기 행동을 조절할 수 있게 된다. 따라서 좌절에 대한 참을성이 나타나기 시작한다.

네 번째 단계는 3세경 유아기로 다른 사람 앞에서 부정적인 정서 표현을 자제하는 능력이 난다. 자신의 감정을 더 잘 숨기며 진짜 자신의 감정을 숨기고 거짓말을 하기도 한다. 유아는 성장하면서 다양한 종류의 감정을 일으키는 상황에 직면하면서 감정조절기술도 함께 발달해 나간다.

(3) 정서발달을 위한 교사의 역할

영유아는 성인의 도움 없이는 자신의 감정과 정서가 어떤 것인지 이해하기 어렵다. 영유아기의 정서발달은 성인이 그들의 정서를 읽어주고 표현해줄 때야 비로소 자신이 느끼고 있는 감정이 무엇인지 인식할 수 있다. 교사는 영유아와의 관계에서 존중하고(respectful), 반응적이며(responsive), 상호호혜적(reciprocal)인 상호작용을 하도록 한다. 또한 영유아와의 상호작용은 영유아에 대한 관심(attention), 승인(approval), 애정(affection)을 가지고 형성하여야 한다(Douville-Watson, Watson, & Wilson, 2003).

① 정서적 경험 정의하기

영유아의 정서발달을 지원하기 위해 교사는 영유아가 상황을 정의할 때 어떻게 묘사하는지를 살펴보아야 한다. 플러치크는 황홀, 흠모(숭배), 공포, 경악, 비애, 혐오, 격노, 경계의 8가지 정서로 구분하고 정서에 대한 올바른 상황적 정의가 필요하다고 보았다(찰스 A. 스미스, 1996; 서정은, 2022 재인용). 영유아교사는 정서와 상황 간의 관련성을 이해할 수 있도록 도와야 한다. 영유아는 자신의 정서적 사건에 대해 정의하는 방식이 연령에 따라 다르다는 것을 교사는 인식하고 영유아와 함께 정서 이해를 위해 노력해야 한다.

표 3-5 정서와 상황적 정의

차원	정의	기능	예
황홀-기쁨-침착 차원	긍정적 상황 정의, 어떤 즐거움을 얻을 수 있다고 믿는 것	유아가 이와 같은 경험을 재현하고 반복하도록 함	생일 선물을 발견한 유아-기쁨과 행복감-같은 유도하는 정서임
흠모-좋아함-수용 차원	유아가 상황 또는 사람을 그들의 욕구를 채워줄 수 있는 대상으로 보는 것	유아가 타인과 협동, 동일시하도록 함 강한 애정: 그를 기쁘게 할 어떤 것을 하려고 함	주목, 지지, 격려, 솔선수범-포옹, 손잡기, 유쾌한 씨름 같은 접촉을 시도함
공포-두려움-염려 차원	어떤 것을 위험한 상황으로 해석한 결과로 나타남	유아 자신 또는 타인이 피하거나 방어할 수 있도록 돕는 기능	첫 등원하는 유아가 엄마가 없음을 알고 두려워서 문을 열고 도망하려 함

차원	정의	기능	예
경악–놀람–주의산만 차원	갑자기 낯선 어떤 것을 경험할 때 일어남	유아가 이상한 경험에 적응하게 하며 조사하도록 돕는 기능	누군가 유아 뒤에서 갑자기 어깨를 가볍게 두드림. 유아가 놀라며 더 많은 정보를 얻으려고 주목하여 봄(위험한 사람/아빠/친구)
비애–슬픔–시름 차원	상실감을 경험하게 될 때 일어나는 정서	상실을 인정하고 적응할 수 있도록 도움	좋아하는 놀잇감이 부숴지면 화를 내고 울음–슬픔–더 이상 이 놀잇감을 가지고 놀 수 없을 것이라고 스스로 판단함
혐오–역겨움–싫증 차원	싫증을 주는 것을 경험할 때 느끼는 정서	유아가 불쾌한 것을 거부하거나 제거할 수 있도록 돕는 기능	잔인한 행동–얼른 피하기/죽은 쥐–역겨움–제거
격노–화냄–성가심 차원	원하는 행동을 하지 못하게 되는 좌절을 경험하게 될 때 느끼는 정서	분노: 장애를 극복하거나 제거하도록 도움	장난감 빼앗은 친구–화냄–부당한 행동을 극복하게 하는 에너지
경계–호기심–기대 차원	새로우면서도 안전감이 있는 상황을 만날 때 겪게 되는 정서	낯선 상황을 탐색하도록 도움	박람회 방문 5세 유아–부모 동반–안전감–탐색과 기대, 호기심

출처: 서정은(2022)

② 정서발달 지원방안

영유아의 정서발달을 지원하기 위한 방안을 살펴보면 다음과 같다(이기숙 외, 2015; Kostelnik et al., 2009).

첫째, 정서적으로 안정된 환경을 제공한다. 교사는 표정, 목소리, 태도 등에서 영유아가 정서적으로 편안함을 느낄 수 있도록 정서적 안정감을 제공하고, 예측 가능한 환경과 일과운영을 통해 다가올 일을 미리 예측하고 정서적 안정감을 느낄 수 있도록 돕는다.

둘째, 교사 자신이 바람직한 정서표현의 모델링을 제공한다. 영유아는 주변 사람의 정서 표현 방식을 모방하거나 동일시하면서 정서를 발달시킨다. 따라서 교사는 일상생활에서 정서를 표현하는 시범을 보이거나 영유아가 정서를 경험할 수 있는 순간을 잘 포착하여 지도함으로써 영유아가 정서 조절하는 방법을 배울 수 있게 한다.

셋째, 영유아의 감정을 있는 그대로 수용하고 반응해 준다. 교사가 자신의 감정을 수용해 주면 영유아는 자신이 느끼는 정서가 적당한 것이며 괜찮은 것이라고 느끼게 된다. 또한 화가 나거나 너무 기뻐도 눈물이 날 수 있고, 속상하지만 괜찮다고 표현하는 등 복합적인 감정이 존재함을 알고 영유아가 이를 죄책감 없이 수용할 수 있도록 한다. 그러나 평가하거나 무엇이 옳은 것인지를 가르치려고 하면 죄책감을 느끼고 방어적이 되어 자신의 진짜 정서를 숨기거나 극단적인 반사회적인 방법으로 표출할 수 있다.

넷째, 감정에 이름을 붙여주고 정서적 반영을 하고 다른 사람의 차이를 구분할 수 있는 기회를 제공한다. "친구가 자동차를 가져가서 속상하구나"와 같이 정서를 구체적으로 표현해 준다. 이럴 때 영유아는 자신의 감정을 보다 잘 이해하게 되면서 비슷해 보이는 서로 다른 정서를 구별할 수 있게 된다. 약 오른, 화가 난, 속상한 등과 같은 구체적인 단어를 들으면서 정서와 관련된 어휘를 증가시키고 정서를 더 잘 이해하며 표현할 수 있게 된다. 또한 교사는 다른 사람의 감정에 관심을 갖도록 주의를 환기시켜 주고 친구들의 감정이 모두 다를 수 있다는 것을 알도록 한다. 이때 다른 사람의 감정을 읽어줌으로써 다른 사람의 감정의 차이를 구분하는 기회를 제공한다.

다섯째, 놀이나 다양한 활동을 통해 감정을 경험하고 관찰하며 표현할 수 있는 기회를 제공한다. 역할놀이를 통해 다양한 역할을 경험하면서 정서와 관련된 어휘를 사용해 볼 수 있고, 정서적으로 뚜렷한 장면을 연출하며 자연스럽게 감정을 연습해 볼 수 있다.

매일매일 긍정적 정서를 키우는 방법

- 아이에게 자기 발견을 위한 놀이에 몰두할 시간을 만들어 주어라.
- 아이가 즐겁게 보내는 시간이 얼마나 되는지를 관찰을 통해 파악하고 적절하게 지원하라.
- 놀이를 계속하게 할 아이디어나 매체를 지원하라.
- 아이들이 스스로 할 수 없는 일들과 씨름하며 시간을 보낼 때 수시로 노력을 인정해 주고 격려하면서 자신의 성취에 관심을 집중하게 하라.
- 아이가 자신의 감정을 사용하여 놀이할 수 있도록 긍정적이고 구체적인 칭찬을 해줌으로써 관심을 표현하라.
- 아이에게 진정한 즐거움을 가져다주는 것에 더 많은 시간을 쏟을 수 있도록 도와주어라.
- 경쟁적이지 않은 게임을 통해 다른 사람들과 마음 편하게 재미있는 시간을 갖게 해주어라.
- 야외활동이나 거친 신체놀이와 같은 활기 넘치는 활동으로 자연스럽게 기분을 좋게 만들어 주어라.

출처: Hooper(2012)

3) 성역할

영유아가 자신의 성에 맞게 성역할과 성정체성을 정립하는 것은 사회화의 중요한 과제이다. 생물학적인 성역할의 정립보다 사회문화적으로 필요한 성역할 정립이 오늘날 필요한 사회화의 모습이라 할 수 있다.

(1) 성역할의 개념

성에 대한 개념은 남성과 여성의 생물학적 차이를 의미하는 성(sex)과 사회문화적 영향에 의해 형성되는 사회문화적 성(gender) 개념으로 구분된다. 성역할이란 개인이 속해 있는 사회나 문화에서 남자와 여자에 따라 각각 다른 행동과 역할을 기대하는 사회문화적 성과 관련이 있으며, 영유아가 남자와 여자로서 사회적으로 적합하다고 여겨지는 행동이나 태도, 가치, 특성을 의미한다.

성유형화(gender typing)는 출생 후 영유아가 그 사회에서 인정하는 성역할을 부여받아 자신의 성을 인식하고 자신의 성에 맞는 태도와 행동을 학습해 나가는 과정이다. 부모는 자녀의 성별에 적합하다고 생각하는 옷이나 장난감을 제공함으로써 영아기부터 성유형화가 형성된다.

성역할 개념이 발달했다는 것은 영유아가 자신의 성에 따라 사회문화적으로 수용되는 행동이 무엇인지 안다는 것이며, 성역할 개념을 획득한 영유아는 남성과 여성의 행동, 능력, 태도에 있어 차이가 있음을 인식하고 받아들이게 된다(조순옥 외, 2002). 그러나 남성과 여성의 성유형화를 지나치게 강조하면 성역할 고정관념(sex role stereotype)[2]이 형성될 수 있다. 최근에는 남성적·여성적 역할에 대한 고려뿐만 아니라 양쪽의 특질을 지닌 양성성(androgeny)를 강조하고 있다. 성에 대한 생물학적 차이는 인정하지만 그것을 사회문화적으로 연결하지 않고 인간에게 잠재된 능력들을 동등하게 대우하고 인정해야 하는 것을 의미한다. 양성적 정체감을 가진 유아는 자아존중감이 높고 상황에 따라 유연하게 행동할 수 있어 유아교육기관에 잘 적응한다는 연구가 있다(정미라, 2009, 2010).

영유아기는 성을 인식하고 성역할의 개념을 형성하는 시기이며 양성평등의식을 형성하는 중요한 시기이다. 따라서 성역할에 대한 적절한 학습과 함께 성 고정관념을 습득하지 않도록 여성성과 남성성을 골고루 경험할 수 있도록 다양한 기회를 제공해야 한다.

(2) 성역할 개념의 발달단계

성역할 개념이 발달하기 위해서는 성 개념의 발달이 우선되어야 한다. 성 개념 발달과

---

2 우리가 가지고 있는 남성과 여성에 대한 일반적인 인상과 신념을 반영하는 넓은 범주의 개념이다.

정을 살펴보면 성 정체성, 성 안정성, 성 항상성의 세 가지 단계를 거쳐 발달한다.

남녀를 구분하여 명명할 수 있고 다른 사람을 남자와 여자로 정확히 구별할 수 있는 성 정체성(gender identity)이 이루어진 후, 한 개인의 성이 다른 성의 옷이나 머리 모양으로 변화시켜도 여전히 같은 성임을 이해하는 능력인 성 안정성(gender stability), 일생동안 같은 성을 유지한다는 것을 이해하는 성 항상성(gender constancy)이 이루어진다. 성역할 발달단계와 특징에 대해 살펴보면 다음과 같다.

표 3-6 연령에 따른 성역할 발달단계와 특징

연령	성역할 발달 특징
성 정체성 (2~4세)	• 2세경부터 자신과 타인을 구별하고 자아정체감을 갖기 시작한다. 그러나 자신의 성별을 정확하게 인식하지 못한다. • 3세경 자신의 성을 뚜렷하게 인식하고 정확한 성의 명칭을 사용하며, 성에 대한 부정적 편견, 느낌, 생각을 깨닫고 주위를 판단한다. • 머리 모양, 옷차림 등으로 성별을 구분하며 남녀에 대한 적합한 일을 분류하는 경향이 있다. • 성, 인종, 장애에 대한 편견 및 고정관념을 갖기 시작한다. • 4세경에는 사회적 규범에 따른 성역할을 수용하고 이를 지키려 하지만, 자기중심적 사고에 의해 사회적 기대를 쉽게 무시하기도 한다. • 이 시기에는 외형이 바뀌더라도 성이 바뀌지 않는다는 것을 아직 깨닫지 못한다.
성 안정성 (4~7세)	• 한 번 타고난 성을 유지한다는 것을 깨닫는다. • 자신의 성에 대한 해부학적 지식이 없으며, 이에 대해 당황하거나 낄낄거리기, 놀리기 등으로 어색함을 표현한다. • 성에 대한 선호도가 부각되어 동일한 성에 호감을 보이는 경향이 있다. • 성 유형화된 놀잇감 선호 및 자신의 성역할에 충실한다. • 성역할의 관습 위반을 잘못된 일로 인식하여, 사회적 규범에 순응하는 역할 행동 및 태도를 보인다. • 주변 성인을 관찰하여 놀이로 재현하고, 성 고정관념을 배워간다.
성 항상성 (5~7세)	• 겉모습과 관계없이 자신의 성이 일정하게 유지된다는 것을 안다. • 성에 따라 정보를 분류하는 성 유형화 지식이 성인 수준으로 증가한다. • 외적 특징만으로 성을 구별하지 않는다. • 성과 관련된 행동을 할 때 사회적으로 수용되는 것을 이해하고 수행한다. • 자신이 속한 사회의 성역할 규범을 이해하고 이에 따라 행동한다.

출처: 교육인적자원부(2004); 한국양성평등교육진흥원(2012)

(3) 성역할의 지원과 교사의 역할

영유아의 성역할을 교육적으로 지원하기 위해 교사가 경계해야 할 것은 성역할 고정관념이다. 성역할 고정관념은 개인의 능력과 관심을 무시하고 남성과 여성에게 규정된 역할을 강요함으로써 성을 초월한 다양한 선택의 가능성을 제한하는 것이다(Statham, 1978). 영유아는 2~3세경 자신의 성별을 인식하며 성 정체성이 형성된 직후에 또는 동시에 성역할 고정관념을 갖는다고 한다(홍순정, 김희태, 2010). 영유아교사는 영유아가 지닌 잠재력을 충분히 발휘할 수 있도록 양성평등에 대한 이해를 돕는 역할이 필요하다. 이를 위해 부모나 교사는 스스로 자신이 성에 대해 바른 인식을 하고 있는지, 성 고정관념은 없는지 살펴야 하며, 만약 성역할에 대한 고정관념을 가지고 있다면 이를 극복하기 위한 노력이 선행되어야 한다. 뿐만 아니라 성역할 고정관념을 감소시키기 위해 교사는 심리적 양성성[3]에 대한 개념을 올바로 인식하고 가르쳐야 한다.

영유아가 긍정적인 성역할 개념을 형성하는 데 도움을 주는 영유아교사의 역할 및 지원 방안에는 다음과 같은 것들이 있다(조순옥, 2010; 김희태 외, 2021).

첫째, 놀이 영역을 재구성한다. 블록, 목공, 탈것 등이 있는 영역이 남아만을 위한 영역으로 인식되거나 역할놀이 영역이 여아들에게 전담된 영역이 되지 않도록 주의를 기울인다.

둘째, 고정화된 성역할에서 벗어날 수 있는 새로운 활동을 계획하여 영유아로 하여금 새로운 놀이에 도전해 볼 수 있는 기회를 제공한다.

---

3 심리적 양성성의 특성을 가진 사람은 부드러우며 다른 사람들을 보살피고자 하는 욕구가 있고 자신을 희생하여 선을 이루려는 여성스러움과 독립적이고 이성적으로 사고하고 성취를 향한 강한 동기를 가지고 있는 남성스러움을 동시에 가진 사람을 말한다. 교사는 이러한 특성을 배양하는 성역할 교육을 해야 한다.

셋째, 다양한 방법으로 성역할에 대한 인식을 확장한다. 집단을 구성할 때 남아 집단과 여아 집단으로만 구성하지 말고 여아와 남아가 서로 도우며 영향을 미칠 수 있는 형태로 계획한다.

넷째, 해부학적 성 정체성과 사회적 성 정체성에 대한 바른 이해를 할 수 있는 기회를 제공한다. 남성과 여성의 특징이 나타난 책을 읽고 신체부위를 그려보는 활동을 통해 남성과 여성을 결정짓는 것이 영유아의 호·불호의 문제가 아니라 타고난 것임을 이해하도록 하여 명료하고 건전한 성 정체성 발달이 이루어지게 한다.

다섯째, 발달 수준에 적합한 성역할과 교육이 이루어져야 한다. 다음에 제시된 연령별 성역할의 기본개념과 성폭력 안전에 관한 개념을 참고한다(Baxley & Zendell, 2005; 김희태 외, 2021 재인용).

표 3-7 성역할과 성폭력 안전에 관한 개념

연령	성역할 기본 개념	성폭력 안전에 관한 개념
4세 이하	• 남아와 여아는 다르다. • 남아와 여아의 신체에 대한 정확한 명칭을 익힌다. • 아기는 엄마에게서 태어난다. • 사적인 부분에 대한 규칙을 익힌다(예: 중요한 부분은 가리고 있어야 하며 다른 사람이 만지게 해서는 안 된다). • 신체와 신체의 기능에 대한 모든 질문에 대해 간략하게 답한다.	• 좋은 느낌(편안하고, 즐겁고, 반가운)과 좋지 않은 느낌(공격적이고, 원하지 않고, 편안하지 않고, 고통스러운)의 만짐의 차이를 안다. • 너의 몸은 너의 것이다. • 모든 사람은 다른 사람이 만졌을 때 싫다고 말할 권리가 있다. • 어느 누구도 사적인 부분을 만질 수 없다. • 어른이 사적인 부분을 만지거나 부모에게 비밀로 하라고 하는 것과 같은 옳지 않은 일에 대해 싫다고 하는 것이 옳다. • 곧 밝혀질 놀라운 사실과 부모에게 말하지 말라는 스트레스를 주는 비밀 간에는 차이가 있다.

연령	성역할 기본 개념	성폭력 안전에 관한 개념
5~6세	• 남아와 여아의 신체는 연령이 증가하면서 변한다. • 아기와 엄마의 몸에서 성장하는 과정과 태어나는 과정에 대한 간단한 설명을 할 수 있다. • 아기는 엄마에게서 태어난다. • 사적인 부분에 대한 규칙을 익힌다(예: 중요한 부분은 가리고 있어야 하며 다른 사람이 만지게 해서는 안 된다). • 신체와 신체의 기능에 대한 모든 질문에 대해 간략하게 답한다. • 너의 사적인 부분을 만지는 것이 기분이 좋게 할 수는 있지만, 혼자서 해야 한다.	• 다른 사람이 너의 사적인 부분을 만지거나 만지기를 요구한다면 성적 학대이다. • 네가 알고 있는 사람이라 할지라도 이것은 성적 학대이다. • 성적 학대는 결코 유아의 잘못이 아니다. • 만약 낯선 사람이 너에게 접근하면, 뛰거나 네가 믿을 만한 부모, 교사, 이웃, 경찰 등에게 말해야 한다. • 어떤 사람이 너에게 하고 싶지 않은 일을 하라고 하거나 네가 하고 싶지 않은 일을 자신에게 하라고 하면 아동학대이다.

여섯째, '남자들이 하는 일'이나 '여자답지 못하다'는 등의 성 고정화 관념들이 영유아의 언행으로 표현될 때, 그러한 개념에 적극적으로 대처할 수 있도록 교사는 민감하게 관찰한다.

일곱째, 유아들에게 성차를 무시한 역할을 부여하여 성차에 따른 편견을 불식시킨다.

- 성의 구별 없이 크고 작은 악기를 다루게 한다.
- 여아도 난쟁이, 귀신, 거인 등의 역할을 하도록 한다.
- 음률 활동에서도 남녀 유아의 구별 없이 참여시킨다.
- 교사도 성차 없이 새로운 기술을 배우고 과업을 나누는 역할모델이 된다.

여덟째, 반편견 동화를 읽고 토론함으로써 영유아의 성별에 구분 없이 고정관념을 감소시킨다.

2. 사회적 관계발달

1) 애착발달

(1) 애착의 개념과 중요성

애착은 영아와 양육자 간에 형성되는 정서적 유대감을 말한다. 즉 영아가 시간과 공간을 초월하여 애착된 사람, 주로 어머니에게 접근하려 하거나 접촉하려는 행동으로 나타난다. 이러한 애착은 종족 보존과 적응에 필요한 요소로 사랑과 의존을 포함한다. 특정 인물에 애착 형성이 이루어지면 그 사람과 있을 때 평안하고 기쁨을 느낀다.

애착행동이 초기에는 다른 사람과 접촉하는 방식인 잡기, 울기, 옹알이와 같은 행동으로 나타난다. 영아가 성장하면서 미소 짓기, 가리키기, 쫓아가기, 장난감 제공하기 등의 행동을 보인다. 좀 더 큰 유아는 좋아하는 성인을 붙잡기 위해 만지기, 가까이 다가가는 등의 적극적인 신체 접촉 활동을 한다. 부모와 교사가 영아에게 반응적이고 민감한 태도를 가지고 상호작용을 하여 그들의 요구에 적절히 반응해 주어야 한다. 영아가 이러한 지속적 경험을 통해 획득된 타인에 대한 신뢰감은 주변 환경에 안정적으로 적응하는 데 도움을 주고 안정된 애착형성이 이루어지도록 한다. 이러한 영아의 애착형성은 부모가 영아를 대하는 시간이나 양이 아니라 그 질에 달려있음을 강조한다.

초기 경험으로서 애착은 이후 인지, 정서, 사회성 발달에 중요한 영향을 미치기 때문에 중요하다. 안정된 애착 형성이 이루어진 영아는 유아기에 지신감과 호기심, 타인과의 긍정적인 관계를 맺을 수 있고, 아동기에는 도전적인 과제 해결과 어려움을 보다 잘 견디며 문제행동도 덜하게 된다(정옥분, 2017).

영아가 애착을 잘 형성하고 있다는 것을 보여주는 사례가 낯가림과 분리불안이다(이영미 외, 2021). 그런데 낯가림과 분리불안에는 차이가 있다.

낯가림(stranger anxiety)은 영아가 낯선 사람이 다가오면 큰 소리로 울거나 낯선 사람에게 안기려 하지 않는 행동이다. 낯가림은 생후 6~8개월에 나타나기 시작하여 돌 전후 최고에 이르고 두 돌이 지나면서 점차 사라진다. 낯가림은 영아가 친숙한 사람과 그렇지 않은 사람을 구별할 수 있게 되었음을 의미하며, 주 양육자와 애착을 형성하면서 생겨나는 자연스러운 발달과정이다. 그러나 지나치게 강렬하거나 오랜 시간 지속되는 낯가림은 사회정서발달에 부정적인 영향을 미칠 수도 있다.

분리불안(separation anxiety)이란 영아가 친숙한 사람과 헤어질 때 울면서 불안해하고 떨어지지 않으려는 행동을 의미한다. 낯가림이 낯선 사람에 대해 나타나는 행동이라면, 분리불안은 애착을 느낀 대상과 분리될 때 느끼는 불안에서 비롯된다. 분리불안은 8~9개월에 시작되어 15~18개월에 가장 심하게 나타나고 두 돌이 지나면 점차 사라진다. 낯가림과 마찬가지로 대부분의 영아들에게서 나타나는 일반적인 행동으로 특별한 유대를 지닌 양육자와 함께 있으려는 애착형성과 관계가 있다. 지나친 분리불안은 영아가 독립된 존재로 성장해 나가는 데 방해가 될 수 있으므로 영아기 이후에도 지속될 경우 분리불안 장애로 구분되어 개입할 필요가 있다.

(2) 애착발달과 유형

대부분의 영아는 생후 첫날부터 주 양육자와 애착을 형성하게 된다. 그러나 애착관계의 질은 영아마다 개인차가 있다. 애착 이론을 구체화한 보울비(Bowlby, 1982)는 애착의 형성과정을 네 단계로 구분하고 점진적으로 발달하게 된다고 하였다.

① **1단계**(0~12주): **사람을 잘 변별하지 못함**(orientation and signals with limited discrimination of figure)

한 사람과 다른 사람을 구별할 수 있는 능력은 후각과 청각으로 제한된다. 이 시기의 영아는 가까이 있는 사람을 향하며, 눈으로 따라가고, 손을 뻗고, 웃고, 옹알이를 한다. 이러한 영아의 행동이 성인에게 영향을 주어 성인이 영아 곁에 좀 더 있게 된다. 12주 이후에 이러한 반응은 증가한다.

② 2단계(4~7개월): **한 사람 이상 변별**(orientation and signals directed towards one(or More) discriminated figure(s))

1단계에서와 마찬가지로 사람에게 친근하게 접근하지만 다른 사람보다는 엄마에게 더 많이 가려고 한다.

③ 3단계(6개월~2세): **신호와 움직임으로 양육자에게 접근**(maintenance of proximity to a discriminated figure by means of locomotion as well as signals)

사람을 대하는 방식이 점차 달라지고, 엄마와 떨어지거나, 엄마가 돌아오거나, 엄마를 탐색기지로 사용할 때의 반응이 다양해진다. 모든 사람에게 무분별한 반응은 없어져서 낯선 사람을 경계하고 점차 위축되며 엄마에 대한 애착은 더욱 분명해진다.

④ 4단계(2세 이후): **목표 수정적 동반자 관계**(formation of a goal-corrected partnership)

영아는 엄마가 독립적인 대상이고, 시공간과 상관없이 계속 존재한다는 것을 인식한다. 영아는 엄마의 목표와 계획을 유추할 수 있어서 격리 시에도 불안을 보이지 않는다.

1978년 심리학자 에인스워스와 연구진(Ainsworth, Blehar, Waters & Wall)은 '낯선 상황 실험'을 통해 12~24개월 영아들이 어머니에게서 나타내는 애착형성 유형을 분류하였다.

표 3-8 에인스워스 등의 낯선 상황 실험

장면	출현 인물	지속시간	일화 사건	잠재적 애착행동
1	어머니, 아기, 관찰자	30초	관찰자는 어머니와 아기를 실험실로 안내한 후 나간다(방에는 재미있는 놀잇감들이 많이 흩어져 있다).	
2	어머니, 아기	3분	아기가 탐색하는 동안 어머니는 가만히 앉아있다. 2분이 지난 후 필요하다면 놀잇감을 가지고 놀도록 이끌어 준다.	안전기지로서의 부모
3	낯선 사람, 어머니, 아기	3분	낯선 사람이 들어온다. 1분간 낯선 사람은 침묵하고 있다가 1분간 어머니와 이야기한다. 그 후 낯선 사람은 1분 동안 아기에게 접근한다. 3분이 지난 후 어머니는 슬그머니 방을 나간다.	낯선 사람에 대한 불안
4	낯선 사람, 아기	3분 이하	아기와 어머니가 떨어져 있다(첫 번째 분리 장면). 낯선 사람은 아기의 행동에 맞추어 반응해주고 행동한다.	분리불안
5	어머니, 아기	3분 이상	아기가 어머니와 만난다(첫 번째 재회 장면). 그러는 동안 낯선 사람은 조용히 방을 나간다. 어머니는 아기를 달래준다. 그 후 놀잇감을 갖고 놀 수 있도록 이끌어준다. 또 다시 어머니는 "안녕"하고는 방을 나간다.	재결합 행동
6	아기	3분 이하	아기와 어머니가 헤어진다(두 번째 분리 장면).	분리불안
7	낯선 사람, 아기	3분 이하	낯선 사람이 되돌아와서 아기를 달래주고 아기 행동에 맞추어 반응한다.	낯선 사람에 의해 위로받는 능력
8	어머니, 아기	3분	(두 번째 재회 장면) 어머니는 돌아와서 아기에게 인사하고 안아준다. 아기가 다시 놀잇감에 흥미를 갖도록 해준다. 그 사이 낯선 사람은 아무 말 없이 방을 나간다.	재결합 행동

출처: Ainsworth et al.(1978)

에인스워스는 아기가 낯선 상황에서 어머니와 격리되었을 때 어떠한 반응을 보였느냐를 근거로 애착의 유형을 나누었다. 크게 안정 애착과 불안정 애착으로 나누고 불안정 애착은 다시 세 가지 유형으로 구분하였다. 애착의 4가지 유형과 영아의 행동 특성을 살펴보면 다음과 같다.

표 3-9 애착 유형과 영아의 행동 특성

애착 유형	행동 특성
안정 애착 (secure attachment)	• 아기는 어머니를 '안전한 기지(secure base)'라고 생각함 • 낯선 장소에 있더라도 어머니와 함께 있으면 주변을 탐색하고 새로운 것을 만져보며 공유하려고 함 • 어머니가 잠깐 나가면 약간 위축되기는 하지만 놀이를 계속함 • 어머니와 이야기 나누던 낯선 사람과 남겨졌을 때, 약간 어색해하지만 교류하려고 함 • 어머니가 돌아오면 웃으며 반겨주고, 기분이 좋아 더 활동적으로 놀이를 함 • 아기가 어머니를 필요로 할 때 적절한 반응을 보여주면 긍정적인 행동을 보여줌 • 영아의 65% 정도가 이 유형에 해당함
불안-저항 애착 (anxious-resistant insecure attachment)	• 아기는 어머니가 자기를 두고 어디로 가는지, 아니면 자기 곁에 있는지에 관심을 두기 때문에 어머니에게 눈을 떼지 못하고 놀이에 집중하지도 못함 • 어머니의 표정이나 태도에서 아기에게 관심이 있어 보이지 않음 • 아기는 어머니의 반응을 예측할 수 없으므로 늘 불안해함 • 아기가 어머니와 떨어지려고 하지 않고, 함께 있던 어머니가 보이지 않으면 심하게 불안해하고 욺 • 어머니 없이 낯선 사람과 함께 있는 것이 매우 불안하여 욺 • 어머니가 돌아오면 반가우면서도 발로 차거나 화를 내는 등 양가적 태도를 보임 • 영아의 20% 정도가 이 유형에 해당함
불안-회피 애착 (anxious-avoidance insecure attachment)	• 아기는 어머니를 피하거나 무시하고, 방에 있든 없든 별로 신경쓰지 않으면서 마치 낯선 사람처럼 대함 • 어머니와 함께 노는 것을 원하지 않으며, 어머니도 마찬가지임 • 어머니와 헤어져도 감정을 내색하지 않고, 어머니가 돌아와도 반가워하지 않으며 오히려 시선을 피하는 등 멀리하는 경향을 보임 • 어머니는 아기가 원하는 것을 잘 알지 못하고, 아기에게 애정 표현이나 신체 접촉도 거의 안 하며 오히려 거부적인 행동을 하는 경향을 보임 • 영아의 10~15% 정도가 이 유형에 해당함

애착 유형	행동 특성
불안/혼란 애착 (disorganized/ disoriented attachment)	• 아기는 어머니와 있어도 낯선 곳에 가면 매우 불안해하거나 또는 전혀 관심을 보이지 않음 • 아기가 어머니와 떨어질 때에는 별 반응이 없거나 오히려 편안해 하다가도 갑자기 우는 등 예측하기 힘든 행동을 함 • 아기가 어머니에게 다가가 안기지만 무표정하거나 긴장하는 모습을 종종 보임 • 어머니에게 안겼다가도 갑자기 어머니를 밀어내고 화를 내는 등 심한 감정기복을 보임 • 어머니가 부르거나 다가가면 두려워하거나 위축된 행동을 하기도 함 • 아기가 상반된 행동, 비일관적인 행동을 자주 보이는데, 어머니도 아기에게 일관적이지 않은 태도를 보임 • 영아의 5~10% 정도가 이 유형에 해당함

출처: 최현정 외(2020)

우리는 영유아의 불안정 애착 유형에 주의를 기울여야 한다. 예를 들어 나이에 맞지 않게 지나치게 어른스러운 행동을 하는 경우 불안정 애착 유형일 수 있다. 이 유형의 유아는 부모의 기분이나 안색을 살피며 얼핏 보아 분별력 있고 순종적인 것처럼 보이지만 수면장애와 같은 불안정 애착 증세를 보인다(Ridley, 2004; 이현경 외, 2020 재인용).

학대받은 영유아의 경우 불안정 애착 유형을 보인다. 학대로 인해 마음의 불안과 고통, 공포를 반복적으로 경험하게 되면서 분노와 절망, 무력감을 느끼며 불안정한 감정반응이 생기고 감정을 강요받게 된다. 이럴 경우 영유아는 사소한 긴장과 불안감에도 극도로 예민하게 사람들을 경계하게 되고 자기조절 능력과 주의력에 문제가 생길 수 있다.

(3) 애착 증진을 위한 교사의 역할

영아가 특정 양육자와 형성하는 애착의 질은 양육자의 반응에 의해서 결정되며, 이후 사회·정서발달에 영향을 준다. 안정 애착 관계 속에서 영아는 자신의 정서와 반응을 조절하는 것을 배우고 사람들과의 관계에서 유능한 사람으로 자신에 대한 정체성을 발달시킨다.

영아의 유아교육기관 입학연령이 하향화되고 종일제 생활을 하고 있어 교사와 영유아의 안정 애착 형성은 영유아의 성장 발달에 매우 중요한 요소이다. 영유아의 안정 애착 발달을 위한 교사의 역할에 대해 살펴보자(오성숙, 석은조, 2020).

첫째, 교사는 영유아가 보내는 신호를 민감하게 인식하고 반응해 주어야 한다(van den Boom, 1994).

교사는 부모와는 달리 영유아를 객관적으로 관찰할 수 있는 위치에 있기 때문에 관찰을 바탕으로 영유아의 언어적·비언어적 신호를 정확히 해석하여 적절한 반응을 하는 것이 필요하다. 이러한 경험이 쌓여 영유아는 교사와 안정적 애착을 형성하게 된다.

둘째, 영유아의 개인적 기질 특성을 이해하고 상호작용한다.

영유아는 개별성과 독특성을 지닌 존재이다. 따라서 영유아가 지닌 독특한 기질이나 성향을 이해하고 긍정적이며 일관된 반응을 하는 것이 중요하다. 이러한 과정에서 신뢰감을 바탕으로 안정 애착을 형성하게 된다.

셋째, 정서적으로 안정되고 수용적인 환경을 제공한다.

교사의 민감하고 온정적인 태도와 반응은 영유아의 안정 애착 발달에 중요한 부분이다. 교사는 영유아가 편안하고 안정감을 느낄 수 있도록 따뜻하고 부드러운 시선으로 마주하고 기분 좋은 신체 접촉을 해줌으로써 자신이 사랑받고 있다는 느낌을 갖도록 지도한다.

넷째, 교사는 영유아의 애착 증진을 위해 영유아의 행동에 따른 다음과 같은 교수 전략을 참고하여 일관성 있고 반응적인 상호작용을 실행해 본다.

표 3-10 영아행동 및 상황과 상호작용 방법

영아행동/상황	상호작용 방법
교사와 떨어지면 불안해 한다.	영아 곁을 잠시 떠나게 될 때마다 영아에게 잠시 나갔다 곧 다시 올 것을 정확히 말해주고, 대신 영아와 함께 있게 될 사람을 소개해 주고, 교사가 올 때까지 잘 돌보아줄 것이라고 말해준다. 영아에게 돌아왔을 때 반드시 영아와 대화를 나눈다.
다른 사람을 쳐다보는 것에 즐거움을 느낀다.	영아가 다른 아이들이 놀이하고 있는 것을 볼 수 있는 위치에 앉게 해준다.
의기소침해져 있다.	일관성 있게 애정 어린 표현과 신체적 접촉을 해주고 자주 안아주고 놀아준다.
낯선 사람에 대한 두려움을 나타낸다.	영아에게 낯선 사람을 신중하게 소개한다. 낯선 사람으로 하여금 영아의 주변을 맴돌지 않도록 한다. 영아가 낯선 사람에게 적당한 거리를 두고 익숙해질 수 있도록 시간을 준다.
혼자서 무엇을 해보려 한다.	가능하다면 영아가 혼자서 어떤 일을 하도록 내버려 둔다.
영아가 스스로 창안한 놀이를 한다.	영아가 스스로 만든 놀이를 하도록 내버려 둔다. 영아를 방해하거나 교사가 주는 놀이를 하지 않도록 한다.
다른 사람을 모방한다.	영아와 서로를 따라 해보는 놀이를 한다. 예) 입을 크게 벌리기, 웃기
다른 친구를 인식한다.	영아가 다른 아이에게 말을 하려고 시도하도록 도와준다.
움직임 또는 소리를 내어 교사의 주의를 끈다.	영아가 주의를 끌려고 하는 모든 행동에 즉각적으로 반응해 준다.
교사와 같이 방에 있으려고 따라다닌다.	교사가 어디에 있던 영아가 볼 수 있도록 공간을 구성한다.
나누는 것이 어렵다.	나누지 않아도 될 만큼 충분히 사용할 수 있도록 놀잇감을 제공한다. 원하는 놀잇감을 기다려야 한다면 다른 대안적 놀잇감을 제공한다.
짜증을 낸다.	가능하다면 원인을 없애주고 때때로 무시한다.
행복한 감정을 보인다.	영아의 행복한 감정을 나누고 미소를 보여주거나 안아준다.
불안을 나타낸다.	작은 소리로 이야기를 해주고 달래준다. 필요하면 불안을 야기시키는 상황에서 벗어나도록 한다.

영아행동/상황	상호작용 방법
특정 장난감이나 사람을 좋아한다.	영아가 좋아하는 장난감을 자주 갖고 놀 수 있도록 해준다.
애정을 보인다.	미소 짓거나 안아 주어 애정표현을 받아주고 반응해 준다.
먼저 놀이를 시도한다.	영아가 시작하는 놀이에 반응하고 함께 논다.
부모나 교사에게 매달린다.	영아에게 교사가 계속 여기에 있을 거라고 명확하게 말해준다. 잠시 떠날 경우, 곧 돌아와서 다시 놀아줄 것이라고 말해준다.
항상 자신에게 주의와 관심 갖기를 요구한다.	다른 아이와 놀이하거나 돌봐주는 중에도 영아에게 긍정적인 언어표현을 통해 관심을 보여준다.
다른 사람의 정서상태를 인식한다.	정서상태에 따라 일관된 표현을 한다. 예) 즐거움–미소 짓기와 웃음, 화가 났을 때–단호한 목소리와 미소 짓지 않기
새로운 불안들을 만들어 낸다.	영아의 불안들을 잘 들어준다. 실제처럼 받아들여 준다. 영아를 편안하게 하고 교사가 영아에게 관심이 있음을 확인하도록 한다.
낯선 것에 대해 불안해한다.	새로운 상황이나 경험을 소개한다. 다른 사람이 영아를 재촉하지 않도록 한다. 영아가 자신의 놀이 상태에 따라 반응하도록 도와준다.
동시에 하나 또는 하나 이상의 감정을 보인다.	영아의 감정을 인식하고 영아의 요구에 반응한다.
자기 자신에 대한 감정을 계속적으로 발달시킨다.	영아가 자기 자신에 대해 좋은 감정을 가질 수 있도록 피드백을 제공하고 영아가 자신을 유능하다고 생각하도록 반응한다.
상상하며 말하는 것이 증가한다.	영아의 상상을 잘 듣고 그 상상을 같이 즐거워해 준다.
변화를 거부한다.	변화가 일어나기 전에 그에 대해 설명하고 변화의 이유를 이야기한다.
사랑스럽게 행동하다가도 심하게 고집부리는 등 극단으로 행동이 이동한다.	영아의 행동 변화를 수용해 주고 한 인간으로서의 영아를 존중하며 행동에 대한 대안을 제시함으로써 영아의 요구에 반응한다.
교사의 요구에 반대한다.	요구에 대해 조심스럽게 말하고 "이것을 해라"라고 말하지 않고도 요구하는 행동이 나타날 수 있는 다른 방법을 생각한다.

영아행동/상황	상호작용 방법
부모나 교사에게 의존하거나 안정감을 얻으려고 한다.	영아의 욕구에 일관성 있게 즉각 반응해 준다.
독립적으로 행동하려고 한다.	영아 스스로 해볼 수 있도록 내버려 둔다. 교사의 도움 없이도 할 수 있는 것은 도와주지 않는다.
여러 사람에게 각기 다르게 행동한다.	영아가 여러 사람에게 각기 다르게 행동할 수 있다는 것을 인지하고 이를 수용해 준다.
주의를 끌기 위해 여러 가지 행동을 한다.	주의를 끌기 위해 사용하는 행동의 유형을 인식한다. 그러한 행동에 대해 가능한 빠르게 반응해 준다.
특정한 사람에게 쑥스러움을 보인다.	영아가 모든 사람과 상호작용하기를 기대하지 말고 원하지 않으면 그 사람과 거리를 유지하고 쳐다보도록 한다.
때론 교사를 거부한다.	영아의 말이나 행동으로 거부하는 표현을 수용해 준다. 지속적으로 영아에게 애정을 표현한다.

표 3-11 애착 증진을 위한 교수 전략

교사에게 도움을 요청한다.	영아가 필요로 할 때 일관성 있게 도움을 준다. 영아가 자신이 스스로 할 수 없는 일에 대해 도움을 요청할 때 칭찬을 해준다. 예) 신발을 묶을 때 당황해 하거나 울지 않고 도움을 청하는 경우
교사를 기쁘게 하려고 애쓴다.	언어적 또는 비언어적 반응을 한다. 영아가 인정받고 싶어 한다는 욕구를 인식하고 영아로 하여금 교사를 도와줄 수 있는 활동을 마련한다.
공격적인 행동을 보인다.	부정적인 감정을 발산하고 통제할 수 있는 놀이활동을 제공한다. 예) 점토활동, 신체활동 등
도움을 요청한다.	영아가 교사를 하나의 자원처럼 이용하도록 해준다. 도움이 필요하면 도와준다. 무조건 해주지는 않는다.
인정받길 원한다.	긍정적으로 행동할 때 영아의 행동에 대해 언어적 · 비언어적 인정을 해준다. 또한, 한 인간으로써 존중한다.

공상을 나타낸다.	영아의 공상을 들어주고 실제처럼 받아들여 주고 같이 즐겁게 이야기를 나눈다. 영아가 무서운 공상을 할 때 교사를 안전기지로 생각할 수 있도록 해준다.
공격성이 증가한다.	대상 영아 옆에 주의해야 할 것이 있는지 상기시키고 때때로 상황으로부터 영아를 이동시키거나 특정 놀잇감을 치운다.
일상생활에서 안정감을 얻으려고 한다.	영아가 독립성과 유능성을 증가시킬 수 있도록 스스로 할 수 있는 일과를 지속적으로 제공한다.
강하게 반응한다.	영아의 처음 반응 강도를 수용하고 적절한 행동 강도를 유지하도록 한다.
부정적으로 행동한다.	영아에게 다른 방법으로 행동하는 방법을 알려주고 여러 활동에 흥미를 가지도록 강화한다.
옷을 갈아입는다.	지금 어떤 것을 하고 있는지 앞으로 어떤 일이 일어날지 영아가 함께하며 기대할 수 있도록 설명한다.
여러 가지 현상에 호기심을 보인다.	영아가 여러 가지 것에 호기심을 가지고 있음을 이해하고 영아가 탐색해 볼 수 있도록 도와준다.

출처: 이원영 외(1999); 심숙영(2014)

2) 친사회적 행동

(1) 친사회적 행동의 개념

영유아는 그가 속한 사회의 구성원으로 적응하기 위해 사회적 관계 속에서 긍정적으로 받아들여지는 행동을 발달시켜야 한다. 영유아 자신의 발달뿐만 아니라 사회 발전에 긍정적인 영향을 주는 행동 유형을 친사회적 행동이라 한다.

친사회적 행동(prosocial behavior)이란 다른 사람을 이롭게 하는 행동으로 자신의 것을 누군가와 공유하고 어려움에 있는 사람을 돕거나, 누군가와 협동하여 목적을 달성하도록 돕고, 타인의 성취나 외모를 칭찬하여 기분 좋게 만드는 것을 포함한다(Shaffer, 2005).

친사회적 행동은 다른 사람의 이익을 주기 위해 자발적으로 하는 모든 행동을 의미하지만 그 뒤에 숨겨진 의도나 동기에 따라 구분될 수 있다. 이타적인 의미의 동기를 가지고 있거나 외적 보상 등 자신의 이익을 위해 행동을 할 수도 있다. 영유아의 경우 타인을 위해 순수한 이타적 의미의 친사회적 행동을 한다는 것은 어려운 일이다. 따라서 다른 사람을 돕기 위한 의지나 동기를 지닌 친사회적 행동을 촉진하기 위해서는 이타성과 감정이입 능력 발달을 지원해야 할 필요가 있다.

친사회적 행동의 유형으로는 정서적 행동(선물 주고받기, 다른 사람 변호하기 등), 전통적 친사회적 행동(차례 지키기, 돕기, 동조하기, 협력하기 등), 친절한 접촉 시도(인사하기, 관심 보이기, 타인을 즐겁게 하기, 타인에게 관심 보이기 등), 언어적 교환(인정하기, 칭찬하기, 격려하기, 위로하기 등), 신사적 요구(부탁하기, 요청하기, 설득하기 등) 등이 있다(Robertson, 1981; 최현정 외, 2020).

친사회적 행동을 하는 영유아는 다른 사람을 도와주면서 만족감과 유능감을 발달시킨다. 다른 사람을 돕는 과정에서 여러 정보도 공유할 수 있고, 다른 사람에게 필요한 사람이라는 생각을 갖게 된다. 그 결과 자신이 능력 있고 가치 있는 사람으로 지각하게 되는 건강한 자아상을 갖게 된다(Trawick-Smith, 2005).

친사회적 행동이 영유아에게 주는 이점은 다음과 같다(Kostelnik et al., 2009; 김규수 외, 2018; 민혜영 외, 2019).

첫째, 영유아 스스로 친사회적 행동을 통한 만족감을 얻는다.

둘째, 사회적 유능감이 길러진다.

셋째, 친사회적 행동을 통해 사회적인 상황에 들어갈 수 있다.

넷째, 다른 사람과의 사회적 관계를 맺게 해준다.

다섯째, 도움을 주고받거나 협동을 할 기회가 늘어난다.

여섯째, 서로를 배려하는 행동을 통해 집단의 분위기가 긍정적으로 형성된다.

(2) 친사회적 행동의 유형

친사회적 행동은 이타적 행동과 비슷한 개념으로 사용되기도 한다. 영유아는 발달의 특성상 이타적 행동을 하기 어렵지만, 행위의 의도 측면에서 보상을 바라지 않고 타인을 위한 행동을 하기도 한다. 행동 의도에 따른 친사회적 행동의 유형과 사례를 살펴보면 다음과 같다(심숙영, 2016).

표 3-12 행동 의도에 따른 친사회적 행동의 유형

친사회적 행동의 범주		내용	사례
요청받은 행동		또래의 요청에 의해 수행한 행동	A는 B가 크레파스를 원하자 건네줌
비이타적 행동	각본 행동 (scripted acting)	가상놀이와 같이 특정 맥락에서 주어진 역할이나 규칙에 따라 수행한 행동	가상놀이에서 의사가 된 A가 환자인 B를 응급 처치해 줌
	자기중심적 행동 (egocentric acting)	자신의 이익을 위해 수행한 행동	A는 B가 가지고 있는 장난감을 얻기 위해 B에게 장난감을 줌
이타적 행동	탈중심적 행동 (nonegocentric acting)	자신의 사적인 이익이 개입되지 않은 행동	A가 B에게 다가가서 인형을 건네줌(A가 어떤 기대를 가지고 했다는 단서를 전혀 찾지 못함)
	또래 고통으로 유발된 행동(acting prompted by a peer's distress)	또래의 고통을 위로해 주기 위해 수행한 행동	A는 B가 자전거에서 떨어져 울기 시작하자 다가가서 머리를 쓰다듬으며 위로해 줌
	또래의 필요와 기대에 따른 행동(acting prompted by a peer's need or wish)	또래가 도움을 필요로 할 때 수행한 행동	A는 넘어질 뻔한 B를 도와줌

출처: 심숙영(2016)

(3) 친사회적 행동 발달

친사회적 행동은 제한적이지만 영아기부터 나타나며 연령의 증가와 더불어 점차 증가하는 경향이 있다. 연령의 증가와 더불어 친사회적 행동이 증가하는 것은 자기중심적 사고에서 벗어나 다른 사람의 입장을 고려할 수 있는 감정이입[4]과 역할수용[5] 발달과 관련이 있다. 영유아의 연령이 증가함에 따라 그 형태와 표현이 변화하는데, 영유아기에 나타나는 친사회적 행동의 예를 정리하면 다음과 같다.

표 3-13 영유아기에 나타나는 친사회적 행동의 예

연령		친사회적 행동의 예
영아기	0~6개월경	• 혼자 있으면 울지만, 누군가 옆에 있어 주거나 말을 하거나 소리를 내면 멈춤 • 자신에게 관심을 기울이거나 말을 걸어주는 것에 긍정적으로 반응하며 좋아함 • 자주 접하는 사람을 알아보고, 긍정적으로 반응하며(예: 미소 짓기, 웃기), 낯선 사람은 경계함 • 미소와 꾸짖음, 친절한 목소리와 화난 목소리를 구분함 • 사회적 놀이를 즐김(예: 까꿍 놀이) • 다른 사람의 상태에 정서적으로 반응함(예: 엄마가 울면 같이 울기) • 4~5개월경에 또래에 관심을 보이며, 6~8개월경에 친구다운 접촉을 함

4 감정이입은 자신의 정서를 타인의 상황과 연결하여 표현하는 정서적 반응이다. 감정이입은 친구가 슬퍼하면 같이 슬픔을 느끼고, 즐거워하면 같이 즐거움을 느끼며 감정을 공유하는 것이다.

5 역할수용은 타인의 느낌, 생각, 지각을 이해하는 것으로 공감하는 것은 아니며 행동과 역할에 초점이 있고 상대방이 슬퍼하는 것을 인지하지만 슬픔을 느끼지는 않는다.

<table>
<tr><th colspan="2">연령</th><th>친사회적 행동의 예</th></tr>
<tr><td rowspan="3">영아기</td><td>6~12개월경</td><td>• 성인이나 또래의 말소리, 행동, 몸짓을 모방함
• 나누는 행동을 하는 등 친숙한 사람에게 애정을 표시함
• 자신이 원하는 것이 달성되지 않으면 거친 행동을 하여 표현함(예: 머리카락, 코, 안경 등을 움켜잡거나 잡아당기기)
• "하지 마"라는 말을 듣고 행동을 멈출 줄 알게 됨
• 낯선 사람을 밀치거나 울면서 싫어하는 감정을 표현함</td></tr>
<tr><td>1~2세경</td><td>• 성인에게 관심을 더 많이 보이며 함께 있고 싶어 함
• 성인의 행동을 모방할 뿐만 아니라 또래의 웃음이나 울음도 모방함
• 간단한 요구에 부응하고, 간단한 심부름을 할 수 있음
• 인형, 강아지 등을 돌보는 행동을 보임
• 다른 사람이 울거나 아파할 때 감정이입이 되어 같이 울거나 위로해 줌</td></tr>
<tr><td>2~3세경</td><td>• 몸짓뿐만 아니라 말로 다른 사람의 주의를 끎
• 더 다양하고 풍부하게 돌봐주며 도와주는 장면을 보임
• 도와주려는 자신의 의도를 표현함
• 장난감을 사회적 관계를 맺는 수단으로 사용하기도 함
• 자신이 원하는 것에 대한 고집이 생김</td></tr>
<tr><td rowspan="3">유아기</td><td>3~4세경</td><td>• 친구와 같은 놀잇감을 공유하나 각자 놀이하는 병행놀이를 함
• 친구와의 갈등 상황이 발생하면 신체적으로 해결하려는 경향이 큼
• 성인에게 반항심을 보임</td></tr>
<tr><td>4~5세경</td><td>• 성인보다는 친구들과 함께 놀이하는 것을 더 좋아함
• 친구들과 연합하여 놀이함
• 친구들과 어떻게 어울려야 하는지 알게 됨
• 반항심을 점점 더 정확하게 표현함</td></tr>
<tr><td>5~6세경</td><td>• 친구들과 협동놀이가 가능해짐
• 친구들과의 놀이를 위해 자신의 행동을 수정하기도 함
• 친구들과의 갈등 상황이 발생하면 말로 해결하려는 모습을 보임
• 남자와 여자에 대한 관심이 커져 각 성의 특징, 성역할 등에 주의를 기울임</td></tr>
</table>

출처: 최현정, 이금구, 우혜진(2020)

(4) 친사회적 행동 지원을 위한 교사의 역할

영유아의 친사회적 행동을 지원하기 위해서는 주변 성인들의 역할이 중요하다. 부모나 교사는 영유아를 위해 친사회적 환경을 만들어 줄 뿐만 아니라 친사회적인 다양한 활동을 통해 직접 훈련하기, 부모나 교사 스스로 친사회적 행동의 바람직한 모델이 되어주기, 영유아가 친사회적 행동을 했을 때 긍정적 강화해주기, 친사회적 행동을 하지 않을 때 즉각 바로잡아주기, 친사회적 활동 계획하기 등을 하여 영유아가 친사회적 행동을 익힐 수 있게 한다(Kostelnik, 2009; 심숙영, 2016 재인용).

① 친사회적 환경 구성하기

- 영유아의 친사회적 행동을 명명할 수 있는 자연스러운 기회를 이용한다.
- 의도하지 않았으나 친절하지 않은 예를 지적하고, 대안적인 친사회적 방법을 제시한다.
- 영유아가 협동할 수 있는 기회를 제공한다.
- 친사회적 행동을 보상한다.
- 집단으로 보상한다.
- 다양한 친사회적 행동을 보여준다.
- 다른 사람들의 친사회적 행동에 반응하는 바람직한 방법을 보여준다.
- 친사회적 행동을 할 때 긍정적인 태도를 보인다.
- 교사나 다른 영유아가 모델이 된 친사회적 행동을 보여준다.
- 영유아와 이야기 나눌 때 친사회적 추론을 사용한다.
- 영유아의 친사회적 자아상을 발달시키기 위해 긍정적 귀인을 사용한다.

② 친사회적 행동을 직접 가르치기

- 놀이와 협동하기를 직접적으로 훈련하면 영유아의 친사회적 행동은 증가한다.

- 이때 교사의 역할은 영유아에게 친절함에 대한 기본 사실을 가르치고, 실제 생활에서 어떻게 적용될 수 있는지 보여주고, 친사회적 행동의 기술을 연습할 수 있는 기회를 제공한다.

③ 현장에서 즉각적으로 가르치기

- 영유아가 친사회적 행동을 하는지 관찰한다.
- 영유아에게 도와달라고 직접적으로 요청한다.
- 누군가 도움이나 협동을 필요로 할 때 이를 영유아에게 인식시킨다.
- 타인에게 도움이나 협동을 요청하는 신호를 가르친다.
- 사람들이 돕기나 협동을 하도록 결정할 수 있는 상황을 알려준다.
- 특정한 상황에서 어떠한 유형의 도움과 협동이 가장 적합한지 결정하도록 도와준다.
- 공유하는 방법을 가르친다.
- 영유아의 조망 수용 기술을 증가시키도록 노력한다.
- 영유아가 감정을 말로 표현하여 자신의 정서와 다른 사람들의 정서표현을 이해할 수 있도록 도와준다.
- 영유아가 교실에서 결정할 수 있는 형식적·비형식적 기회를 많이 제공한다.
- 영유아가 친사회적 행동기술을 배울 기회를 제공한다.
- 영유아가 한 행동의 결과를 함께 평가한다.
- 영유아가 다른 사람의 친절을 수용할 수 있도록 격려한다.
- 친절한 행동이 좌절되었을 때 영유아를 지지해준다.

④ 친사회적 행동 계획하기

- 가르치고자 하는 친사회적 기술을 정한다.
- 선택한 친사회적 기술을 제시할 수 있는 다양한 방법을 생각한다.

- 계획이 잘 진행될 수 있도록 활동 아이디어 중 하나를 생각한다.
- 친사회적 활동을 처음부터 마무리까지 활동 계획을 세운다.
- 필요한 자료를 준비한다.
- 계획을 실행한다.
- 친사회적 행동과 관련된 계획의 장단기 결과 측면에서 활동을 평가한다.
- 다른 기회에 같은 친사회적 활동을 반복하거나 변형하여 해 본다.

다음은 영유아의 친사회적 행동 척도이다. 유아교육기관에서 활용하여 보자.

표 3-14 영유아 친사회적 행동 척도

	1=그렇지 않다 2=그렇지 않은 편이다 3=보통이다 4=그런 편이다 5=그렇다	1	2	3	4	5
1	장난감 등 소유물을 잘 나누어 가지고 논다.					
2	자신이 차지하고 있는 놀이공간을 친구와 잘 공유한다.					
3	자신의 놀이 기회를 친구에게 잘 양보한다.					
4	친구가 문제해결을 위해 도움을 요청할 때 그것을 잘 해결할 수 있도록 정보, 의견, 행동 등의 도움을 잘 준다.					
5	친구가 도움을 요청할 때 어려운 친구의 상황을 인식하고 이를 돕기 위해 노력을 많이 하는 편이다.					
6	친구가 어려운 상황인 경우 도와주려는 의지를 가지고 언어적으로 상호작용을 주도적으로 잘한다(예: “내가 도와줄까?).					
7	또래와의 친밀한 관계를 형성하거나 유지하기 위해서 또래의 감정/정서에 말, 행동, 표정 등으로 관심을 많이 가진다.					
8	또래와의 친밀한 관계를 형성하거나 유지하기 위해서 친구의 감정을 고려하여 상황에 적절한 방법(말, 표정, 태도 등)을 잘 쓸 수 있다.					

1=그렇지 않다 2=그렇지 않은 편이다 3=보통이다 4=그런 편이다 5=그렇다		1	2	3	4	5
9	자신의 뜻대로 이루어지지 않을 경우 심하게 화를 내거나 공격적인인 행동을 보이지 않고 자신의 감정을 잘 조절한다.					
10	어려운 문제해결 상황에서 금방 울거나 당황해하지 않고 자신의 감정을 잘 조절한다.					
11	또래 친구들과 함께 어울려 놀 때 자주 리더 역할을 한다.					
12	또래 친구에게 먼저 놀이를 하자고 자주 제안한다.					
13	힘든 문제해결 상황에서 다른 사람(교사와 또래)에게 의지하지 않고 혼자 해결하려고 한다.					
14	또래와의 놀이 상황에서 자신에게 주어진 역할을 충실하게 수행한다.					

출처: 서소정(2006)

3) 도덕성

우리는 오랫동안 법과 질서를 지키고 정직하고 예의 바르게 살아야 한다는 도덕교육을 받아왔다. 또한 사람들은 나름대로 선하고 착하고 올바른 것에 대한 가치와 판단기준을 가지고 자신이 속한 사회·문화적 집단에 적응하려고 노력한다. 그럼에도 불구하고 여전히 도덕적 해이와 도덕성 상실이라는 사회적 문제점을 드러내고 있다. 이는 현대 사회의 가치의 혼란과 교육 기능의 약화 등에 그 원인이 있는듯하다. 옳고 그름에 대한 가치판단과 도덕적 행동의 기초는 영유아기부터 가르쳐서 습관화해야만 도덕성이 제대로 형성될 수 있다.

(1) 도덕성 개념

도덕(moral)이란 용어는 라틴어의 'mores'에서 유래된 것으로 예의, 습관, 생활양식 등을 가리키는 의미로, 사회마다 정해진 규칙들 가운데 바람직한 사회생활을 위해 지켜야 할 규범을 의미한다. 도덕성(morality)은 개인이 옳고 그름을 구별할 수 있는 내면화된 일련의 규범이며, 이 원리에 따라 옳은 행동을 했을 때 자긍심을 느끼고 이 규범을 위반했을 때 죄책감과 수치심을 느끼는 것을 의미한다. 따라서 도덕성은 사회집단의 구성원으로 하여금 집단에서 기대하는 행동규범에 부합되는 방향으로 사고하고 행동하는 체계이다.

도덕성의 구성요소는 정의적 요소, 인지적 요소, 행동적 요소가 포함된다(Berk, 2013).

- 정의적 요소: 옳고 그른 행위를 하였을 때 느끼는 감정과 태도 등 도덕적 사고와 행동에 관련된 정서와 의지를 의미한다.
- 인지적 요소: 행동의 옳고 그름을 인식하고 판단할 수 있는 도덕적 이해와 판단 기능을 포함한다.
- 행동적 요소: 갈등 상황에서 규범에 따라 도덕적 행동을 실제로 수행하는 능력을 말한다.

이러한 도덕성의 세 가지 요소는 서로 분리된 것이 아니라 상호연관되어 있다.

(2) 도덕성 발달

도덕성 발달이론은 도덕성의 구성요소인 정의적·인지적·행동적 요소 중 어디에 강조점을 두느냐에 따라 각기 다르게 이론을 전개한다. 도덕성 발달이론에는 정신분석이론, 사회학습이론, 인지발달이론 등이 있다. 정신분석이론은 도덕성의 정의적 요소를 강조하며 죄의식과 불안을 회피하기 위해 도덕적 행동을 하게 한다고 주장한다. 사회학습이론은 도덕성의 행동적 요소에 초점을 두고 도덕적 행동의 모델링이나 강화를 강조하고 도덕적 행동이나 규칙을 학습하는 과정에 대해 강조한다. 인지발달이론은 도덕성의 인지적 요소에 관심을 두고 도덕적 추론이나 이해 등 옳고 그름을 사고하고 판단하는 과정을 강조한다.

도덕성의 인지적 요소를 강조한 인지발달이론에서는 인간의 도덕적 행위의 본질은 합리적 판단 능력이며 개인의 인지 수준이 높은 단계로 발달하면 도덕적 능력도 높아질 것이라고 가정한다. 인지발달적 접근으로는 피아제(Piaget)의 이론과 이를 확장시킨 콜버그(Kohlberg)의 이론, 배려 지향적 도덕성 개념을 제시한 길리건(Gilligan)의 이론이 있다.

① 피아제의 도덕성 발달이론

피아제는 옳고 그름을 도덕적으로 판단하는 능력을 도덕성의 핵심으로 간주하고, 4세부터 12세까지의 아동들을 관찰 및 면담하여 아동들이 도덕적 문제를 어떻게 생각하는지 분석하였다. 공기놀이는 관찰하면서 아동들이 놀이 규칙을 어떻게 이용하고 사용하는지에 대한 발달과업을 연구하였다. '게임의 규칙은 누가 만들었는지', '누구나 이 규칙을 지켜야만 하는지', '이 규칙들은 바꿀 수 있는지' 등을 질문하였다. 피아제는 규칙이나 정의, 의도성에 대한 이해, 벌에 대한 태도 등의 질문을 근거로 하여, 도덕성 발달단계를 제시하였다.

표 3-15 피아제의 도덕성 발달단계와 특징

단계	도덕 발달 특성
전도덕성 단계 (pre-morality) 2~4세	• 규칙이나 질서를 의식하지 않거나 관심이 없다. • 규칙이 '어떻게 해야 하는가'에 대한 합의라는 것을 모른다. • 규칙이 있는 게임의 협동적 놀이를 할 수 없다.

단계	도덕 발달 특성
타율적 도덕성 (heteronomous morality) 4~7세	• 정의와 규칙은 변하지 않고 사람들의 통제권 밖에 있다고 생각한다. • 행위의 옳고 그름을 행위의 의도보다 행위의 결과로 판단하는 도덕적 실재론을 지닌다. • 규칙은 반드시 지켜야 하는 것으로 규칙을 위반하면 벌을 받아야 한다고 생각하는 내재적 정의(immanent justice)를 믿는다.
자율적 도덕성 (autonomouse morality) 10세 전후~	• 규칙은 사회적 승인에 의해 만들어진 임의적인 약속이므로 동의와 합의로 변경될 수 있다고 생각한다. • 인간의 안녕이나 복지를 위해 규칙을 어길 수도 있다는 것을 안다. • 도덕적 판단에서 행동의 결과가 아니라 행위자의 동기나 의도를 도덕적 판단의 기준으로 삼는다.

피아제는 영유아는 전도덕적 단계에서 타율적 단계로, 타율적 단계에서 자율적 단계로 일정한 순서를 거치며 발달하며, 이러한 발달이 이루어지기 위해서는 인지적 발달과 사회적 경험이 중요하다고 보았다. 그러나 영유아는 도덕적 판단과 관련하여 이미 4세경부터 진실과 거짓을 구별할 수 있어 행동 이면에 있는 도덕적 의도를 인식할 수 있음을 볼 수 있다. 또한 타율적 단계를 거친 후 자율적 단계로 순차적으로 발달한다[6]고 피아제는 주장했지만 많은 아동들에게서 타율적 도덕성과 자율적 도덕성이 혼재되어 나타나기도 한다(Berk, 2013).

② 콜버그의 도덕성 발달 이론

콜버그는 피아제의 이론을 확장시켜 도덕성 발달단계를 구성하였다. 도덕성이란 '사회적 행동에 대한 양심'으로 문화적인 규칙을 내면화하는 과정에서 도덕성 발달이 이루어

6 7세부터 10세까지는 일종의 과도기적 단계로 타율적 도덕성과 자율적 도덕성이 함께 나타나는 시기이다.

진다고 보았다. 콜버그(Kohlberg, 1976)는 아동과 청소년들에게 가상의 도덕적 갈등 상황을 제시하고 어떤 반응을 보이는지에 따라 여섯 단계의 도덕성 발달 수준을 구분하였다. 콜버그는 대답 자체보다는 그 대답 뒤에 숨어 있는 논리에 관심을 가졌다. '하인츠와 약사'는 콜버그의 도덕적 갈등 상황에 대한 가장 유명한 예이다.

하인츠와 약사

유럽의 어느 마을에 특수한 종류의 암으로 죽어가는 부인이 있었다. 의사들은 그 부인을 살릴 수 있는 약이 한 가지 있는데 그것은 라듐의 일종으로 그 부인과 한 마을에 사는 한 약제사가 최근에 발명한 것이라고 하였다. 그 약을 제조하는 데 든 비용도 많았지만 약제사는 약을 만드는데 들었던 비용의 열 배를 약값으로 매겨서, 라듐값은 200불이 들었는데 약값으로는 2,000불을 요구했다. 그 부인의 남편인 하인츠는 주변 사람들에게 돈을 빌렸으나 약 값의 절반인 1,000불밖에 구할 수 없었다. 그래서 약제사에게 아내가 죽어가고 있으니 약을 반값에 팔거나, 아니면 나중에 약값을 갚게 해 달라고 부탁했다. 그러나 약제사는 "안 됩니다. 나는 이 약을 발명했고 이것으로 돈을 벌려고 합니다."라고 하며 거절했다. 그래서 남편은 절망한 나머지 밤에 약국을 부수고 들어가 약을 훔쳤다.

이 이야기를 읽고 난 후 피험자는 도덕적 갈등에 대한 질문을 받게 된다. 하인츠는 약을 훔쳐야 했는가? 훔치는 것은 옳은 일인가? 나쁜 일인가? 그 이유는 무엇인가? 만약 다른 방법이 전혀 없다면 아내를 위해 약을 훔치는 것이 남편으로서의 도리인가? 좋은 남편이라면 이 경우 약을 훔쳐야 하는가? 약제사는 법적으로 가격 상한선이 정해져 있지 않다고 그렇게 약값을 비싸게 받아도 되는가? 된다면 그 이유는 무엇인가?

콜버그는 이 도덕적 갈등에 대한 피험자의 대답에 근거하여 도덕적 가치의 내면화 정도에 따라 도덕성 발달 수준을 전인습[7]적 수준, 인습적 수준, 후인습적 수준으로 구분하였다.

표 3-16 콜버그의 도덕성 발달단계와 단계별 반응의 예

전인습적 수준 (Preconventional Level)	**1단계: 벌과 복종지향의 도덕** 결과만 가지고 행동을 판단한다. 보상받는 행동은 좋은 것이고, 벌 받는 행동은 나쁜 것이다. 벌을 피하기 위해 복종한다. 찬성: 약을 훔쳐야 한다. 그는 '나중에 약값을 지불하겠다'고 했다. 처음부터 약을 훔치려던 것과는 다르다. 그리고 그가 훔친 약값은 2,000불이 아니라 실제로 200불짜리다. 반대: 약을 훔치면 안 된다. 그것은 큰 범죄다. 허락받지 않고 강제로 침입했다. 그는 가게를 부수고 들어가서 비싼 약을 훔치고 큰 손해를 입혔다.
	2단계: 목적과 상호교환 지향의 도덕 자신의 흥미와 욕구를 만족시키기 위해 규범을 준수한다. 아동은 타인의 입장을 고려하기 시작하지만, 대부분 자신이 원하는 것을 얻기 위해서이다. 찬성: 약을 훔치는 것은 괜찮다. 아내를 살리고 싶어 했고, 이를 위해 약을 훔치는 것은 어쩔 수 없다. 그냥 도둑질 하는 것과는 다르다. 반대: 약을 훔치면 안 된다. 약사가 그렇게 나쁜 것도 아니다. 그는 이윤을 남기려고 한 것뿐이다. 그것은 사람들이 돈을 벌기 위해 사업을 하는 것과 마찬가지이다.

7 인습이란 사회규범, 기대, 관습, 권위에 순응하는 것을 말한다.

<table>
<tr>
<td rowspan="2">인습적 수준
(Conventional Level)</td>
<td>3단계: 착한 아이 지향의 도덕
다른 사람에게 인정받기 위해, 다른 사람의 기대 때문에 착한 아이로 행동한다. 이 단계에서는 동기나 의도가 중요하며, 신뢰, 충성, 존경, 감사에 가치를 둔다.
찬성: 약을 훔쳐야 한다. 좋은 남편으로 마땅히 해야 할 일을 했을 뿐이다. 그가 사랑하는 아내를 위해 한 행동에 대해 비난하면 안 된다. 약을 훔쳐서라도 그녀를 살리고 싶을 정도로 아내를 사랑하지 않는 것이 오히려 비난받을 일이다.
반대: 약을 훔치면 안 된다. 만약 그의 부인이 죽는다고 해도 그를 비난하면 안 된다. 약을 안 훔쳤다고 그가 무정하거나 아내를 사랑하지 않는 것은 아니다. 그는 할 수 있는 최선을 다했다. 오히려 약사가 이기적이고 무정한 사람이다.</td>
</tr>
<tr>
<td>4단계: 법과 질서 지향의 도덕
사회적 기준에 따라 행동을 평가한다. 사회질서, 법, 정의의 의미가 도덕적 결정의 기준이 된다.
찬성: 약을 훔쳐야 한다. 아내를 죽게 내버려 두어서는 안 되고 아내를 살리는 것이 그의 의무이다. 나중에 갚을 생각으로 약을 훔치는 것은 괜찮다.
반대: 아내를 살리고 싶어 하는 것은 당연하다. 그러나 남의 물건을 훔치는 것은 나쁜 일이다. 어떤 상황에서도 법을 준수해야 한다.</td>
</tr>
<tr>
<td rowspan="2">후인습적 수준
(Postconventional Level)</td>
<td>5단계: 사회계약 지향의 도덕
법과 사회계약은 '최대 다수의 최대 행복'이라는 전제하에 만들어졌고, 모든 사람의 복지와 권리를 보호하기 위해 법을 준수한다. 그러나 가치, 권리, 원칙이 법을 초월할 수 있고 변경될 수도 있다.
찬성: 절도가 도덕적으로 잘못된 것이라고 하기에 앞서 모든 상황을 고려해야 한다. 약국을 무단 침입하여 약을 훔친 것이 옳은 일은 아니지만 그런 상황에서 약을 훔친 것은 정당화될 수 있다.
반대: 약을 훔친 것이 완전히 잘못된 일이라고 말할 수는 없지만, 아무리 극한 상황이라도 범법행위가 정당화될 수는 없다. 아무리 절박한 상황이라고 모든 사람이 다 도둑질을 하지는 않는다. 목적이 수단을 정당화할 수는 없다.</td>
</tr>
<tr>
<td>6단계: 보편원리 지향의 도덕
도덕적 결정은 보편적 인간의 권리, 보편원리에 바탕을 두고 이루어져야 한다고 믿는다. 보편원리란 인간의 존엄성, 인간의 평등성, 정의 같은 것을 말한다. 법과 양심 사이의 갈등이 있는 경우, 개인의 양심을 지켜야 한다고 본다.
찬성: 법을 어기는 것과 사람의 생명을 구하는 것 사이에서 선택해야 할 때, 생명을 구하려는 도덕적으로 더 높은 원리를 따라 약을 훔치는 행위가 정당화될 수 있다. 하인츠는 생명을 보존하고 존중하는 원리에 따라 행동해야 한다.
반대: 하인츠는 그의 아내만큼 그 약을 절실히 원하는 다른 사람도 고려하면서 결정해야 한다. 자신의 아내에 대한 특별한 감정에 의해 행동하기보다는 다른 사람의 생명의 가치도 생각하면서 행동해야 한다. 그는 모든 생명체의 가치를 고려하면서 행동을 취해야 한다.</td>
</tr>
</table>

출처: Kohlberg(1969); 정옥분(2017) 재인용.

콜버그의 도덕성 발달이론은 인지발달과 도덕성 발달과의 관계를 제시하였다. 그러나 콜버그의 이론은 몇 가지 문제점이 지적되고 있다. 첫째, 도덕적 사고를 지나치게 강조하다 보니 도덕적 행동이나 도덕적 감정이 무시되었다. 둘째, 이 이론에는 문화적 편견이 드러나는데, 그의 도덕성 발달단계는 모든 문화권에서 보이는 보편적인 현상이 아니다. 셋째, 여성에 대한 편견이 드러나고 있다. 이 이론은 남성만을 대상으로 한 연구를 기초로 하여 도덕성 발달 수준을 6단계로 나누고, 대부분의 남성은 4단계 수준에, 대부분의 여성은 3단계에 머문다고 하였다.

③ 길리건의 도덕성 발달 이론

길리건(Gilligan, 1977)은 콜버그가 추상적 추론을 강조함으로써 남성의 가치를 높이 평가하고 여성의 가치에 대해 상대적으로 과소평가했다고 주장한다. 즉, 도덕적 판단에 있어 남성은 다른 사람의 권리나 법과 사회적 관습을 중시하는데 이를 4단계에 반영하였고, 여성은 다른 사람과의 관계를 중시하는 도덕적 판단을 하게 되는데 이를 3단계에 반영함으로써 배려나 보호, 보살핌 및 책임 등 여성적 관점을 평가절하했다고 보았다.

길리건은 많은 도덕성 발달이론에 내재된 남성 편견을 수정하고 도덕성 발달에 성차가 있음을 주장하였다. 남성은 정의와 공평성에 초점을 두지만, 여성은 보살핌과 관계 중심의 대인 지향에 초점을 둔다는 것이다. 길리건은 남성 중심적인 도덕성 발달이론을 대신하여, 여성의 도덕성을 이해할 수 있는 배려지향적 도덕성 발달이론을 제시하였다.

단계	내용
1수준 자기중심적 단계	• 도덕 추론의 초보적 단계로 스스로의 생존을 위해 자기중심적이다. • 타인에 대한 관심이나 배려가 없으며 자기에게 좋은 쪽으로 결정한다.
1.5수준(제1과도기) 이기심에서 책임감으로의 변화	• 이기심(자신이 원하는 것)과 책임감(자신이 해야만 하는 것)이라는 대립개념이 등장한다. • 이기심이 타인을 생각하는 책임감으로 서서히 변하기 시작한다. • 다른 사람에 대한 관심이 증가하지만 여전히 자신의 행복이 삶의 목적이다.

2수준 책임감과 자기희생의 단계	• 타인을 위해 자신을 희생하는 수준으로 타인에 대한 책임감을 강조한다. • 타인을 기쁘게 하고 자신의 욕구가 희생되더라도 타인의 원하는 것을 기쁘게 하려는 욕구가 나타난다. • 자기희생을 도덕적 이상으로 간주하나, 이것은 자신과 다른 사람들 간의 불평등으로 인해 혼돈에 빠지기도 한다.
2.5수준(제2과도기) 선에 대한 관심에서 진실에 대한 관심으로의 변화	• 배려와 책임의 개념이 다른 사람의 필요와 욕구뿐만 아니라 자신의 필요와 욕구까지 포함하는 수준으로 확대된다. • 타인에 대한 선행에서 인간관계에 대한 진실성에 대한 관심이 더 증가하는 과도기적 수준이다.
3수준 자신과 타인에 대한 배려의 단계	• 인간관계가 상호적임을 인식하고, 자신과 타인의 관계에 대한 새로운 이해를 통해 이기심과 책임감 간의 대립을 해소한다. • 자신을 무력하거나 복종적 존재로 여기지 않으며 의사결정 과정에 적극적이고 동등하게 참여한다. • 자신도 배려의 대상이 되어야 한다는 것을 깨닫고 자신에 대한 책임감을 느낀다.

(3) 도덕성 발달 지원을 위한 교사의 역할

영유아의 도덕성 발달은 인지적 발달과 관계가 있다. 영유아는 도덕적으로 미숙하고 발달하는 과정에 있다. 즉, 도덕적으로 바람직한 것, 바람직하지 못한 것에 대한 인식 부족, 옳고 그름을 판단하는 능력의 부족, 인과관계에 대한 이해 부족 등 발달적 한계를 보인다. 이러한 한계를 극복하게 하고 도덕적 행동, 도덕적 추론 능력을 지원하기 위한 교사의 지원 방안은 다음과 같다.

첫째, 바람직한 모델이 되어야 한다.

영유아는 자신에게 의미 있는 대상들을 관찰하고 모방하면서 도덕성을 발달시킨다. 영유아에게 부모와 교사는 의미 있는 사람들로 일상생활에서 보여주는 도덕적 가치나 태도, 행동이 영유아에게 중요한 영향을 미친다. 부모와 교사가 타인의 입장에서 생각하는 태도를 보여주거나 도덕적 행동을 먼저 보여줄 때 이들에게 긍정적인 영향을 주게 된다.

만약 부모와 교사가 보여주는 태도나 행동에 있어 도덕적 일관성이 없다면 영유아는 갈등과 혼란을 겪게 된다. 따라서 유아교육기관은 가정과의 연계를 통해 교육적인 부분을 공유하고 일관되고 바람직한 도덕적 태도나 가치를 보여줄 수 있도록 하여야 한다.

둘째, 합리적으로 도덕적 행동을 지도한다.

영유아가 보여주는 도덕적 행동을 강화해 준다. 그 행동이 우연적이거나 단순한 모방에 의한 것이라 하더라도 즉시 관심을 보이고 칭찬해 준다. 이러한 것이 반복되면 도덕적 행동이 습관화될 수 있는 계기가 될 수 있다.

반면 잘못된 행동을 했을 때는 잘못이나 실수를 수용해 주고 어떤 부분이 도덕적으로 잘못되었는지를 합리적으로 설명해 주며, 바른 행동으로 바꿀 수 있는 구체적인 대안 행동을 제시해야 주어야 한다. 처벌은 영유아에게 공격성의 모델이 되고 영유아가 처벌하는 성인을 오히려 피하기 때문에 도덕적 행동을 배울 기회를 놓치게 될 수 있다.

셋째, 도덕적 판단이 필요한 상황에서 적절한 질문을 하여 도덕적 추론 능력을 향상시킬 필요가 있다.

"왜 그런 행동을 했는지", "그런 행동을 했을 때 상대방의 기분은 어떨지", "너라면 이런 경우에 어떻게 행동하겠는지?"와 같은 질문을 통해 생각할 기회를 제공함으로써 자신의 행동이 다른 사람에게 미치는 영향을 생각하고 평가하게 해보도록 한다. 이러한 경험들은 도덕적 판단이 필요한 상황에서 성인의 도움 없이도 스스로 이러한 질문을 하는 습관을 갖게 하는 데 도움이 된다.

넷째, 도덕적 주제에 관하여 이야기를 나눈다.

교실에서 함께 규칙을 정하거나 도덕적 갈등 상황에서 교사가 영유아와 이야기를 나누고 생각해보는 경험은 도덕적 추론과 판단, 도덕적 감정, 문제해결능력 발달에 영향을 미친다.

도덕적 주제와 딜레마 상황이 담긴 이야기를 들려주고 주인공의 도덕적 가치, 태도, 행동 등을 살펴보고 토론해 보는 등 다양한 상황에서 도덕적으로 판단하고 행동해야 할 상황을 추론해 보도록 한다. 교사는 영유아가 자신의 생각을 편안하게 이야기할 수 있도록 하고 다른 사람의 생각을 경청하며 최선의 대안을 찾아낼 수 있도록 안내하는 역할을 해야 한다.

chapter 4

영유아 사회·정서적 어려움

1. 영유아의 사회·정서적 스트레스

1) 스트레스의 개념

스트레스란 외부의 위협, 공격 등에 대항하여 신체를 보호하려는 신체와 심리의 변화 과정, 생체에 가해지는 여러 상해 및 자극에 대하여 신체에서 일어나는 비특이적인 생물 반응으로 적응하기 어려운 환경에 처했을 때 느끼는 심리적·신체적 긴장 상태를 말한다(나무위키).

스트레스의 개념은 반응으로서의 스트레스, 자극으로서의 스트레스, 상호작용으로서의 스트레스로 나누어볼 수 있다(김희태, 김경희, 2021).

첫째, 반응으로서의 스트레스는 생물학적·감정적·행동적 항상성이 붕괴되거나 변경된 것으로, 특정한 상황에서 노출된 자극에 개인이 어떻게 반응하느냐에 따라 스트레스가 결정된다. 즉, 적응을 요구하는 모든 자극에 반응하는 상태를 스트레스로 본다.

둘째, 자극으로서의 스트레스는 위험을 줄 수 있는 외부 환경의 자극을 의미한다. 예를 들어 천재지변, 죽음, 질병, 직장에서의 해고, 일상생활에서의 문제 등이 스트레스로 작용해 불안이나 우울 등을 일으킬 수 있다.

셋째, 상호작용으로서의 스트레스는 스트레스를 환경과 개인의 역동적인 상호작용이라고 보고, 개인의 능동적 심리과정에 초점을 둔다. 개인이 환경으로부터 오는 자극에 대한 지각, 인지, 스트레스 대처 능력 등이 서로 역동적으로 상호작용한다. 따라서 외부의 자극뿐만 아니라 그 자극에 대한 개인의 인지와 평가 및 대처 정도에 따라 스트레스 정도가 결정된다.

2) 영유아의 스트레스

영유아의 스트레스는 성인의 스트레스와 다른 특징이 있다. 영유아가 성장·발달하는 과정에서 스트레스를 받으면 성장·발달에 장애를 일으킬 수 있다. 영유아들의 스트레스는 성인들에 의해 만들어지는 경우가 많으나, 스트레스를 대처하는 능력은 성인에 비해 떨어진다. 영유아의 스트레스는 생애의 중요한 사건에 의한 스트레스와 일상적 스트레스로 나누어 설명할 수 있다(Band & Weize, 1988). 생애의 중요한 사건은 영유아 개인에게 지대한 생활의 변화를 가져오는 상황으로 인한 스트레스로 부모의 이혼 혹은 죽음, 가족원의 죽음, 영유아의 장기간 입원, 부모의 실직, 이사, 전학, 부모로부터의 학대 등을 그 예로 들 수 있다.

일상적 스트레스란 영유아가 일상생활에서 흔히 경험하는 기분 나쁜 일, 속상한 일, 슬펐던 일, 놀랐던 일 등 사소하지만 부담스러운 일들로 영유아에게 흔히 있을 수 있는 일을 말한다. 일상적 스트레스는 영유아들에게 좌절감, 분노, 공포, 우울, 소외감, 불안감, 거부감, 압박감, 긴장감 등을 느끼게 하며, 일상적 사건의 범주로는 가족 환경, 학교, 또래 및 대인관계 갈등, 신체적 상해의 두려움, 건강과 생활 유형 등이 있다. 이외에도 영유아가 경험하는 친구와의 이별, 주사를 맞으러 병원에 갈 때, 부모님과 선생님이 화를 낼 때, 친구가 상처 주는 말을 했을 때, 사고로 인해 다쳤을 때, 비난이나 공격적 상황일 때, 자존감이 상할 때 등의 경우도 일상적인 스트레스를 받는 상황이다.

영유아에게는 생애 중대한 사건보다 일상적인 문제로 인해 누적된 스트레스가 더 심각한 영향을 미친다. 유아기의 반복되는 일상적 스트레스의 경험은 영유아의 신체적·심리적·정서적 발달에 누적되어 해로운 영향을 미치는 동시에 유아의 잠재력을 위협한다는 점에서 심각한 문제가 된다.

영유아가 스트레스에 지속적으로 노출될 경우 신체적·언어적·공격적 행동 등과 같은 외현적 문제행동을 보이며, 불안, 공포, 수줍음, 야뇨증 등과 같은 내재화된 문제행동까지 다양한 문제행동을 보일 수 있다.

3) 스트레스에 대한 영유아의 반응

영유아는 스트레스를 받을 때 스트레스에 대한 반응과 대처를 소극적 혹은 적극적으로 표출한다. 스트레스와 관련된 반응에는 신체적 반응, 행동적 반응, 정서적 반응, 인지적 반응들이 있다.

첫째, 신체적 반응으로는 말의 속도가 빨라지거나 구부정하거나 몸을 계속 움직이거나 지나치게 소극적인 태도를 보인다. 장기간 스트레스에 노출되면 신체적 질병으로 궤양, 급성 복통, 설사나 변비, 습진, 건선, 편두통, 섭식과 수면 문제 등의 증상이 나타난다(김희태, 김경희, 2021).

둘째, 행동적 반응에는 불평과 회피하기, 공격적 반응, 타협 등이 있다. 행동적 반응은 순간적으로 스트레스 해소에 도움은 된다.

셋째, 정서적 반응으로는 불안감을 들 수 있다. 불안은 긴장이나 염려, 걱정 등으로 나타나는 정서적 반응으로 영유아의 스트레스는 심리적 위축이나 스스로에 대한 무력감을 느끼는 정서적 반응을 일으키기도 한다.

넷째, 인지적 반응으로는 집중력이 떨어지고 주변에 있는 정보를 활용하는 능력이 감소되어 판단을 흐리게 하거나 어떤 일을 결정하는 데 어려움을 느끼게 된다.

4) 교사의 역할

영유아는 자신이 감당하기 어려운 스트레스에 노출되었을 때, 스트레스원에 직면하여 적응하거나 회피하는 방식으로 대처한다. 영유아가 스트레스에 대처할 수 있도록 도와줄 교사의 역할은 다음과 같다(홍순정, 김희태, 2010).

첫째, 놀이를 활용한다. 놀이는 영유아의 내재된 억눌린 감정을 효과적으로 발산하여 자유롭게 움직이도록 하는 활동으로 영유아에게 있어 감정을 순화시키는 작용을 한다.

둘째, 영유아가 감정을 표현할 수 있도록 돕는다. 스스로 감정을 표현한다는 것은 자신의 감정을 인정하고 조절하는 능동적인 방법이다. 이럴 경우 슬픔, 아픔, 타인에 대한 감정이입 등을 효과적으로 할 수 있고, 자신의 부정적 감정을 누그러뜨리는 데 도움이 된다.

셋째, 친구 사귀기를 활용한다. 또래나 친구는 영유아의 정서적 지지자로 서로의 경험을 공유하며 친밀감을 형성하게 된다. 친구는 모델로 활용될 수 있기 때문에 역할 습득에도 도움이 되며 효과적인 대인관계를 형성하여 스트레스를 통제할 수 있다.

넷째, 교사가 유아에게 스트레스 대처기술과 자아통제기술을 보여준다. 교사는 일상생활에서 스트레스를 효과적으로 대처하는 모습을 보여준다.

다섯째, 행동의 결과를 생각할 수 있도록 유도하여 문제를 해결하도록 격려한다. 행동의 원인과 결과를 연결하여 생각하는 것이 영유아에게는 쉽지 않지만 연습을 통해 서로 연결지어 보도록 한다. 이는 영유아의 문제행동에 대한 불안과 스트레스를 감소시키는 데 도움을 준다.

여섯째, 차분한 교실 분위기를 조성하고 스트레스를 유발하는 환경요인을 제거한다. 경쟁보다는 협동적인 활동을 제시하고 다른 유아와 함께 스트레스를 해결하도록 돕는다.

2. 공격성

1) 공격성의 개념

만 2세경 영아는 사회적 관계가 또래 관계로 확대되면서 긍정적인 행동과 함께 부정적이고 공격적인 행동도 증가하게 된다. 공격성(aggression)이란 다른 사람이나 동물을 신체적으로나 정서적으로 상처를 주거나 재산상의 피해나 파괴를 이끄는 반사회적 행동이며 언어적 또는 신체적으로 나타난다(Dodge, Coie, & Lynam, 2006). 영유아가 보이는 공격적 행동으로는 움켜잡기, 꼬집기, 깨물기, 때리기, 발로 차기, 침 뱉기, 모욕주기, 윽박지르기, 욕하기, 물건 던지기, 놀리기 등이 있다.

유아는 자기중심적 사고 경향이 있어 자신의 욕구만을 충족하려는 성향이 있기 때문에 친구의 놀잇감을 빼앗거나 친구를 때리는 등 공격적 행동을 보일 수 있다. 그러나 공격적 행동은 유아기 이후에도 지속되어 사회적 문제를 일으킬 수도 있고 문제행동, 폭력, 부적응 등의 부정적 결과를 초래할 위험이 있기 때문에 교사는 공격적 행동에 대한 이해와 원인 파악을 통하여 적절한 지도를 해야 한다.

2) 공격성의 유형

영유아가 공격적 행동을 하는 데는 다양한 이유가 있다. 교사는 영유아의 공격적 유형에 따라 나타나는 행동을 살펴보면 이들이 공격적 행동을 할 때 효과적으로 지도할 수 있다. 공격성은 그 원인에 따라 우연적, 표현적, 도구적, 적대적 공격성으로 구분할 수 있다(Kostelnik et al., 2009).

- 우연적 공격성: 놀이를 하면서 의도한 것은 아닌데 우연히 타인에게 피해를 입히는 경우가 있다. 이러한 행동을 우연적 공격성이라고 한다. 예를 들어, 친구의 손을 모르고 밟는것, 놀이하다 너무 세게 밀치는 것, 농담하다가 친구의 마음을 상하게 하는 것 등이다.
- 표현적 공격성: 의도하지는 않았지만 다른 사람을 다치게 하거나 다른 사람의 권리를 방해하는 신체적 행동을 함으로써 즐거움을 얻는 것이다. 표현적 공격성은 공격자의 분노, 좌절, 적대적 감정이 없는 것이 특징이며, 누군가에게 의도하지 않게 불편을 주는 것에서 비롯된 재미있고 탐색적인 신체적 행동이다. 예를 들어, 친구가 쌓은 블록을 발차기로 무너뜨리면서 자신의 발차기 능력에 뿌듯함과 즐거움을 느끼는 행동을 말한다.
- 도구적 공격성: 다른 사람을 해칠 의도는 없으나 자신이 원하는 대상을 얻기 위해 또는 목표를 달성하기 위해 타인에게 해를 입히는 것을 말한다. 예를 들어, 장난감을 서로 차지하려고 밀치는 행동이나 줄을 설 때 맨 앞에 서려고 밀치거나 뛰어가면서 분쟁이 생기는 경우를 말한다.
- 적대적 공격성: 영유아가 친구나 다른 사람에게 신체적 또는 심리적 고통을 주려고 의도를 가지고 하는 행동이다. 적대적 공격성은 외현적 공격성과 관계적 공격성으로 구분된다. 외현적 공격성은 신체적 상해를 주거나 입히겠다고 위협하여 해를 입히는 행동이고, 관계적 공격성은 소문이나 거짓말 등의 사회적 조작을 통해 다른 사람에게 해를 입히는 행동이다.

3) 연령에 따른 공격성

2세경의 영아에게서 자기주장이 나타난다. 언어적으로 '나'라는 용어를 자주 사용하고 자신이 원하는 것을 얻기 위해, 무엇인가를 요청할 때 자신을 언급한다. 어린 영아는 자신의 주장이 관철되지 않을 때 두 가지의 반응을 보인다. 하나는 상대방과의 대립을 회피하고 필요한 것을 얻을 수 있는 능력과 자기 자신에 대한 자신감이 없는 위축과, 다른 하나는 힘을 사용하여 대결하는 것이다. 잘못된 힘을 사용할 때 공격성으로 나타나게 된다.

영유아기의 공격성은 신체적인 힘을 사용하고 도구적 공격성을 더 사용하는 경향이 있으며 적대적 공격성은 거의 나타나지 않는다. 4~5세와 6~7세 유아 집단에서 발생하는 공격적 행동의 원인과 결과를 분석하여 다음과 같은 연구 결과를 제시하였다(정옥분, 2017 재인용).

첫째, 이유 없이 떼쓰기가 유아기에는 점차 감소하여 4세 이후에는 거의 나타나지 않는다.

둘째, 공격이나 좌절에 대한 반응으로 보복하는 경향은 3세 이후 크게 증가한다.

셋째, 공격 행동을 유발하는 주요 원인으로, 2~3세경에는 부모에게 혼이 나서 화가 났을 때 가장 공격적이지만 그보다 나이 많은 유아들은 형제자매나 또래 간에 갈등이 있을 때 훨씬 더 공격적이다.

넷째, 2~3세경의 영아는 상대방을 때리거나 발로 차는 공격적 형태를 보인다. 주로 장난감이나 소유물에 대한 것이 원인으로 도구적 공격성을 나타낸다. 그러나 유아와 초등학교 저학년 아동의 경우에는 신체적 공격은 점점 덜 하는 대신 놀리고, 조롱하며, 고자질하고, 욕하는 행동이 증가한다.

다섯째, 공격적 상호작용의 빈도는 연령에 따라 감소한다. 5세 된 유아는 2세 영아보다 싸움을 덜한다. 그 이유는 부모나 교사가 이들에게 공격적 행동보다는 협동이나 나누기 등의 친사회적 행동을 권장함으로써 유아교육기관에 적응하도록 지도했기 때문이다. 또한 경험을 통해 유아는 친구 사이를 긍정적으로 만드는 협상이 공격적 행동보다 효과적인 방법이라는 것을 학습했을지도 모른다.

4) 공격적 행동 감소를 위한 지도 방법

부모나 교사가 영유아의 공격적 행동을 줄이기 위해 취하는 방법 중 비효과적인 방법을 사용하기도 한다. 신체적 체벌, 무시하기, 다른 것으로 대체하기, 비일관성 등은 영유아로 하여금 바람직한 행동을 학습할 기회를 주지 않고 오히려 공격적 행동을 증가시킬 수 있다. 성인이 이러한 행동을 할 때 생각하는 의미를 영유아는 다르게 해석하기 때문이다.

표 4-1 영유아의 공격성을 유발하는 비효과적인 방법

<table>
<tr><th>방법</th><th>성인의 생각</th><th>유아의 생각</th><th>결과</th></tr>
<tr><td>신체적인 처벌</td><td>• 유아에게 공격적 행동이 잘못된 것이라고 알려줄 것이다.</td><td>• 공격적 행동은 효과가 있다.
• 힘센 것이 옳은 것이다.
• 성인을 조심해야 한다.
• 잡히지 않으면 된다.</td><td rowspan="4">공격성이 증가한다.</td></tr>
<tr><td>무시하기</td><td>• 공격성이 없어질 것이다.</td><td>• 공격적 행동은 괜찮다.
• 내가 어떤 행동을 하든 상관없다.</td></tr>
<tr><td>다른 것으로 대체하기</td><td>• 유아를 안정시켜 준다.</td><td>• 진짜 문제를 해결하는 방법은 없다.
• 사람들은 유아를 화나게 하는 사람이나 사물을 직접적으로 다루려하지 않는다.</td></tr>
<tr><td>비일관성</td><td>• 첫째 날: 공격적인 행동에 확고하게 행동해야 해.
• 둘째 날: 오늘은 너무 지쳐서 그냥 넘어가야지.
• 셋째 날: 이 아이를 너무 많이 혼냈어. 오늘은 다른 방법을 찾아 봐야지.
• 넷째 날: 공격적인 행동에 단호하게 행동해야 해.</td><td>• 해보기 전까지는 무슨 일이 일어날지 잘 모르겠다.</td></tr>
</table>

출처: Kostelnik et al.(2009: 465)

유아의 공격적 행동을 줄이는 방법으로는 유아의 요구가 허용되는 방식을 알려주고 다른 사람이 공격할 때 반응하는 방식을 알려주는 것이다. 교사가 직접 공격적 행동을 줄일 수 있도록 지원하는 방법은 다음과 같은 것들이 있다(Kostelnik et al., 2009; 심숙영, 2016 재인용).

첫째, 유아의 좌절을 최소화하는 환경을 조성한다. 좌절은 공격성을 유발하기 때문에 좌절의 경험이 줄면 공격적 행동도 줄어들 것이다. 물리적 환경이 적절히 조직된다면 잠재적 좌절이 줄어들 것이다. 유아가 사용할 수 있는 놀잇감을 충분히 제공하고, 일과 동안 너무 오래 기다리거나 오래 앉아 있게 하지 않고, 일과의 변화가 있으면 미리 알려주며 규칙은 최소화하여 규칙의 목적을 이해하도록 설명해 준다. 경쟁보다 협동을 강조하면 좌절은 줄어든다.

둘째, 유아가 유능감을 느낄 수 있는 기회를 제공한다. 영유아는 자신이 선택할 수 있고 통제할 수 있다고 느낄 때, 완벽함을 요구하지 않을 때 공격적 행동이 줄어든다.

셋째, 공감 능력을 강화하고 친사회적 행동을 가르친다. 공격적인 유아는 자신의 행동이 타인에게 어떤 영향을 미치는지 모르거나 상관하지 않는다. 그러나 이러한 유아도 피해 유아의 정서를 이해하고 피해 유아가 어떻게 느낄지 상상해 보고, 공격적 행동의 부정적 결과를 인식하는 것을 배울 수 있다. 이때 교사는 의도적으로 비공격적이고 긍정적인 행동을 찾아 이를 칭찬하고 강화시켜 주어야 한다. 또한 도와주기, 도와주기 협동하기와 같은 친사회적 행동을 가르치고 이러한 행동을 보일 때마다 칭찬해준다.

넷째, 우연적 공격성을 깨닫도록 도와준다. 우연적 공격성에 피해 받은 유아는 그 공격성을 의도적으로 느끼고 반응한다. 교사는 피해 유아의 감정을 인정해 주고 정확한 정보를 제공해 줌으로써 공격성이 우연히 일어났음을 알려준다. 예를 들어, "맞아서 놀랐지. 아프지. 은희가 너를 때리려고 한 것이 아니라 공이 밖으로 나가는 걸 막으려고 했던 거야."라고 구체적으로 상황을 알려준다.

다섯째, 표현적 공격성의 대상을 바꿔준다. 유아가 너무 놀이에 몰입하여 자신이 던지는 공이 다른 사람에게 방해되는 것을 모른다든지 상대방이 원치 않는데도 자기처럼 재미있어 할 것이라고 생각하고 쫓아다니는 일을 하는 등 사람이나 사물에 피해를 주는 것에서 즐거움을 얻을 때 공격성이 발생한다. 위의 상황에서 교사는 타인에게 피해를 주지 않도록 상황을 구조화하면서 신체활동을 지속할 수 있도록 중재해야 한다. 예를 들어, 사람이 없는 곳으로 공을 던져보게 하거나 잡기놀이를 하고 싶어 하는 친구를 쫓아다니게 하는 것이다.

여섯째, 공격적 행동을 유발하는 놀이를 줄인다. 긍정적 상호작용으로 시작된 놀이가 유아가 의도하거나 기대하지 않은 방향으로 진행되기도 한다. 이는 우연적 공격성으로 이어지며, 분노를 유발하기도 한다. 교사는 유아를 지켜보고, 문제의 초기 신호를 주시함으로써 의도적인 공격성을 막을 수 있다. 예를 들어, 유아가 웃음을 멈추거나, 목소리가 화났거나 불평할 때, 얼굴 표정이 공포, 분노, 고통을 띨 때, 가상놀이를 하다가 실제로 위협적인 말을 할 때 공격성이 일어날 수 있다. 이러한 신호가 나타나면 교사는 놀이 방향을 수정해 주거나 교사도 놀이에 들어가서 즉각적으로 중재를 해주어야 한다.

일곱째, 타인의 공격성에 적절히 반응하는 방법을 가르친다. 다른 사람이 자신을 괴롭히거나, 다치게 하거나, 별명을 부르며 놀릴 때 많은 유아들은 양보하거나 반격한다. 그러나 이 두 가지 방법은 더 심한 공격성을 유발시킬 수 있어 바람직하지 않다. 교사가 바람직한 모델이 되어 유아가 공격에 대해 불평하는 것을 수용하고 직접 중재하며 문제 상황을 다루는 법을 보여주면 유아의 공격적 행동을 줄일 수 있다. 교사는 피해 유아가 다른 유아와 관계 맺을 수 있도록 도와주어야 한다. 피해 유아는 고립감을 느끼고 자신에게 지속되는 공격을 차기도 하는데, 이는 공격성을 오히려 강화시킨다. 특히 어린 유아들은 다른 놀이 친구가 없어서 공격자와 계속해서 노는 경향이 있다.

여덟째, 사회적 정보처리모델에 의하면 유아의 공격성은 '상대방에 대한 적대적 해석' 때문에 생긴다고 한다. 위협을 느끼면 또래의 의도가 불명확한 상황, 손상이 우발적인 상황, 또래가 도움이 되는 상황에서도 존재하지 않는 적대적인 의도를 보고 공격적인 행동을 많이 한다. 따라서 교사는 유아의 적대적 해석을 수정하고 공격적 행동을 했을 때 예상되는 시나리오를 인지한 다음 대안을 선택할 수 있도록 훈련시킴으로써 문제를 해결해 보도록 한다(김윤경, 2020).

그 밖에도 교사는 공격적 행동이 허용되지 않는다는 것을 명백히 하고, 피해 아동에게 자기주장을 말로 표현할 수 있도록 도와주는 방법이 있다.

3. 주의력결핍 과잉행동장애

1) 개념과 증상

주의력결핍 과잉행동장애(Attention Deficit Hyperactivity Disorder: ADHD)는 신경발달장애의 한 범주로 분류된다. 이 장애를 가지고 있는 아동은 현저히 부산한 행동을 보이고 안절부절못하고 충동적인 행동을 보인다. 주의력이 부족하기 때문에 정서상이나, 행동상의 문제를 유발하기도 하고, 또래로부터 따돌림을 당하거나 부모나 교사에게 벌을 받는 경우가 많아 자존감이 낮고 우울증이 나타나기도 한다(정옥분, 2017).

ADHD의 핵심 증상은 부주의와 행동과잉-충동성이다. ADHD는 주의력결핍 우세형, 과잉행동-충동 우세형, 혼합형의 세 가지 하위유형으로 구분할 수 있다. ADHD는 아동기 정신장애 가운데 가장 일반적이고 광범위하게 발생하며, 유아기에는 과격하고 공격적인 행동을 보이거나 주의집중이나 규율을 준수하는 것에 어려움을 보인다. ADHD 아동은 지능수준에 비해 학업 학업성취도가 저조하고 학습장애, 의사소통장애, 운동조정장애, 품행장애를 동반하는 경우가 많다.

2) 원인과 치료

ADHD의 원인은 정확하게 알려져 있지 않았으나, 일반적으로 유전적 요인이나 미세한 뇌손상 등의 생물학적 요인과 부모의 성격이나 양육방식 등 심리사회적 요인이 복합적으로 작용하여 유발된다(권석만, 2019)고 보고 있다.

첫째, 유전적 요인이 영향을 미칠 수 있다. 일란성 쌍둥이의 경우 한 명이 주의력결핍과잉행동장애를 보일 경우, 다른 한 명도 이 장애를 보일 확률이 51%였고 이란성 쌍둥이는 33%였다. 또 형제자매 중 과잉행동을 보이는 사람이 있으면, 다른 형제자매들이 이 장애를 나타낼 가능성이 일반인보다 2배 정도 높게 나타났다.

둘째, ADHD가 출산 과정에서 미세한 뇌손상이나 출생 후 고열, 감염, 독성물질, 대사 장애, 외상 등으로 인한 뇌손상에 의해 유발될 수 있다. 전두엽의 손상은 행동에 대한 무관심, 충동성과 불안감 증가, 과도한 정서 상태, 낮은 감수성, 학업에서의 어려움을 초래할 수 있다. 변연계의 손상은 정서적 문제를 유발할 수 있다.

셋째, 가정의 환경과 부모의 양육태도와 관련이 있다. ADHD 성향을 보이는 아이들은 부모에게 요구가 많다. 아동의 과잉행동적 기질과 부모의 잘못된 양육방식이 결합되면 ADHD가 발생할 수 있다. ADHD 아동이 과잉 활동적이고 요구가 많으면 부모도 정상 아동의 부모보다 명령적이고 거부적이고 부정적인 표현을 더 많이 하게 되어 관계가 점차 악화된다. 이러한 행동은 영유아교육기관이나 학교에서도 교사의 지시나 요구를 따르지 않고 규칙을 위반하게 된다.

넷째, 지나치게 산만한 주위 환경과 불규칙적인 생활계획이 ADHD 증세를 심화시킨다. ADHD 징후는 보통 유아기에 나타나지만, 진단이 되는 것은 보통 초등학교 시기이다. 유아교육기관뿐만 아니라 가정에서도 안정된 환경과 규칙적인 생활계획을 제공함으로써 이러한 증상을 약화시키는 데 도움을 주어야 한다.

ADHD의 치료에는 약물치료, 행동치료, 인지행동치료 등이 있다. 주의력결핍 과잉행동장애는 약물치료만으로는 만족스러운 결과를 기대하기 어렵다. 행동치료와 부모교육에 의해 호전될 수 있다(권석만, 2019).

첫째, 아동의 바람직한 행동을 증가시키고 문제행동을 없애거나 줄이기 위해 보상과 처벌을 체계적으로 사용한다. 부모나 교사는 아동의 바람직한 행동에 대해 다양한 방식의 보상을 통해 이러한 행동을 증가시키고, 문제행동에 대해서는 바람직한 행동을 가르쳐서 대치시킨다. 문제행동이 계속될 때에는 벌점을 부여하거나 아동과의 합의하에 '타임아웃'을 받는 계약을 맺어 일관되게 처벌을 한다. 이 방법은 부산하고 활동이 많은 아동에게 어떠한 활동도 하지 못하게 함으로써 처벌로 작용하게 되며 동시에 과잉행동을 감소시키고 조용히 생각하게 하는 치료적 효과도 지니고 있다.

둘째, 단계적이고 체계적으로 생각하는 법을 가르친다. 예를 들어 '4단계로 생각하기'의 방법은 과제를 할 때 "문제가 뭐지?"(1단계), "어떻게 해야 하지?"(2단계), "계획한 대로 잘 되고 있지?"(3단계), "계획한 대로 일이 잘 끝났지?"(4단계)라는 질문을 스스로 던지며 학습을 한다. 그 밖에도 '멈추고 생각하기', 생활계획표 만들기, 대인관계기술이나 대화기술, 부정적 감정처리 방법 등을 가르친다.

셋째, 부모교육을 한다. 부모가 ADHD 아동의 문제점을 이해하고 좀 더 긍정적인 방법으로 아동을 대할 수 있도록 효과적인 의사소통 방법, 보상을 주는 방법, 처벌하는 방법, 긍정적 감정과 부정적 감정을 표현하는 방법 등을 교육하는 것이 필요하다. 이를 통해 부모와 아동의 관계가 개선되고 효과적인 의사소통이 이루어짐으로써 ADHD의 치료와 함께 아동이 긍정적인 자아상을 지니고 성장할 수 있다.

PART 2

영유아 사회교육과 사회교육과정

chapter 5

영유아 사회교육

1. 영유아 사회교육의 이해

1) 영유아 사회교육의 정의

사회교육의 개념과 성격을 규명하기는 어렵다. 왜냐하면 사회교육을 사회, 사회과, 사회과교육, 사회과학 등의 용어로 혼재하여 사용하였고, 다양한 학문을 배경으로 이루어져 있기 때문이다. 그러나 사회교육을 일반적으로 사회과교육(social studies)을 중심으로 정의한다. 멜렌데즈 등(Melendez, Beck, & Fletcher, 2000)은 사회과교육을 두 가지 측면에서 정의하였다. 첫째, 사회과교육은 사회과학(역사, 지리, 시민과 정치, 경제, 사회학, 인류학 등)과 인문학(철학, 윤리학, 문학, 종교, 음악, 예술 등)의 사실, 아이디어, 기술, 이슈, 탐구 방법을 포함하는 통합적 교육이다. 둘째, 사회과교육은 문화적으로 다양하고, 상호의존적인 민주사회에서 공공의 선을 위하여 합리적으로 의사결정을 할 수 있는 시민으로서의 역량을 발달시키는 것이다.

우리나라에서는 영유아를 위한 사회과교육을 '유아사회교육'이라는 용어로 사용해 왔다. 유아사회교육은 영유아의 사회성 발달, 심리학적 발달을 강조하면서 인지적으로 미성숙한 상태에 있는 영유아에게 사회과학적 지식을 가르치기에는 한계가 있다는 인식하에 부분적으로 사회과학적 지식을 가르쳐 왔다. 이에 유아사회교육은 주로 기본생활습관과 부모-자녀 관계를 포함한 사회·정서 발달이나 사회화에 집중되어 왔다. 이제는 유아사회교육이 사회·정서발달과 함께 사회적 관계나 현상에 대한 지적 능력을 향상시키는 사회과학에 대한 관심이 증가하고 있다(조운주 외, 2017). 즉, 유아를 위한 사회과학은 유아가 살고 있는 세상과 사람들이 함께 사는 방법을 이해하기 위해서 역사, 지리, 경제, 다문화, 반편견 등에 대해서 학습하는 것이다.

영유아 사회교육에 대한 학자들의 정의를 소개하면 다음과 같다.

김규수, 안연경과 이종향(2015)은 "영유아 사회교육은 영유아의 사회성 발달을 신장시키는 교육이며, 영유아를 대상으로 사회생활에 필요한 지식과 개념, 가치와 태도, 행동과 기술을 습득하게 하여 민주시민의 자질을 가진 바람직한 사회구성원이 되도록 돕는 의도적이며 조직적으로 제공하는 교육"이라고 하였다.

김영옥(2020)은 "유아사회교육은 사회생활, 지식, 기술이 조화되는 과정이며, 사회성 교육뿐만 아니라 사회과학(역사, 지리, 경제, 사회학, 인류 등)을 통합하여 유아의 건전한 자아 발달, 가치관 및 태도를 형성하는 것"이라고 정의하였다.

박찬옥, 서동미와 엄은나(2020)는 "유아가 자신과 주변 세계와의 관계를 탐구하고 판단하는 경험을 통하여 사회적 지식, 기술, 태도를 익히고 활용함으로써 유능한 민주시민으로 성장하도록 돕는 교육 영역"이라고 하였다.

이상의 개념을 종합해 보면, 영유아 사회교육은 영유아기의 사회성 발달과 사회과 교과의 교육 내용을 포함하여 영유아의 사회화를 돕고 민주시민의 기초를 형성하는 데 필요한 사회적 지식, 기술, 태도와 가치 등을 익히도록 하는 교육이다(최혜진 외, 2022).

2) 영유아 사회교육의 목표

영유아기는 자신을 존중하고 다른 사람과 더불어 생활하는 능력과 태도를 기르고, 건강한 사회구성원으로서 성장할 수 있도록 하기 위한 기초를 마련해야 하는 시기이다. 이 시기에 적합한 영유아 사회교육을 하기 위해서는 사회교육의 목표를 잘 설정해야 한다.

미켈리스(Michaelis, 1985)는 유아 사회교육의 궁극적인 목적을 책임감 있는 민주시민 양성에 두고 지식, 사고과정, 기술, 태도 및 가치의 세부 목표를 제시하였다.

첫째, 지식은 사회에서 살아가는 데 필요한 기본적 소양을 위한 개념이다.

- 역사, 지리, 경제, 사회, 심리 등 사회과학 분야의 기본개념에 대한 지식
- 환경, 에너지, 양성평등, 가치교육 등의 지식

- 교통, 생산, 소비, 분배 등의 기능·수단에 관련된 지식

둘째, 사고과정은 사회에서 살아가는 데 필요한 지적 능력의 과정이다.

- 비판적 사고
- 창의적 사고
- 논리적 사고
- 문제해결 능력
- 사고과정을 적용하는 능력

셋째, 기술은 사회구성원으로서 요구되는 방법이나 능력이다.

- 자신의 의사를 표현할 수 있는 언어적 기술
- 정보를 수집하고 연구하며 평가할 수 있는 연구기술
- 집단에 참여하고 결정을 위한 대안을 선정하는 기술
- 사회적 갈등을 해결할 수 있는 기술

넷째, 태도와 가치형성은 유아가 일상생활을 통해 민주적 태도와 행동양식 및 개인의 도덕적·윤리적 태도를 형성한다.

- 긍정적 태도
- 올바른 가치관 형성
- 민주사회의 행동양식의 이해 능력

멜렌데즈 등(Melendez et al., 2000)은 유아 사회교육의 목표를 다음과 같이 제시하였다.

첫째, 개인의 발달이다. 영유아 사회교육은 영유아들이 독특한 한 개인으로서 사회에 적응하기 위하여 자아정체성의 발달, 타인에 대한 이해, 타인과 효과적으로 상호작용할 수 있는 능력을 갖추도록 돕는다.

둘째, 사회적 시민 능력의 발달이다. 영유아가 사회생활을 성공적으로 해 나가는 데 필요한 사회적 지식과 기술, 가치와 신념, 태도를 발달시키는 것을 돕는다.

셋째, 사회적 지식 습득이다. 영유아들이 사회 현상에 대한 개념을 습득하고 발달시켜 나갈 수 있는 기회를 제공한다. 이러한 경험은 지식에 근거한 사회적 현실감을 형성하게 한다. 현실감 없는 사회적 지식은 사회적 상호작용을 잘하지 못하게 할 뿐만 아니라 사회에 적응할 수 있는 기회를 가지지 못하게 된다.

넷째, 다양한 이해와 존중이다. 영유아가 사회적·문화적으로 다양한 사회에서 어울려 살 수 있는 태도를 기르고, 서로 다른 생각, 신체적 차이, 다른 행동 등에 대한 이해를 증진시킨다. 그리하여 영유아에게 사람들의 서로 다른 특성에도 불구하고 모두 존중되어야 한다는 평등의식을 갖게 한다.

다섯째, 세계 시민의식의 발달이다. 영유아 사회교육은 영유아가 세계의 시민으로서의 감각을 발달시켜 나갈 수 있도록 돕는다. 영유아는 자신의 행동과 그 행동이 타인에게 미치는 영향에 대한 책임감을 습득하게 될 것이다.

이와 같은 내용을 종합하여 보면, 영유아 사회교육의 목적은 영유아가 사회에서 더불어 살아가기 위해 필요한 지식, 기술, 태도를 이해하고 민주시민으로 성장할 수 있도록 돕는 것이다.

3) 영유아 사회교육의 내용과 범위

사회교육은 사회생활에 도움이 되는 것을 배운다는 의미와 사회에 관해 배운다는 의미를 동시에 가지고 있다(Melendez et al., 2000). 사회생활에 도움이 되는 것을 배운다는 것은 개인으로서 사회의 일원으로 적응하며 살아가기 위해 필요한 그 사회의 신념이나 가치, 행동 기준 등에 부합하는 방식으로 살아가는 데 필요한 지식, 기술, 태도를 경험하게 하는 것이다. 사회에 관해 배운다는 것은 사회과학적 지식과 개념에 대해 배우고 익히는 것을 의미한다.

영유아 사회교육은 영유아를 위한 기본생활 훈련이나 발달과 같은 사회화와 사회성 발달을 중요한 사회교육의 내용으로 다룰 뿐만 아니라 사회과학적 개념과 지식을 주요 내용으로 다룬다.

사회화는 기본생활습관과 부모–자녀 관계를 포함한 사회·정서발달과 관계가 있다. 사회·정서발달과 관련하여 자아개념, 자기 인식, 자아존중, 정서이해와 조절 등의 내용부터 사회적 관계를 확장하는 데 도움이 되는 사회적 상호작용, 타인 이해와 존중, 친사회적 행동 등 대인관계 영역의 발달을 지원하는 것이다(이영미 외, 2021).

사회과학적 개념과 지식은 사회적 관계나 현상에 대한 영유아의 지적 능력을 향상시키는 것으로 역사, 경제, 지리, 환경, 다문화 등의 내용을 다룬다. 영유아는 이를 통해 인간과 인간, 인간과 주변 환경과의 관계를 이해하고 정보를 습득하여 주변 환경에서 오는 문제를 해결하는 능력을 기를 수 있다. 따라서 영유아 사회교육은 사회화와 사회과학의 기본개념을 포함하며 이를 그림으로 나타내면 다음과 같다(김영옥, 2020: 16).

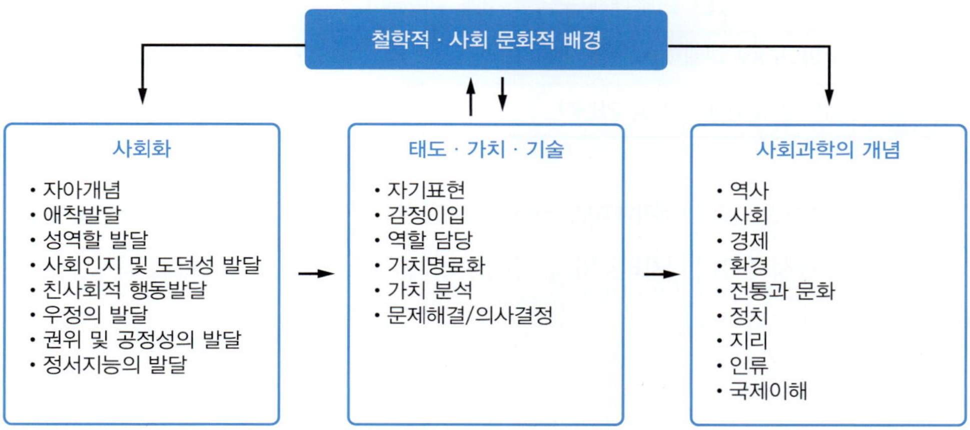

그림 5-1 **유아 사회교육의 내용과 범위**

2. 사회과학적 지식

영유아를 위한 사회교육은 사회화를 위한 내용과 사회과학의 기본개념에 관한 내용을 포함한다. 영유아기는 사회화와 함께 사회과학적 지식의 기초를 형성하는 중요한 시기로 사회과학적 지식 형성에 도움을 주어야 한다. 그러나 영아기에는 아직 자기 자신에 대한 인식이 충분히 형성되지 않은 상태이기 때문에 표준보육과정에는 사회과학적 지식 내용이 들어있지 않다. 2019 개정 누리과정 사회관계 영역의 '사회에 관심 가지기'에 사회과학적 지식 형성을 돕는 교육 내용을 살펴보면 다음과 같다(교육부·보건복지부, 2019).

표 5-1 사회관계 영역의 사회과학적 지식 형성을 돕는 교육 내용

내용범주	내용	사회과학적 지식
사회에 관심 가지기	내가 살고 있는 곳에 대해 궁금한 것을 알아본다.	지리
	우리나라에 대해 자부심을 가진다.	역사
	다양한 문화에 관심을 가진다.	다문화

여기서는 누리과정(교육부·보건복지부, 2019)의 사회관계 영역의 내용을 기초로 유아의 사회과학적 지식 형성을 돕는 지리, 역사, 환경, 경제, 다문화의 개념, 학습 내용, 지원 방법에 대해 살펴보고자 한다.

1) 지리

(1) 지리교육의 개념

지리란 공간과 장소에 대한 학문이다. 지리는 사회과학적 개념의 하나로 지역 특색이나 지형, 기후 등의 내용뿐만 아니라 개인적인 공간에서부터 세계의 일반적인 특성에 이르기까지 우리가 살고 있는 전체적인 공간을 의미한다.

영유아는 태어나면서 자신의 신체를 탐색하고 자신이 머무는 곳과 주변 환경을 인식하면서 지리에 대한 기초적인 개념을 발달시킨다. 지리교육은 영유아가 일상생활에서 경험하는 다양한 공간과 장소에 관심을 가지고 특징과 변화를 이해하며 경험함으로써 지리적 소양을 증진시킬 수 있도록 교육하는 교과이다. 영유아의 지리 개념은 개인적 공간에서 시작하여 사람과 공간을 직접 상호작용하면서 지역적 공간으로 발달하게 되고, 점차 국가적·세계적 개념으로 발달해 나간다(Melendez, Beck, & Fletcher, 2000). 영유아의 지리 개념 발달을 정리하면 다음과 같다.

표 5-2 영유아의 지리적 개념 발달

연령	지리적 공간	영유아의 지리적 개념 발달
출생~1세	개인적 공간	• 태어나서 물체를 보며 공간을 경험 • 누워서 자기의 몸을 만지고, 당기고, 움켜잡는 등 자신의 몸을 탐색함 • 8~12개월의 영아는 사물을 공간 속에서 조작함 • 요람 안, 방 등을 기어 이동하면서 주변의 물리적 특성을 온갖 방법으로 탐색함
2~3세	개인적 · 지역적 공간	• 자신을 중심으로 공간을 보고, 사물을 임의적으로 지각함 • 신체적 운동 능력의 발달과 함께 가까운 주변 환경, 친구집, 이웃집, 놀이터 등의 공간적으로 가까운 혹은 조금 더 먼 곳으로 이동하여 탐색함 • 4세 이전에는 크기, 형태, 방향에 대한 개념은 발달하지 않아 사물이 이동하면 형태나 크기가 변하는 것으로 지각함
4~5세	개인적 · 지역적 · 국가적 공간	• 실내외의 주변 공간에서 걷고, 뛰고, 높이 올라가고, 터널을 통과할 때 몸을 웅크리는 등 개인적인 공간을 탐색함 • 자신이 속해 있는 지역의 기본적 환경 및 지리적 환경, 즉 기본적인 방향을 학습함 • 지리적 특성에 따른 사람들의 삶의 변화에 관심을 가짐
6세 이후	국가적 · 세계적 공간	• 계속해서 개인적 경험을 정교화함 • 매체와 학교에서의 경험, 친구와 성인의 경험(개인적/지역적)을 통해 국가적 · 세계적 공간에 대한 개념을 확장해 나감

출처: Melendez, Beck, & Fletcher(2000)

(2) 유아 지리교육의 내용

영유아의 지리교육은 영유아의 발달 수준에 적합한 접근을 하는 것이 바람직하다. 영아기에는 자신과 가까운 주변 공간에 관심을 갖고 점차 또래, 이웃, 놀이터 등 가까운 곳에서 먼 곳으로 주변의 물리적 특성을 탐색하는 데에서부터 시작한다. 여러 학자가 제시한 개념에 기초하여 지리교육의 내용을 정리해 보면 다음과 같다.

① 방향과 위치

방향과 위치는 지리교육의 기초 개념으로 공간 내 자신의 위치를 아는 것이다. 자신의 신체를 움직여보면서 방향과 위치에 대한 감각을 기른다. 유아는 방향과 위치의 개념을 이해하기 어려워하기 때문에 일상생활 속에서 자신의 동작을 탐색하게 하며, 교사는 위, 아래, 앞, 뒤, 옆, 오른쪽, 왼쪽 등 방향과 위치를 나타내는 용어를 사용하여 상호작용해준다. 유아는 공간 내에서 자신의 위치를 탐색하고 인식하며, 상대적 위치와 공간 속에서 존재하는 사물, 사람 등의 위치를 탐색하여 점차 각 위치 간의 지리학적 관계를 이해할 수 있다. 길의 오고 가는 방향을 아는 것, 상징이나 이정표에 관심 갖는 것, 방향과 관련된 용어 사용, 지도를 보거나 다루어보는 경험 등이 방향과 위치에 대한 이해를 돕는 활동이다(이영미 외, 2021). 방향과 위치 개념 형성을 위해 다음과 같은 교육을 제공할 수 있다(Seefeldt et al., 2014; 김희태 외, 2021).

- 자신의 동작 탐색하기
- 방향과 관련된 용어를 사용해 자신의 움직임 묘사하기
- 기준이 되는 한 공간을 중심으로 자신의 위치를 비교하여 설명하기
- 임의의 측정 도구를 사용하여 거리 측정하여 보기
- 장소 찾기와 표시하기

② 지구

지구에 대한 개념은 물리적 특징과 인위적 특징을 포함한다. 지구에 대한 물리적 특징은 기후, 땅의 형태, 고유의 동식물, 토양 등 자연에 의해 결정되며, 인위적 특징은 언어, 의상, 건축양식, 정책 방향 등 문화에 의해 결정된다. 유아들의 지구에 대한 이해는 지형, 기후, 토양, 동식물의 생활 등을 알아보고, 이를 보존하기 위한 방법을 알아보고 실천하며 소중히 여기는 태도를 기르는 것이다. 지구에 대한 이해를 돕기 위한 활동으로는 다음과 같은 것들이 있다(김희태, 2021).

- 생물과 무생물에 대해 알아보고 구분해 보는 활동
- 실내외에서 물, 모래, 흙 등을 탐색하고 실험해 보기
- 땅(산, 계곡, 사막 등)과 물(바다, 강, 호수, 폭포 등)을 구분해 보기
- 부드럽고 딱딱하고 거친 다양한 표면을 탐색해 보기
- 낮과 밤의 차이를 알아보기
- 그림자놀이하기
- 기후에 관심을 가질 수 있는 활동을 마련해 주기
- 지구 환경을 보존하기 위해 할 수 있는 일을 알아보고 실천해 보기

③ 장소와 지역

장소란 유아가 생활하고 있는 공간과 환경의 특성을 이해하는 것을 말한다. 지역은 위치, 장소, 인간과 환경의 상호작용, 이동 등을 종합하여 유사한 특징을 보이는 장소를 말한다. 지역은 물리적인 방식과 문화적인 방식으로 범주화한다. 물리적 지역은 지형, 기후, 계절의 변화 등으로 정의되며, 문화적 지역은 문화와 역사적 영속성으로 구분된다. 장소와 지역에 대한 개념 형성을 돕는 활동은 다음과 같다(이영미 외, 2021).

- 도시, 농촌, 어촌을 구분하고 차이점 탐색하기
- 유아교육기관의 돌, 공원의 돌, 하천의 돌을 비교하여 관찰하고 놀이하기

- 우리 동네를 산책하며 동네 사람, 환경 등 관찰하기
- 더운 날씨 환경에 살고 있는 사람들의 특성, 음식, 집 탐색하기
- 추운 날씨 환경에 살고 있는 사람들의 특성, 음식, 집 탐색하기
- 세계의 건축양식과 의상 탐색하기
- 다른 문화를 경험하기 위해 박물관 견학하기

④ 공간과의 상호작용

공간과의 상호작용은 지리적 환경과 관련된 사람과 사물, 정보 등의 관계를 다룬다. 공간적 상호작용의 개념은 '이동'을 포괄하는 것으로 교통수단, 통신수단, 상품과 자원의 수송 원리, 상품이 이동하는 시장원리 등이 포함된다(박영미, 2009). 유아는 멀리 떨어진 사람과 소통할 수 있고, 상품을 주고받기 위해 운송 수단을 이용할 수 있음을 배우게 된다. 교사는 공간과의 상호작용에 대한 개념 형성을 위해 다음과 같은 활동을 제공할 수 있다(박찬옥 외, 2015; 김희태 외, 2021 재인용).

- 음식이 유아교육기관 또는 가정으로 배달되는 과정을 알아보고, 그림으로 표현해 보기
- 신문이 만들어져서 우리 집에 배달되기까지의 과정을 알아보기
- 동물들이 땅이나 바다에서 이동하는 경로 알아보기
- 같은 장소를 다양한 교통수단으로 이동해 본 후 차이점을 비교해 보고 이동 경로를 그림으로 나타내 보기

(3) 지리 개념 발달을 위한 지원방안

유아의 지리교육은 공간 개념 인식에서 시작된다. 영아는 자신의 신체를 탐색하고 신체를 이용하여 주변의 물리적 특성을 탐색한다. 또한 자신이 속해 있는 주변 환경을 살피기 시작하고 점차 범위를 넓혀가며 지리적 개념을 알아간다. 유아는 주변의 지리적 환

경과 방향을 탐색하는 물리적 지식의 탐색과 함께 주변인들에게 관심을 가지는 문화적 지리의 탐색이 이루어진다. 표준보육과정의 사회관계 영역에서는 지리 개념을 다루고 있지 않다. 여기서는 누리과정에서 제시한 지리 개념 발달을 지원하기 위한 방법을 살펴보고자 한다(교육부, 보건복지부, 2019; 최혜진 외, 2022; 김영옥, 2020).

표 5-3 누리과정에서 제시한 지리 개념 발달을 지원하기 위한 방법

구분		내용
3~5세	지도상의 중점	유아가 자신이 살고 있는 동네 이름과 그 동네가 가지고 있는 다양한 특성, 함께 어울려 사는 사람들과 하는 일, 다양한 직업 등 지역사회의 특성과 만나게 되는 다양한 사람들에 대해 구체적인 것들을 호기심을 가지고 알아보는 것에 중점을 둔다.
	교사의 지원	• 유아가 자신이 살고 있는 동네 이름을 알고 동네에 있는 다양한 장소를 살펴보면서 우리 동네에 관심을 갖도록 한다. 예) "우리 가족과 살고 있는 곳을 무엇이라 부를까?" • 우리 동네의 특징에 대해 알아볼 기회를 다양하게 제공한다. 구체적이고 직접적인 정보수집 활동을 통해 자신이 이해하고 개념화한 지식을 표현할 기회를 갖는 데 중점을 둔다. • 동네 사람들의 다양한 모습과 공공기관이나 생활 관련 공간에서 경험한 서비스들을 기억하여 놀이로 표현하고 이를 반복해 놀이할 수 있도록 적절한 자료와 환경을 구성한다. 예) "우리 동네 공원에 산책하러 갔을 때 무엇을 보았니?" • 사회의 일원으로 지켜야 할 규칙이나 예의범절 등을 놀이를 통해 자연스럽게 접해볼 수 있는 경험을 제공한다. 무엇보다 대상과 상황에 따라 어울리는 말과 행동을 하는 데 중점을 둔다. • 지구는 우리가 살고 있는 곳이며 움직이고 있음을 배운다. • 물리적 환경과 계절의 변화를 관찰하고 느껴본다. • 여러 가지 지리적 용어(산, 바다, 골짜기, 언덕, 덥고 추운 곳 등)를 접해본다. • 먼 곳과 가까운 곳에 의사를 전달하는 방법과 여행에 대해 알아본다.

2) 역사

(1) 역사교육의 개념

역사는 시간에 대한 개념으로 과거의 사실과 사건을 돌아보아 자신의 뿌리와 근원에 대해서 알고 현재를 이해하는 기초적인 역할을 한다(교육인적자원부, 2007). 역사교육은 과거의 사건과 사실의 흔적을 통해 현재의 삶을 해석하고 미래를 예측하며 영향을 줄 수 있음을 이해하는 것이다. 즉 역사교육은 과거, 현재, 미래라는 시간의 흐름과 변화를 유기적으로 연결해서 배우는 교육이다(김영희, 2018).

유아의 역사 개념 발달을 이해하기 위해서는 시간 개념의 발달을 이해해야 한다. 역사교육 안에서 시간 개념은 과거, 현재, 미래를 구분하고 시간의 흐름과 과거부터 현재까지의 연계과정을 이해하는 능력을 말한다(교육인적자원부, 2005). 유아기 역사 개념의 발달과정을 시계, 달력 및 역사적 시간 개념을 중심으로 살펴보면 다음과 같다(양옥승 외, 2017; 조순옥 외, 2013; 최현정 외, 2020 재인용).

표 5-4 유아기 시계, 달력, 역사적 시간 개념 발달단계

연령	시계, 달력, 역사적 시간 개념
3세 이전	• 시간 개념이 부족하지만 일상에서 시간을 경험할 수 있다. • 자신이 한 일 혹은 일어나는 일의 시간 순서를 인식한다. • 시간 개념이 부족하여 구체적인 표현이 어렵다.
4~5세	• 개인적인 일상에서 규칙적으로 일어나는 사건을 순서적으로 이야기할 수 있다. • 전후, 지금, 그때와 같은 용어를 사용한다. • 과거 동사 및 미래 동사의 시제를 사용한다. • 시각과 월의 순서 및 용어를 이해한다. • 오전과 오후의 개념을 이해한다. • 시간의 변화와 관계를 인식한다.

연령	시계, 달력, 역사적 시간 개념
6세	• 점심 시간, 노는 시간, 낮잠 시간과 같은 시간 간격을 구분한다. • 시간을 정확히 읽는다. • 각 계절의 개념을 이해한다.
7세	• 시간은 동일한 간격으로 이루어졌다는 것을 인식한다. • 주, 달, 계절을 순서대로 말할 수 있다. • 가족구성원(자기 자신, 부모, 조부모)을 나이 순서대로 계열화한다.
8세	• 최근 휴일의 이름을 말한다. • 시간의 한 시점을 설명하기 위하여 밤, 내일, 아침과 같은 용어를 사용한다. • 일, 주, 월의 이름을 암송할 수 있다. • 날짜를 중요한 사람이나 사건과 연결하기 시작한다.

(2) 역사교육의 내용

유아 역사교육은 유아가 흥미와 관심을 보이는 과거, 현재, 미래의 삶이 변화하는 것을 이해하는 것에서 출발한다. 예컨대, 출생 시 또는 자신의 어릴 적 모습을 현재와 비교해 보기도 하고 자신뿐만 아니라 가족의 역사에 대해 흥미와 관심을 보이는데 이런 것이 역사교육의 기초가 된다.

유아 역사교육에서 다루어야 할 내용들은 학자마다 다양하다. 그러나 학자들이 제시한 견해들을 종합해 보자면, 시간, 변화, 생활의 영속성, 과거로 정리하여 그 내용을 살펴보고자 한다.

① 시간

유아는 정확한 시간 개념을 파악하기 어렵다. 그러나 자신이 경험한 일들을 중심으로 시간의 흐름에 대해 이해할 수 있다. 유아는 일상생활 속에서 규칙적인 경험을 통해 반복되는 시간을 인식하고 하루의 사건을 순서대로 설명할 수 있다.

시간에 대한 역사교육은 과거, 현재, 미래의 차이를 이해하고 과거와 현재의 연계과정을 이해할 수 있도록 한다. 이를 위해 정확한 시간의 개념보다는 지금, 옛날, 오래된 옛날로 구분하여 시간에 대한 개념을 쉽게 접근할 수 있도록 한다. 시간 개념 관련 역사교육 활동의 예를 제시하면 다음과 같다(이영미 외, 2021).

- 유아교육기관의 하루일과를 이야기하고 그림으로 표현하기
- 시간 개념을 다룬 동화를 읽고 이야기하기(예: 1분이면–안소민 글·그림, 비룡소)
- 정리정돈 시간 동안 모래시계 사용하기
- 특별한 행사와 사건을 회상하고 이야기하기
- 유아의 성장 역사에 대한 소책자 만들기
- 시간과 관련된 단어 사용하기(어제, 오늘, 그제 등)
- 과거, 현재, 미래 구분하기

② 변화

변화는 역사교육에서 가장 기본적인 개념으로 우리 생활 속에서 끊임없이 일어나는 것이다. 유아는 변화를 이해할 수 있는 인지적 능력이 부족하여 변화에 대해 두려움을 가질 수 있다. 그러나 유아의 주변은 끊임없이 변화를 경험할 수 있는 기회가 많이 있으므로 변화를 받아들이고 변화에 적응하는 방법을 가르칠 필요가 있다. 자기 자신의 변화부터 가족, 이웃, 계절의 변화 등을 관찰하고, 이러한 변화가 서로의 삶에 영향을 미침을 이해할 수 있게 한다. 시펠드(Seefeldt, 2005)는 변화 개념의 내용으로 시간의 흐름에 따른 사람이나 사물 환경의 변화에 관심 갖기, 시간에 따른 주변의 변화 탐색하기, 변화의 계속성을 이해하고 수용하기, 변화에 따른 결과와 영향에 대해 알기와 같은 경험을 제시하였다. 변화 개념 관련 역사교육 활동의 예를 제시하면 다음과 같다(이영미 외, 2021).

- 생일 축하하기 – 생일 편지 쓰기
- 아이였을 때 입었던 옷, 모자, 신발 알아보고 비교해 보기

- 우리 동네 변화 이야기하기 – 새로운 가게, 건물, 공원 등
- 주변의 나무의 변화를 관찰하고 사계절에 따른 나무의 모습 그려보기
- 유아교육기관의 놀이 영역의 변화 알아보기
- 변화의 결과와 영향 알기

③ 생활 연속성

생활의 연속성은 유아가 인간의 삶이 끊임없이 변화하고 인간의 경험을 통해 배우게 되는 것도 계속된다는 것을 이해하는 것이다. 이 개념은 유아들에게 과거의 사건이 현재의 생활에 미치는 영향을 이해하고 시간이 지나도 변화하지 않는 것에 대해 이해하게 한다. 생활의 연속성 개념 관련 활동의 예를 제시하면 다음과 같다.

- 조부모와 부모가 경험한 전통이나 활동, 사건, 행사 등을 살펴보기
- 과거의 생활 모습과 현재의 생활 모습을 비교하여 공통점과 차이점 찾아보기: 박물관 견학이나 예전에 사용하던 물건을 수집하여 같은 일을 하는 현재의 물건과 비교해보기
- 유아교육기관에서 1년 동안 또는 그 이상의 기간 동안 무엇이, 어떻게 변화하였으며, 앞으로 어떻게 변할 것인지 예측하기
- 예전의 생활상을 담은 사진과 그림, 옛날이야기 등을 통해 과거의 사건과 사물에 흥미를 가지고 탐색하기
- 각 세대의 삶을 통해 생활의 연속성 이해하기

④ 과거

과거에 대한 이해를 돕기 위해 주말 지낸 이야기와 같은 일상적인 이야기들을 통해 과거를 경험하고 지나간 일과 현재를 구별할 수 있다. 이와 같이 가까운 과거나 단순한 과거의 사건을 살펴보는 것에서 시작하여 점차 인물과 사건의 역사적 기록을 통해 먼 과

거의 사람들의 생활과 모습을 이해하도록 돕는다. 과거 개념 관련 역사교육 활동의 예는 다음과 같다(이영미 외, 2021).

- 우리 동네의 과거 모습을 사진을 통해 비교해 보기
- 옛날 물건과 오늘날의 물건 비교해 보기
- 역사적 사건, 위인 등에 대해 알아보기(예: 임진왜란, 이순신 등)
- 전래 동화 읽고 이야기해 보기
- 과거의 동물들(사라진 동식물)

(3) 역사 개념 발달을 위한 지원방안

유아의 역사 개념은 시간 개념 인식에서 시작한다. 시간 흐름에 따른 연속성과 변화를 이해할 수 있는 시기는 유아기로 표준보육과정에는 역사의 개념이 제시되지 않았다. 이 장에서는 영유아의 일상생활 지도를 통해 시간 개념을 인식하게 할 수 있다고 보고 일상생활 속에서 시간과 관련된 용어를 사용하는 방법을 제시한다(최현정, 2020). 또한 누리과정에서 제시한 역사 개념 발달을 지원하기 위한 방법을 살펴보고자 한다.

- 유아의 반복적인 하루일과의 시간을 인식하도록 상호작용한다. 예를 들어, 아침, 점심, 오후 등의 용어를 자주 사용하여 하루일과를 진행한다.
- 시간 흐름에 대해 알 수 있도록 다양한 질문을 통해 상호작용한다. 예를 들어, 일과 구성 시간표를 수시로 보며 "지금 오전 간식 먹었네요. 그럼, 다음 시간은 어떤 활동을 하는 시간일까요?"와 같이 상호작용한다.
- 하나의 사건에 대해 구체적인 인과관계를 생각해 보도록 하여 시간의 흐름과 연속성을 이해하도록 돕는다. 예를 들어, "지난 목요일에 왜 배가 아팠는지 생각해 보자."
- 자신의 성장과 시간의 흐름에 따른 가족의 변화 등에 관한 자료를 수집하고 변화 과정과 시간의 연속성을 인식하도록 지도한다.

누리과정에서 제시한 역사 개념 발달을 위한 지원 방법은 다음과 같다(교육인적자원부·보건복지부, 2013; 교육부·보건복지부, 2019; 김영옥, 2020).

표 5-5 누리과정에서 제시한 역사 개념 발달을 위한 지원 방법

<table>
<tr><th colspan="2">구분</th><th>내용</th></tr>
<tr><td rowspan="2">3~5세</td><td>지도상의 중점</td><td>유아기 역사 개념 발달을 지원하기 위해서는 유아가 우리나라의 전통에 친숙해지고, 우리나라의 상징, 언어, 문화 등을 경험하면서 우리나라에 대해 자랑스러운 마음을 가지도록 하는 데 중점을 둔다.</td></tr>
<tr><td>교사의 지원</td><td>• 우리나라를 상징하는 것(예: 태극기, 애국가, 무궁화)에 관해 관심을 가지고 살펴보며 이와 같은 상징물이 우리 주변에 다양하게 사용되고 있음을 경험한다.
예: "(운동 경기를 응원하는 모습을 보여주며) 이런 모습을 본 적이 있니?", "지금 무엇을 하는 걸까?", "누구를 응원하고 있다고 생각하니?", "경찰서 표시에 무엇이 들어 있니? 왜 무궁화를 넣었을까?"
• 우리나라를 나타내는 상징물(예: 태극기, 애국가, 무궁화)을 대하는 태도와 바른 예절을 알아보고 지키도록 한다. 이로써 나와 가족, 우리동네, 지역사회를 포괄하는 국가 존재에 대해 알고, 국가 상징물에 대한 예절 및 마음가짐에 대해 배움으로써 유아가 우리나라 국민으로서의 정체성을 건강하게 형성하도록 돕는다.
• 유아에게 과거 상황을 가장 흥미롭게 접하도록 하는 방법은 우리 고유 풍습을 생활 중에 자연스럽게 접하고 친숙함을 가질 수 있게 하는 것이므로 이러한 경험을 풍부하게 제공할 수 있도록 한다.
• 유아는 현재와 과거를 접하면서 시간의 흐름에 대한 이해를 도모하게 되므로 역사적 사건과 흐름에 대한 이해를 돕고 남북통일과 같은 우리나라만의 과제에 대한 관심을 가지고 생각해 볼 기회를 제공한다.
• 시간의 흐름은 가시화되기 쉽지 않으므로 이를 구체화하여 보여줄 수 있도록 환경을 구성한다.
• 자랑스러운 우리나라의 역사와 문화에 대한 활동을 계획하여 유아가 우리나라에 대해 자부심을 느끼게 하는 데 중점을 둔다. 우리나라 문화재, 역사적 유물(예: 물시계, 해시계 등)을 조사해 보는 활동을 통해 우리 문화유산의 우수성을 경험하도록 한다.
• 우리나라 역사와 문화에 관한 활동은 모든 주제 속에서 조금씩 접근해 볼 수 있는 것으로 명절이나 특정 주제에서만 다루어지지 않도록 유의한다.
• 자신 및 가족의 존재 및 관계를 알아본다.
• 생활의 변화를 알아본다(옛것의 쓰임새와 사용방법 등).
• 나 또는 가족의 미래 모습을 그려본다.</td></tr>
</table>

3) 경제

(1) 경제교육의 개념

경제란 인간의 생활에 필요한 재화나 용역을 생산, 분배, 소비하는 모든 활동을 가리킨다. 유아도 생활과 밀접하게 소비와 선택, 상품 구매에 대한 의사결정을 해야 할 상황이 점차 많아지고 있다. 경제활동에 있어 누구나 자신이 원하는 만큼 가지고 싶은 것을 가질 수 있다면 좋겠지만, 인간의 욕구에 비해 자원의 한계가 있어 경제 문제가 시작된다. 이에 영유아기부터 필요한 물건이 무엇인지 생각하고 이를 얻기 위한 과정에 대해 생각하는 경제교육이 필요하다.

유아 경제교육의 영역과 개념 요소로는 '소비, 돈, 물건 구매, 시장 개념, 생산, 광고, 자원'으로 제시할 수 있다(김영옥, 2020). 이러한 경제 개념의 이해를 바탕으로 유아가 경제

표 5-6 경제 개념의 발달과 특징

연령	경제 개념 발달과 특징
0~2세	• 동전의 모양과 크기를 관찰하고 주의를 기울임
3세	• 가게에서 물건이나 놀잇감을 살 수 있지만 돈이 상품과 교환됨을 인지하기는 어려움(예: 가게에서 과자와 장난감을 가져오지만 돈과 교환된다는 것을 잘 모른다.)
4~6세	• 동전을 구별하거나 동전의 명칭을 모르지만 돈이 물건을 사는 데 필요하다는 것은 인식함 • 돈이 교환수단으로 이용됨을 인식함 • 가게 놀이에서 소비와 구매 개념이 나타나기 시작함 • 돈과 돈이 아닌 것을 구분하지만 동전의 종류는 구분하기 어려움 • 6세경 큰돈을 가지고 보다 많은 것을 살 수 있다는 것을 이해함
7~10세	• 9세 이후, 동전 간에 가치가 다름을 인식함 • 사람들이 돈을 벌기 위해 일한다는 것을 인식함 • '신용'의 개념을 이해함

출처: Seefeld(2005); 최현정 외(2020); 구경선 외(2011)

생활을 이해하며, 개인적·사회적 합리성을 바탕으로 선택하는 생산자와 소비자의 역할을 익혀 경제생활을 할 수 있도록 한다. 다음은 영유아기 경제 개념의 발달과 특징이다.

(2) 경제교육의 내용

유아 경제교육의 내용은 화폐의 가치, 생산, 소비, 분배, 직업 등으로 구분할 수 있다. 경제 개념을 이해하는 데 있어 연령에 따른 교육이 이루어져야 한다. 영아기에는 화폐의 형태나 크기에 관심을 가지며, 유아기에는 생산과 소비, 구매의 개념 등을 이해할 수 있게 된다.

① 화폐의 가치와 기능

유아기 경제교육을 위해 화폐의 가치와 기능에 대하여 다음과 같은 내용을 다룰 수 있다.

첫째, 모든 경제활동의 기본이 되는 화폐의 기능을 이해한다. 사람들은 물건을 구입하거나 서비스를 얻기 위해 돈을 사용한다는 것을 이해하도록 한다.

둘째, 화폐의 기본적인 종류와 기능에 대해 파악할 수 있는 내용을 포함한다. 동전, 지폐의 관계, 동전의 가치, 여러 지폐의 가치에 따른 의미 등을 알아본다. 최근 들어 주로 사용하는 신용카드를 사용하여 물건을 구입하는 경우를 유아가 많이 경험하기 때문에 신용카드를 사용하면 나중에 돈이 지불된다는 사실을 이해하도록 돕는다.

셋째, 주어진 화폐로 살 수 있는 재화의 양이 정해져 있음을 안다.

② 생산

유아기 생산 개념의 이해를 돕기 위해 다양한 상품이 유아에게 오기까지의 생산과정을 이해하도록 한다. 예를 들어, 가게에서 파는 물건은 공장에서 물건을 제조하고(생산자) 이를 소매상으로 가져와(중간 도매) 가게 주인에게 판매(소매)하고 우리가 물건을 사는 과정

(소비자)을 이해하도록 한다.

유아 자신이 생산자인 동시에 소비자가 될 수 있음을 지도한다. 사람들은 각각 가치 있고 다양한 일을 하며 산다. 다양한 일을 통해 다양한 생산이 이루어지고 이를 소비한다. 생산자이며 동시에 소비자가 될 수 있음을 이해하기 위한 활동으로 텃밭 가꾸기를 통한 생산자가 되어 보거나 아나바다 활동을 통해 물건을 판 대가로 받은 돈으로 소비자가 되는 과정을 경험해 보게 할 수 있다.

사용 제품을 다시 자원으로 만들어 새로운 제품의 원료로 이용하는 재활용(recycling)과 재생산 과정을 이해할 수 있게 한다.

③ 소비

소비는 원하는 것을 구하기 위해 돈을 쓰는 행위를 의미한다. 계획적이고 합리적인 소비 행위를 실천할 수 있는 교육을 한다. 합리적 소비란 유아가 원하는 것과 필요한 것의 차이를 알고 구매를 결정할 수 있게 돕는 것이다. 유아가 가지고 있는 돈에 맞고 꼭 필요한 것을 선택하여 구입하도록 하는 활동을 제공한다.

소비자의 권리와 책임을 이해하도록 지도한다(최현정 외, 2020). 소비자의 권리와 책임으로는 원하는 상품과 서비스를 선택하기, 정확한 정보 얻기, 안전한 곳에서 구매하기, 상품 보호하기, 손님으로서 다른 사람의 권리 보호하기, 바람직한 구매 태도와 부적절한 구매 태도 관찰하기 등이 있다.

그 밖에도, 계획적인 소비생활을 위한 절약과 저축의 필요성 이해, 한정된 재화 안에서 자신에게 가장 필요한 것이 무엇인지를 심사숙고하여 구매하는 합리적인 의사결정이 필요함을 이해하는 것, 선택을 해야 하는 상황에서 되도록 기회비용이 작은 것을 선택해야 하는 기회비용[1]의 이해가 있다.

④ 희소성과 분배

분배는 재화와 용역이 나누어지는 과정을 의미한다. 사람들이 필요로 하는 재화나 서비스는 많으나 자원은 한정된 상태에 있다. 제한된 자원으로 모두의 욕구를 다 만족시킬 수 없으므로 어떻게 요구되는 수요를 잘 공급할 수 있는지를 알 수 있도록 지도한다. 또한 부족한 자원이나 물건이 생기면 어떻게 분배해야 하는지 활동을 통해 경험을 제공한다.

생산된 재화와 용역을 잘 분배한다는 것은 공동체의 구성원으로서 책임감을 느끼고 소비생활을 하는 데 있어 윤리적 판단을 하고 실천하는 것을 말한다. 이를 위해 '윤리적 소비' 교육이 필요하다.

⑤ 직업

유아기는 삶에 대한 태도와 가치, 기술 등이 형성되는 시기이다. 이 시기에 직업에 대한 올바른 태도와 가치, 기술 등이 형성되는 것은 매우 중요하다. 유아들은 다양한 직업에 종사하는 사람들을 만나보고 기관을 방문해보며 다양한 직업에 대한 정보를 얻을 수 있다. 친구들과 유아교육기관에서 생활하면서 의사소통이나 문제해결, 다른 사람과의 관계 맺는 법 등 직업에 필요한 다양한 기술도 습득할 수 있다. 교사는 유아의 직업에 대한 이해를 돕기 위해 다음과 같은 교육 내용을 제공할 수 있다(이숙재 외, 2006; 김희태 외, 2021).

1 어떤 것을 얻기 위해 포기한 대가를 말한다. 소비자는 무엇을 선택하고 무엇을 포기할 것인가를 결정해야 하는데, 이때 선택한 것이 포기해야 하는 것보다 더 만족스러운 것인가를 생각해야 한다. 유아에게 적게 손해보면서 기회비용을 잘 활용하는 소비를 지도해야 한다.

- 다양한 직업의 종류와 하는 일에 대해 알고 관심 갖기
- 모든 직업의 소중함을 알고 존중하는 태도 갖기
- 책임을 다하는 태도 갖기
- 다양한 일에 참여해 보기
- 다른 사람과 도움을 주고받기
- 일과 돈의 관계 이해하기

(3) 경제 개념 발달을 위한 지원방안

유아 경제교육은 경제의 주요 개념들이 일상생활 속에서 사례를 중심으로 접근하는 것이 바람직하다(교육과학기술부, 서울시유아교육진흥원, 2011). 유아교육기관에서는 유아가 생산자, 소비자의 경험에 직접 참여하여 활동해 볼 수 있는 체험활동과 극화놀이를 제공한다. 이러한 활동은 경제 개념 학습에 효과적인 교수–학습 방법이 된다. 역할놀이 영역에 생산, 서비스, 직업 등의 개념을 촉진할 수 있는 극놀이를 할 수 있도록 다양한 소품을 제공한다. 또한 유아가 경험할 수 있는 경제적 문제 상황을 제공하고 문제를 해결해 보는 교육적 접근을 해 본다(윤선영, 조형숙, 2008).

표 5-7 유아가 경험하는 경제적 문제 상황 및 관련 경제 개념

구분	경제적 문제 상황	경제 개념
가정	• 장난감, 과자 등 계속 물건을 사고 싶어 함 • 수영장이나 놀이공원 등에 자꾸 가자고 함	희소성과 욕구 선택과 기회비용
기관	• 자유놀이 영역과 놀잇감, 더 매력적인 것을 선택하고 싶어 함 • 맛있는 반찬과 간식을 더 많이 먹고 싶어 함	
기관	• 가정에서 과자나 문구류를 가지고 와서 나눠주고 싶어 함 • 친구들이 가지고 있는 물건, TV 광고에 나오는 물건을 갖고 싶어 함	소유와 분배

구분	경제적 문제 상황	경제 개념
가정 · 기관	• 부모님이 돈을 많이 갖고 있으면 부자라고 생각함 • 집이 넓거나 큰 차를 가지고 있으면 부자로 생각함 • 멋진 장난감을 많이 사주면 부자로 생각함	빈부
	• 물건, 휴지, 전기, 물 등의 자원을 낭비함	자원 절약
가정	• 세뱃돈이나 용돈을 받았을 경우 스스로 보관하려고 함 • 부모는 저축을 하자고 하거나 부모가 보관하겠다고 함	돈 관리
가정	• 끝없이 먹을거리, 장난감 등을 사려고 함 • 유아가 값싼 물건 대신 비싼 물건을 골랐을 때 갈등이 일어남	구매

출처: 윤선영, 조형숙(2008)

4) 환경

(1) 환경교육의 개념

환경은 우리 삶과 직간접적인 영향을 미친다. 인간을 둘러싼 환경은 인간이 살고 있는 삶의 모체이며 터전이므로 환경의 소중함을 강조하지 않을 수 없다. 지구 환경의 위기를 심화시키는 환경적 요인이 심각해지고 있는 지금 인간 중심의 환경관에서 생태 중심의 환경관으로의 변화가 시급하다. 인간 중심의 태도 및 산업화, 마구잡이식 자연 개발로 지구의 오염, 온난화, 생태계 파괴, 에너지 고갈 등은 인간을 비롯한 자연 전체의 삶에 부정적 영향을 주고 있다. 그러므로 지속 가능한 사회를 위해 자라나는 세대에게 환경과 공존할 수 있는 환경교육을 해야만 한다.

유아 환경교육이란 유아기부터 그들을 둘러싸고 있는 환경과의 관계에 대한 올바른 가치관과 태도를 기르고, 환경적으로 책임 있는 의사결정과 행동을 실천할 수 있는 인간을 육성하기 위한 교육이다(Melendez et al., 2000). 2021년 UNESCO는 '지속가능발전'

이라는 측면에서 환경교육을 '환경보전', '경제발전', '사회통합'이라는 보다 포괄적인 개념을 제안하였다. 즉 생물의 다양성, 기후 변화 등의 환경적 측면이 지속 가능한 생활방식과 빈곤 감소 등 경제적 측면과 더불어 문화의 다양성 등 환경, 경제, 사회 영역 등을 기반으로 지구 전체의 시스템 안으로 유기적으로 연결되도록 하는 포괄적인 환경교육을 제시하였다(김정원, 최소린, 2016; 최현정 외, 2020 재인용).

(2) 환경교육의 내용

유아 환경교육에 대한 중요성이 강조되면서 다양한 환경교육 내용이 제시되고 있다. 홍지명(2010)은 환경 개념, 환경문제, 보호로 환경교육 내용을 제시하였고, 유아녹색성장교육 프로그램(교육과학기술부, 2012)에서는 환경감수성과 윤리의식 증진, 환경구성의 이해, 환경문제 인식, 지속 가능한 발전을 위한 생활실천, 지속 가능한 발전을 위한 시민의식 증진으로 환경교육 내용을 제시하였다. 김영옥(2020)은 유아를 위한 환경교육과 보존의 주요 요소로 절제, 재활용, 생태계/자연보호, 오염방지, 정리정돈, 에너지 관리, 물자 관리로 제시하였고, 이영미, 임민정, 윤재희와 이승하(2021)은 환경교육의 내용을 환경 개념, 환경구성 이해, 환경문제 인식, 지속 가능한 발전을 위한 생활 실천으로 구분하였다. 이를 토대로 유아 환경교육의 내용을 정리하여 보면 다음과 같다.

표 5-8 유아 환경교육의 개념 및 내용과 활동

개념	하위개념	내용	활동
환경 개념		• 무계획적인 생태계 낭비, 공해로 인한 맑은 물과 숲, 나무, 야생동물 등이 위협받고 있음을 인식하기 • 인간과 자연이 협력하고 공존하려는 태도 기르기 • 환경에 대한 올바른 태도와 가치관 형성하기	• 자연환경이 인간에게 미치는 영향 알아보기 • 멸종 위기의 동물 알아보고 지킬 수 있는 방법 이야기하기 • 멧돼지 이야기를 통해 자연과 공존할 수 있는 방법 찾아보기
환경구성	자연환경	• 자연환경(물, 흙, 공기)의 중요성 인식하기 • 환경과 생태계의 관계 알기(동식물도 환경에 의해 성장한다) • 자연환경과 인간생활과의 관계 이해하기	• 아름다운 자연에 관한 그림이나 사진 보기 • 물이나 공기가 없다면 어떻게 될지 알아보기 • 지렁이가 우리에게 주는 유익한 점에 관해 알아보기
	생활환경	• 우리 주변의 생활환경에 관심 가지기(주변 환경 청결 유지하기) • 생활환경과 인간생활과의 관계 이해하기 • 친환경적 생활환경 이해하기	• 우리 동네의 환경 사진 찍고 이야기해 보기 • 유아교육기관 실외 놀이터를 친환경으로 만들기
환경문제 인식	환경오염	• 환경 보호와 환경오염(공기, 물, 흙, 소리, 빛 등) 방지에 관심 가지기 • 환경오염이 인간 생활과 생태계에 미치는 영향에 대해 관심 가지기	• 오염된 물에서 기른 물고기, 초의 그을림 등의 경험으로 오염된 환경이 왜 나쁜지 느껴보기 • 유아 주변의 공해에 대해 알아보기
	기후 변화 및 지구 온난화	• 기후 변화 및 그 원인에 관심 가지기 • 지구 온난화가 생태계에 미치는 영향에 관심 가지기 • 기후 변화가 인간의 삶에 미치는 영향에 관심 가지기	• 지구 온난화의 사례를 찾고 이야기해 보기 • 생태계의 위험을 나타내는 노래, 동화 배우기 • 나무 훼손의 사진을 보고 결과 예측하여 이야기해 보기 • 자원낭비를 줄이는 방법에 대한 캠페인 만들기
	자원고갈 및 생태계 파괴	• 기후변화, 환경문제로 인해 사라지는 동식물 알아보기 • 자원 낭비 알아보기	
환경보호의 태도와 실천	바른 식생활	• 바른 식생활하기 • 유아교육기관, 가정, 외식에서 음식물 쓰레기 줄이기	• 음식물 쓰레기 줄이는 방법 찾아보기

개념	하위개념	내용	활동
환경보호의 태도와 실천	자원 절약 및 재활용	• 여러 가지 물건을 아껴 쓰기 • 에너지 절약을 생활 속에서 실천하기 • 생활 속에서 재활용, 재사용 실천하기	• 부서진 장난감 수선하여 사용하기 • 사용하지 않는 장난감이나 물건을 찾아 친구와 교환하기 • 수돗물 잠그기, 전기 아껴 쓰기, 자기 물건 정리정돈하기, 필요한 만큼 사용하기, 고쳐서 사용하기, 물건 소중히 다루기 등을 습관화 할 수 있도록 매일의 활동 계획하기
	신재생 에너지	• 신재생 에너지(햇빛, 물, 바람 등)에 관심 가지기 • 생활 속에서 신재생 에너지 이용해보기	• 전기차와 수소차에 대해 알아보기 • 태양열 에너지와 풍력 발전 에너지에 대해 알아보기

5) 다문화

(1) 다문화교육의 개념

'다문화'란 한 사회 안에 여러 민족이나 여러 국가의 문화가 혼재하는 것을 말한다(국립국어원 표준국어대사전, 2020). 다문화교육이란 다른 문화를 인정하는 것뿐만 아니라, 문화적 다양성을 가치 있는 자원으로 인식하고 이를 지원·확장하기 위한 교육이다(박찬옥 외, 2020). 다문화 속에서 살아가는 영유아들은 어린 시기부터 인종, 외모, 민족, 성, 사회계층 등에 대한 편견이나 고정관념에 노출되어 있다. 이에 다양한 문화, 민족, 성, 사회계층의 배경을 가진 영유아에게 공평한 교육 기회를 제공하고 교육과정의 변화를 시도하는 다문화교육이 필요하다.

다문화교육은 질 좋은 유아교육을 위한 조건이면서 동시에 가능하면 빠른 시기에 시작해야 한다. 그 이유는 다음과 같다(구경선 외, 2011).

첫째, 유아기는 자기의 문화와 종족에 대한 정체성이 형성되는 시기이다. 유아기의 자기중심적 사고의 발달 특성은 주변 사람들의 가치, 생각, 행동방식을 당연한 것으로 여기고 자기문화 중심적 사고를 하기 때문에 유아기에 다문화를 이해하고 존중하도록 하는 다문화교육이 이루어져야 한다.

둘째, 영아기에 이미 사회적 대상에 대한 차이를 인식하기 시작하기 때문에 타인에 대한 부정적 시각도 이때부터 나타난다. 즉 외모, 인종에 대한 선호도가 형성되며, 이에 대한 고정관념이나 편견도 나타나기 시작한다.

셋째, 영유아를 위한 다문화교육은 어떠한 편견이나 고정관념이 형성되지 않은 시기에 자신의 사회문화에 대한 이해와 더불어 다른 사람들의 문화, 사회, 성, 인종 등의 차이를 인식하고 이해할 수 있는 힘을 기르는 데 중점을 두어야 한다. 영유아의 다문화 개념의 발달과정을 살펴보면 다음과 같다(교육인적자원부, 2007; 양옥승, 2010).

표 5-9 유아기 다문화 개념의 발달

연령	다문화 개념 발달
0~6개월	• 피부색의 차이에 주목함
6개월~2세	• 24개월 이전에 자신과 타인을 구별하기 시작함
2~3세	• 신체적 특징, 의복, 언어, 정치적 성향에 기초하여 사람 사이의 차이점과 유사점을 인식하기 시작함 • 성이나 신체적 장애, 인종적 측면에서 초보적 편견이 나타나기 시작함 • 3세경부터 사회적 기준이나 편견에 의해 영향을 받으며, 민족 정체성에 관한 관심이 생기기 시작함
4~7세	• 4세경 인종, 성에 대한 정체성을 형성함 • 5세경 고정관념, 인종적 편견, 부당한 사회적 행위의 문제, 민족이나 성별에 따른 문화 차이를 이해함 • 6세경 교육을 통해 인종, 민족, 성별 차이 이외에 계층, 장애, 지역에 따른 문화 차이를 이해하고, 공동체 구성원으로서 자기 자신을 인식함

(2) 다문화교육의 내용

유아기의 다문화교육은 인종, 성, 사회적 지위, 성, 종교, 이념에 따른 문화를 동등한 가치로 인식하며 다른 문화에 대한 편견을 줄이고 다양한 문화를 이해하기 위한 지식, 태도, 가치를 기르는 데 중점을 두고 있다(김영옥, 김우영, 2018). 유아를 위한 다문화교육의 내용을 살펴보면 다음과 같다.

① 다양성

다양성이란 인종, 민족, 종교, 성, 피부색 등 개인적 특성이 다른 것으로 개인의 능력이나 관심, 학습 스타일, 성장 배경, 선호 등에서 나타나는 차이를 말한다. 유아기의 다양성 개념 발달은 자신과 다른 사람 사이의 차이점을 발견하는 데서 시작한다. 다양성 인식교육의 내용은 다음과 같다.

- 문화의 다양성 인식 측면에서 문화 간의 유사점과 차이점의 특징 알기, 각 문화에 대한 이해심 및 존중심 기르기, 문화 간 긍정적 태도 발달시키기
- 다양한 개인과 집단의 존재 인정하기
- 다양성을 존중하는 마음 갖기
- 이 세상은 여러 나라로 구성되어 있고 다양한 사람이 있음
- 각 나라는 각기 다른 풍습과 생활 모습을 갖고 있음

② 정체성

유아기에는 자아개념을 통해 자아인식이 이루어지며, 자아정체성이 발달하기 시작한다. 자신의 외모, 특징, 성격이 소중한 것처럼 다른 사람의 것도 소중하다는 것을 인식하게 된다. 또한 유아 자신의 인종, 국적 등에 대해 알고 우리 문화의 자랑거리를 찾아보며 긍정적인 자아개념을 형성시킬 수 있다. 정체성 형성을 돕는 교육 내용은 다음과 같다.

- 유아가 속한 집단 정체성 형성
- 유아의 문화 정체성에 대한 긍정적인 자아개념과 자아정체감 형성
- 우리 문화에 대한 관심과 친밀감을 가짐

③ 반편견교육

영유아가 문화뿐만 아니라 개인의 외모와 능력, 성, 연령, 장애 등에 차이를 이해하고 차별하거나 편견을 갖지 않도록 교육해야 한다. 편견의 문제 상황이 어떠한 상황인지, 그런 상황에서 느끼는 부당함을 이해하고 대처할 수 있는 능력을 함양하도록 지도해야 한다. 이를 위해 일상에서 문제 상황에 대한 토론 등을 통해 문제점을 인식하고, 해결 방안을 유아들의 수준에서 찾아가도록 지도한다(최현정 외, 2020).

- 선입견, 편견, 고정관념 및 차별에 관한 비판적 사고 형성하기
- 편견 문제에 직면했을 때 대처 능력 기르기
- 인류의 여러 인종에 대한 친밀감과 관심을 가짐

④ 평등성

인종, 출신 국가, 성별, 사회계층 등에 관계없이 모든 사람은 소중하다는 내용이다. 다양한 문화와 그에 속한 사람들의 유사점에 초점을 맞춘다. 즉, 눈에 보이는 국가, 민족, 인종, 성, 신체적 능력, 사회계층은 다르나 인간은 모두 평등하다는 가치를 이해하도록 지도한다.

- 국가, 민족, 인종, 성, 신체적 능력, 사회계층은 다르지만, 인간은 모두 평등하다는 가치를 형성함
- 사람들 사이의 공동선과 유사점을 인식하기
- 다른 나라 사람들도 우리처럼 생활함(의, 식, 주)
- 다른 나라 사람들도 우리처럼 생각하고 느낌

- 다양한 개인과 집단에 대한 이해와 존중을 바탕으로 긍정적인 태도와 가치를 형성함

⑤ 상호의존성과 협력

인간은 다른 사람, 더 나아가 자연세계와 동식물과도 서로 의존하며 살아간다. 우리는 혼자 살 수 없으며 서로 도움을 주고받으면서 살고 있다는 점을 인식시킨다. 또한 이질적인 구성원으로 구성된 집단 내에서도 원만하게 의사소통하며 긍정적인 상호작용을 할 수 있도록 하는 내용이다.

- 공동체를 유지하기 위한 사람들의 노력과 일에 대한 이해
- 다양한 사람들과의 상호작용 능력 증진시키기
- 다양한 사람들과 협동 능력 증진시키기

chapter **6**

영유아 사회교육과정

1. 영유아 사회교육과정의 이해
2. 영유아 사회교육의 교수-학습 방법 및 평가

1. 영유아 사회교육과정의 이해

1) 표준보육과정의 사회관계 영역

표준보육과정은 0~5세 영유아를 위한 국가 수준의 보육과정으로 0~1세 보육과정, 2세 보육과정, 3~5세 보육과정(누리과정)으로 구성된다. 0~1세 표준보육과정과 2세 표준보육과정은 기본생활, 신체운동, 의사소통, 사회관계, 예술경험, 자연탐구의 6개 영역으로 구성된다.

어린이집 표준보육과정의 목적은 유아가 놀이를 통해 심신의 건강과 조화로운 발달을 이루고 바른 인성과 민주시민의 기초를 형성하는 데 있다(보건복지부, 2020). 영유아 사회교육과 관련된 '사회관계' 영역의 목표와 내용과 내용체계에 대해 살펴보자.

(1) 사회관계 영역의 목표

① 0~1세

0~1세 사회관계 영역에서는 영아가 다른 사람과 분리된 자신을 고유한 존재로 인식하고 친숙한 성인과 안정적인 애착을 형성하여 어린이집에서 또래와 교사와 함께 잘 지내는 것을 목표로 한다. 이에 따라 영아가 자신을 인식하고 주변의 친숙한 사람과 관계 맺는 경험을 하는 데 중점을 둔다. 0~1세 표준보육과정 사회관계 영역의 목표는 다음과 같다.

나를 인식하고, 친숙한 사람과 관계를 맺는다.

① 나를 고유한 존재로 안다.
② 안정적인 애착을 형성하고, 또래, 교사와 함께 지낸다.

② 2세

2세 영아는 자신과 다른 사람을 구별하게 되고, 여러 가지 감정을 표현할 수 있으며 다른 사람의 감정이나 생각이 자신과 다를 수 있다는 것을 알게 된다. 따라서 자신이 좋아하는 것이 생기고, 스스로 선택한 놀이를 해보면서 고유성과 독특성을 알게 된다. 2세 표준보육과정 사회관계 영역은 영아가 자신을 독립된 존재로서 자신을 알고 긍정적으로 느끼며, 다른 사람과 더불어 생활하면서 사회관계의 기초를 기르는 것을 목표로 한다. 2세 표준보육과정 사회관계 영역의 목표는 다음과 같다.

> 나를 알고, 다른 사람과 더불어 생활하는 경험을 한다.
>
> ① 나를 알고 긍정적으로 여긴다.
> ② 다른 사람과 즐겁게 지내기 위한 태도를 기른다.

(2) 사회관계 영역의 내용과 내용범주

0~1세 사회관계 영역은 영아가 자신을 인식하고 주변의 친숙한 사람과 관계를 맺는 경험을 위해 '나를 알고 존중하기', '더불어 생활하기'의 두 가지 내용범주로 구성된다.

2세 사회관계 영역은 영아가 자신이 다른 사람과 다르다는 것을 알고 자신을 긍정적으로 인식하며 다른 사람과 생활하며 즐겁게 지내도록 하기 위해 '나를 알고 존중하기', '더불어 생활하기'의 두 가지 내용범주로 구성되어 있다(보건복지부, 2020). 0~1세와 2세의 사회관계 영역의 내용범주와 세부 내용을 구체적으로 살펴보면 다음과 같다.

① 0~1세

'나를 알고 존중하기'는 0~1세 영아가 자신을 인식하고 기본적인 욕구와 감정을 나타내며 자신에게 친숙한 것을 알아가는 내용으로 '나를 인식한다', '나의 욕구와 감정을 나타낸다', '나와 친숙한 것을 안다'의 내용으로 구성되어 있다.

'더불어 생활하기'는 0~1세 영아가 교사와 안정적인 애착을 형성하고 또래와 다른 사람에게 관심을 가지면서 반에서 편안하게 지내는 것을 경험하는 것으로 '안정적인 애착을 형성한다', '또래에게 관심을 가진다', '다른 사람의 감정과 행동에 관심을 가진다', '반에서 편안하게 지낸다'의 내용으로 구성되어 있다. 그 내용을 살펴보면 다음과 같다.

표 6-1 0~1세 사회관계 영역의 내용범주와 내용

내용범주		내용
나를 알고 존중하기	나를 알고 인식한다.	자신의 몸을 스스로 움직이기 시작하면서 자신의 신체를 탐색하고, 교사와 개별적으로 상호작용하는 일상적 경험을 통해 자신을 다른 사람과 독립된 존재로 인식하는 내용이다.
	나의 욕구와 감정을 나타낸다.	자신의 생리적 욕구와 감정을 나타내고 이에 대한 민감하고 따뜻한 반응과 돌봄을 받는 경험을 통해 자신의 욕구와 감정표현에 익숙해지는 내용이다.
	나와 친숙한 것을 안다.	이름이나 친숙한 물건 등 자기에게 속한 것이 있다는 것을 일상에서 경험하면서 자신의 고유성을 인식하는 내용이다.
더불어 생활하기	안정적인 애착을 형성한다.	교사에게 정서적 유대와 심리적 안정감을 느끼고 자신의 욕구와 관심을 표현함으로써 자신이 안전하게 보호받고 있다는 것을 인식하는 내용이다.
	또래에게 관심을 가진다.	교사 외에 다른 영아와 함께 지내는 경험을 통해 자연스럽게 자신과 구별되는 다른 존재가 있다는 것을 인식하고 또래에게 관심을 가지는 내용이다.
	다른 사람의 감정과 행동에 관심을 가진다.	주변의 다른 사람이 표현하는 감정과 행동을 보고 자신이 여러 가지 감정을 표현하는 것처럼 다른 사람도 감정과 행동을 나타내는 존재임을 알고 관심을 가지는 내용이다.
	반에서 편안하게 지낸다.	자신이 속한 반의 쾌적한 환경, 반응적인 교사, 불편함을 주지 않는 또래, 규칙적인 일과 운영 속에서 생활하며 정서적 안정감을 가지고 편안하게 지내는 내용이다.

② 2세

'나를 알고 존중하기'는 2세 영아가 자신을 다른 사람과 구별하고 자신의 여러 가지 감정을 표현해 보며 스스로 선택한 놀이를 즐겁게 해봄으로써 자신을 긍정적으로 여기도록 하는 내용으로 '나와 다른 사람을 구별한다', '나의 감정을 표현한다', '내가 좋아하는 것을 한다'의 내용으로 구성되어 있다.

'더불어 생활하기'는 2세 영아가 가족에게 관심과 특별한 감정을 갖고, 또래와 함께 놀이하며, 다른 사람의 감정과 행동에 적절하게 반응하고, 반에서의 기본적인 규칙과 약속을 지킬 수 있도록 하며 사회관계의 기초를 형성하는 내용으로 '가족에게 관심을 가진다', '또래와 함께 놀이한다', '다른 사람의 감정과 행동에 반응한다', '반에서의 규칙과 약속을 알고 지킨다'의 내용으로 구성되어 있다. 구체적인 내용은 다음과 같다.

표 6-2 2세 사회관계 영역의 내용범주와 내용

내용범주		내용
나를 알고 존중하기	나와 다른 사람을 구별한다.	자신과 다른 사람의 신체적 특징, 능력, 성별 등을 바탕으로 구별함으로써 자신이 고유한 존재임을 인식하도록 하는 내용이다.
	나의 감정을 표현한다.	즐거움이나 기쁨, 슬픔이나 두려움, 화남 등 자신의 욕구나 감정을 인식하고 다른 사람이 알도록 적절한 말과 표정, 행동으로 표현할 수 있도록 하는 내용이다.
	내가 좋아하는 것을 한다	자신이 좋아하는 것, 관심이 생기는 것을 찾아 직접 해보는 경험을 통해 자신이 스스로 무엇을 한다는 것에 만족감을 느끼며 자신에 대한 긍정적인 인식을 하게 하는 내용이다.
더불어 생활하기	가족에게 관심을 가진다.	주변의 친숙한 사람 중에서도 가족이 보다 특별한 대상임을 알고 가족에게 소속감, 애정을 가지고 표현할 수 있도록 하는 내용이다.
	또래와 함께 놀이한다.	또래와 함께 놀이하는 경험을 통해 또래에게 자연스럽게 관심을 가지고 또래의 모습과 행동을 모방하면서 또래관계를 익히도록 하는 내용이다.

내용범주		내용
더불어 생활하기	다른 사람의 감정과 행동에 반응한다.	다른 사람의 기쁨이나 즐거움과 같은 긍정적인 감정뿐만 아니라 슬픔, 화남, 두려움, 아픔 등의 부정적인 감정을 알아차린다. 상대방의 감정에 같이 기뻐하고, 공감하며, 돕거나 위로를 하는 등의 반응을 할 수 있도록 돕는 내용이다.
	반에서의 규칙과 약속을 알고 지킨다.	자신이 자주 경험하는 상황에서 지켜야 할 간단한 규칙이나 약속이 있다는 것을 인식하고 이를 스스로 지키고자 노력하도록 돕는 내용이다.

2) 2019 개정 누리과정의 사회관계 영역

2019 개정 누리과정은 3~5세 유아를 위한 국가 수준의 공통교육과정이다. 국가 수준의 공통교육과정이란 유치원과 어린이집에 다니는 3~5세 유아를 대상으로 누리과정을 운영할 때 우선적으로 고려해야 할 공통적이고 일반적인 기준을 포함한다.

누리과정의 목적은 유아가 놀이를 통해 심신의 건강과 조화로운 발달을 이루고 바른 인성과 민주시민의 기초를 형성하는 데 있다.

개정 누리과정은 신체운동·건강, 의사소통, 사회관계, 예술경험, 자연탐구의 5개 영역으로 구성된다. 누리과정의 5개 영역은 교사가 가르쳐야 할 내용이 아니라 유아가 경험하며 스스로 배우는 내용을 말한다.

(1) 누리과정 사회관계 영역의 목표

유아는 자신을 소중히 여기고 주변 사람과 관계를 맺어 나가며 다른 사람을 배려하고 존중한다. 유아는 자신이 살고 있는 사회와 세상에 대해 알고 싶어한다.

2019 개정 누리과정 사회관계 영역은 유아가 자기 자신과 다양한 삶의 모습을 이해하

고, 다른 사람과 더불어 살아가는 데 필요한 의미 있는 경험과 관련된 내용이다. 교사는 유아가 자신을 소중하고 가치 있는 사람으로 여기고 다른 사람과 더불어 살아가는 방법을 익히도록 돕는다. 뿐만 아니라 유아가 자신이 속한 사회와 주변 세계에 대해 관심을 가지고 적응해 나갈 수 있도록 지원한다. 누리과정의 사회관계 영역의 목표는 다음과 같다(교육부, 보건복지부, 2019). 개정 누리과정 사회관계 영역의 목표를 살펴보면 다음과 같다(교육부, 보건복지부, 2019).

자신을 존중하고 더불어 생활하는 태도를 가진다.

① 자신을 이해하고 존중한다.
② 다른 사람과 사이좋게 지낸다.
③ 우리가 사는 사회와 다양한 문화에 관심을 가진다.

(2) 사회관계 영역의 내용범주의 내용

누리과정의 사회관계 영역은 유아가 자신을 알고 소중하게 여기며 가족, 또래와 함께 원만하게 지내는 방법뿐만 아니라 공동체에서 더불어 생활하는 방법을 익히고 사회에 관심을 갖는 것을 주요 내용으로 다루는 영역이다. 사회관계 영역의 내용범주는 '나를 알고 존중하기', '더불어 생활하기', '사회에 관심 가지기'의 세 가지로 구성된다(교육부, 보건복지부, 2019). 누리과정 사회관계 영역의 내용범주와 내용은 다음과 같다.

표 6-3 누리과정 사회관계 영역의 내용범주와 내용

내용범주		내용
나를 알고 존중하기	나를 알고 소중히 여긴다.	자신을 나타내는 나이, 성별, 모습 등에 대해 알고, 자신을 소중히 여기며 가치 있는 존재로 느끼는 내용이다.
	나의 감정을 알고 상황에 맞게 표현한다.	자신의 감정에 대해 알고 다양한 상황에서 자신의 감정을 적절하게 표현하는 내용이다.
	내가 할 수 있는 것을 스스로 한다.	자신이 할 수 있는 일을 알고 자신감을 가지며 자율적으로 실천해 가는 내용이다.
더불어 생활하기	가족의 의미를 알고 화목하게 지낸다.	가족구성원을 알고, 가족과 함께 생활하며, 가족은 서로 돕고 살아간다는 것을 경험하는 내용으로 가족구성원이 다양함을 이해하고 존중하는 내용이다.
	친구와 서로 도우며 사이좋게 지낸다.	친구들과 함께 놀이하는 즐거움을 느끼고 친구와 서로 도우며 배려하고 협력하며 더불어 살아가는 내용이다.
	친구와의 갈등을 긍정적인 방법으로 해결한다.	친구와 갈등이 생겼을 때 자신의 감정과 생각을 제대로 표현하고, 배려, 양보, 타협 등을 통해 해결하는 내용이다.
	서로 다른 감정, 생각, 행동을 존중한다.	다른 사람의 감정, 생각, 행동에 관심을 갖고 감정, 생각, 행동이 서로 다를 수 있음을 이해하고 존중하는 내용이다.
	친구와 어른께 예의 바르게 행동한다.	친구와 어른께 배려, 존중, 공경하는 마음을 담아 예절을 실천하는 내용이다.
	약속과 규칙의 필요성을 알고 지킨다.	다른 사람과 더불어 살아가는 데 필요한 약속과 규칙이 있음을 이해하는 내용이다. 상황에 따라 필요한 약속과 규칙을 의논하여 정하고 지키는 내용이다.
사회에 관심 가지기	내가 살고 있는 곳에 대해 궁금한 것을 알아본다.	유아가 자주 접하는 가까운 주변 지역과 이웃에 대해 관심을 가지고, 궁금한 것을 알아보며, 지역구성원으로서 유대감과 소속감을 느끼는 내용이다.
	우리나라에 대해 자부심을 가진다.	유아가 우리나라의 전통에 익숙해지고, 우리나라의 상징, 언어, 문화 등을 경험하면서, 우리나라에 대해 자랑스러운 마음을 가지는 내용이다.
	다양한 문화에 관심을 가진다.	유아가 다른 나라의 다양한 문화와 생활 양식에 대해 관심을 가지고, 문화의 다양성을 이해하며 존중하는 내용이다.

출처: 교육부, 보건복지부(2019)

2. 영유아 사회교육의 교수-학습 방법 및 평가

1) 영유아 사회교육의 교수-학습 원리

교수-학습이란 가르치고 배우는 행위를 말한다. 영유아에게 있어 교수-학습은 가르치는 것과 배우는 것으로 분리된 것이 아니라 다양한 경험을 하면서 상호작용한다는 의미가 강하다. 이는 개정 누리과정(교육부·보건복지부, 2019)이 제시한 교수-학습 원리에도 잘 드러난다.

교수-학습은 영유아가 즐겁게 놀이하며 스스로 배울 수 있도록 교사가 지원해야 할 사항이다. 개정 누리과정의 교수-학습 원리는 다음과 같다(교육부, 보건복지부, 2019).

① 유아가 흥미와 관심에 따라 놀이에 자유롭게 참여하고 즐기도록 한다.
② 유아가 놀이를 통해 배우도록 한다.
③ 유아가 다양한 놀이와 활동을 경험할 수 있도록 실내외 환경을 구성한다.
④ 유아와 유아, 유아와 교사, 유아와 환경 간에 능동적인 상호작용이 이루어지도록 한다.
⑤ 5개 영역의 내용이 통합적으로 유아의 경험과 연계되도록 한다.
⑥ 개별 유아의 요구에 따라 휴식과 일상생활이 원활하게 이루어지도록 한다.
⑦ 유아의 연령, 발달, 장애, 배경 등을 고려하여 개별 특성에 적합한 방식으로 배우도록 한다.

개정 누리과정에서 제시한 교수-학습 내용을 기초로 영유아 사회교육의 원리를 살펴보면 다음과 같다(최현정 외, 2020).

첫째, 영유아를 위한 사회교육은 흥미로워야 한다. 개정 누리과정에서는 영유아가 자신의 흥미와 관심에 따라 자유롭게 참여하고 주도하는 놀이를 강조하였으며 교사는 놀이에 대한 이해를 바탕으로 유아가 주도하는 놀이를 지원해야 한다고 하였다.

둘째, 놀이 중심으로 이루어져야 한다. 영유아는 놀이에 자발적으로 참여하면서 삶에 필요한 지식과 기술, 태도를 발달시킨다. 이를 위해 교사는 영유아의 놀이가 사회학습으로 연결되도록 영유아 스스로가 의미 있는 놀이를 선택하고 참여하며 활동에 몰입할 수 있도록 격려하며, 필요시 영유아를 지원하고 안내하는 역할을 한다.

누리과정에서도 놀이를 통한 학습을 강조하고 있다. 유아의 놀이는 교사가 어떻게 지원하느냐에 따라 유의미한 배움이 될 수 있기 때문에 교사의 역할이 중요하다.

셋째, 영유아 사회교육은 일상 경험에서부터 시작해야 한다. 영유아는 유아교육기관에서 반복되는 일상생활을 통해 기본생활습관, 안전, 인성 등 그 사회의 여러 관습과 행위, 가치 등을 습득하게 되고, 타인과 더불어 살아가는 데 필요한 사회적 기술, 태도, 지식, 가치를 경험하고 배우게 된다.

영유아는 일상생활 속에서 일어나는 흥미와 관심, 질문, 갈등 해결 등은 유아에게 직접적이고 구체적이며 의미 있는 경험이 된다. 영유아는 이러한 경험을 통해 사회 현상에 대한 여러 가지 개념들을 형성하게 된다. 이에 교사는 자율성을 바탕으로 영유아의 놀이 상황과 맥락에 따라 다양한 방식으로 융통성 있게 유아의 경험과 연계하여 지원할 필요가 있다(교육부, 보건복지부, 2019).

넷째, 영유아 사회교육은 유아와 유아, 유아와 교사, 유아와 환경 간의 상호작용이 이루어지도록 한다. 영유아는 놀이를 하면서 또래 친구와 교사, 주변 환경 등과 적극적으로 상호작용하고 세상을 이해하며 배워나간다. 교사는 영유아가 놀이에서 만나는 다양한 관계에 관심을 기울이고 함께 상호작용하며 배움을 지원해야 한다(교육부, 보건복지부, 2019).

다섯째, 통합적으로 이루어져야 한다. 통합이란 신체, 정서, 언어, 사회성 등의 발달과 관련된 통합, 개별 교과로의 분절이 아닌 여러 교과를 통합한 교육, 유아교육기관과 지역사회와의 긴밀한 관계성을 갖고 진행하는 지역사회와의 통합, 이외에도 학습 주제를 중심으로 여러 학문 내용 간의 통합, 활동시간을 분절하지 않고 자연스럽게 연결되는 일과의 통합 운영을 통해 영유아가 효과적인 교육적 경험을 하도록 하는 것이다. 개정 누리과정은 5개 영역의 내용이 영유아가 놀이를 하며 통합적으로 경험하는 것임을 강조하며, 5개 영역의 내용은 정해진 주제 이외에도 유아의 관심과 흥미에 따라 다양하게 통합될 수 있다고 하였다(교육부, 보건복지부, 2019).

여섯째, 영유아의 개별 특성과 요구를 고려해야 한다. 영유아는 서로 다른 관심과 능력을 가지고 있고 다양한 맥락 속에서 자신만의 방식으로 놀이하며 배운다. 그러므로 교사는 영유아의 관심과 발달 수준을 고려한 다양한 수준의 활동을 제공하여 영유아가 적절한 활동을 선택하도록 해야 한다. 또한 영유아의 개별적 요구를 수용함으로써 영유아의 자율성과 다양성이 촉진될 수 있도록 한다(최현정 외, 2020).

- 영유아를 위한 학습은 집단이 아닌 각각의 개별적 존재로 인정해야 하고, 각 개인의 학습 스타일에 맞는 교육 방법을 제공한다.
- 개별 영유아는 인지적 능력, 신체 및 정서적 특성, 관심과 흥미, 기질에 있어 많은 차이를 보인다.
- 개별 영유아를 위한 교수 방법으로는 각각의 영유아의 능력과 학습스타일에 따른 개별 지도 방법과 영유아가 속한 학습 공동체에서 각 영유아의 개성을 살려 또래와 함께 활동하게 하는 방법이 있다.

2) 영유아 사회교육의 교수-학습 방법

(1) 토의

토의는 여러 사람이 관심이 있는 문제에 대해 검토하고 협의하는 것으로, 참여자가 서로 의견을 말하고 들으면서 문제를 해결해 나가는 활동이다(차경수, 모경환, 2017). 토의의 본질은 개인이 자신의 시각을 되돌아보고 타인과 공유하도록 하는 상호작용이라 할 수 있다. 토의의 교육적 의의는 다음과 같다(조운주, 최일선, 2017; 최혜진 외, 2021).

- 자신의 의견과 감정을 말로 표현해 봄으로써 친구들의 의견과 비슷한 감정에 공동체의식을 가질 수 있다.
- 일상생활 중에서 당면하는 갈등을 합리적으로 해결하는 방법을 안다.
- 집단생활 속에서 공통된 관심거리나 문제점을 해결함으로써 집단행동의 기능을 강화한다.
- 토의하는 과정에서 자신에 대한 통찰을 통해 자기 발전의 계기를 마련할 수 있다.
- 자신의 느낌을 자유롭게 표현하고 다른 사람의 느낌이나 생각을 수용함으로써 상호 간의 인격과 권리를 존중하는 사회적 학습이 이루어진다.
- 크고 작은 갈등과 분쟁을 해결하는 경험을 통해 민주시민의 자질을 형성할 수 있다.

효율적인 토의가 이루어지기 위해서는 사전에 충분한 준비와 계획이 필요하다. 교사는 영유아 간의 활발한 상호작용을 통해 다양한 생각들과 질문들이 자유롭게 오고 가도록 다음과 같은 점에 유의하여야 한다(김영옥, 2020; 이영미 외, 2021).

- 참여도를 높이기 위해 토의에 참여하는 집단은 5~10명이 적합하다.
- 효율적인 상호작용을 위해 서로 얼굴을 볼 수 있도록 둥글게 앉는다.
- 상대의 의견을 주의 깊게 듣고, 상반된 견해가 있더라도 객관적이고 수용적인 태도를 갖도록 한다.
- 적절한 토의시간은 연령에 따라 다르지만 약 10~20분 이내로 한다.
- 교사는 토의가 주제에 벗어나면 주제를 명료하게 환기시킨다.
- 모든 참여자가 토의에 공헌하고 있다고 느낄 수 있도록 지지적인 분위기를 조성한다.

- 토의에 참여하지 않거나 일방적으로 주도하는 영유아를 적절하게 안내한다.

(2) 사회극놀이

사회극놀이는 영유아가 사회 내의 다양한 상황이나 역할을 상상을 통해 이야기식의 가상활동으로 전개하는 가작화 놀이를 말한다. 사회극놀이는 영유아의 사회·정서적 발달과 학습에 긍정적인 영향을 준다. 영유아는 사회극놀이를 통해 자신의 감정을 표현하고 타인의 반응과 감정을 이해할 수 있는 기회를 가질 수 있다. 또한 다양한 상황을 연출해 봄으로써 문제해결 능력과 의사소통 능력, 창의적 능력을 발달시키게 된다.

사회극놀이의 교육적 가치는 다음과 같다(조운주, 최일선, 2017; 최혜진 외, 2021).

- 일상생활의 문제를 해결할 수 있는 능력을 기른다.
- 친사회적 의사결정 능력과 행동을 발달시킨다.
- 다른 사람의 입장을 이해하는 데 필요한 타인 조망 능력을 발달시킨다.
- 인지적 사고의 발달을 돕는다.
- 언어적 표현 능력과 타인과의 의사소통기술이 발달된다.
- 의미 있는 방법으로 학습 기술과 개념을 학습한다.
- 각본 없이 창의적으로 극놀이를 진행하면서 추상적인 사고와 창의성이 발달한다.
- 다양한 역할을 경험함으로써 사회적 기술과 통찰력을 발달시킨다.
- 심리적인 갈등 요소를 밖으로 표출시킴으로써 갈등이나 긴장이 해소된다.

사회극놀이를 효과적으로 진행하기 위해 다음과 같은 점을 고려하도록 한다(최현정 외, 2020; 이영미 외, 2021; 김희태 외, 2021).

첫째, 영유아의 발달 수준과 흥미에 따른 주제를 선정하고 그와 관련된 소품과 자료를 충분히 준비한다. 필요할 경우 영유아가 극놀이 자료를 직접 만들 수도 있고 주변의 다양한 물건을 적절하게 활용할 수도 있다.

둘째, 충분한 시간과 공간을 제공한다. 영유아가 놀이를 충분히 할 수 있도록 시간과 공간의 제한을 두지 않는다. 다양한 영역을 활용할 수 있도록 공간을 개방하고 충분히 극놀이를 즐길 수 있도록 놀이 운영시간을 준다.

셋째, 사회극놀이를 촉진하고 몰입할 수 있는 분위기와 환경을 조성한다. 영유아가 놀이 주제, 다양한 역할, 새로운 아이디어 등을 자유롭게 제시할 수 있도록 격려한다.

넷째, 사회극놀이 활동이 다른 영역과 통합적으로 이루어질 수 있도록 한다. 사회극놀이는 역할놀이 영역에서 주로 이루어지지만, 상황에 따라 다른 영역과의 놀이 연계가 자연스럽게 이루어지도록 한다.

다섯째, 사회극놀이를 관찰하고 이를 확장시킬 수 있도록 한다. 영유아들의 놀이 확장을 지원하기 위해 관찰한 내용을 기록하고 영유아의 학습을 돕기 위한 자료로 활용해야 한다. 문제가 발생할 경우 유아들이 해결할 수 있도록 하며 해결과정을 관찰한다. 교사의 지원이 필요할 경우 언어적이고 친사회적인 기술로 해결할 수 있도록 돕고 놀이가 지루해지고 끊어질 경우 개입해 확장시킬 필요가 있다.

(3) 현장학습

현장학습은 영유아가 주변 세계를 탐색하고 사회의 다양한 현상 및 사건에 관해 관심을 가지며 사회적 기술을 향상시킬 수 있도록 하는 능동적인 학습활동이다. 영유아는 현장학습을 통해 사회현상을 직접 경험하고 정보를 수집하며 사회에 관심을 갖게 된다. 또한 구체적인 체험 활동이 영유아가 사회적 지식을 이해하는 데 도움을 주고 대상에 대한 관심과 흥미를 높일 수 있다. 영유아는 현장학습을 통하여 관찰하기, 자료 수집하기, 분류 및 조직하기, 해석하기, 결론 내리기 등의 사회학습기술을 발달시킬 수 있다.

현장학습이 교육적 가치가 있는 교육활동이 되기 위해서는 철저한 계획 수립과 준비가 필요하다. 현장학습은 사전 준비, 사전활동, 본활동, 사후활동으로 연계하여 진행한다. 이에 각 단계에서 고려해야 할 점은 다음과 같다(구경선 외, 2011; 김영옥, 2020; 조순옥 외, 2020; 최현정 외, 2020; 김희태 외, 2021; 이영미 외, 2021).

① 사전 준비

- 현장학습의 교육적 목표와 취지를 정확히 하고 가장 적합한 장소를 선정한다.
- 현장학습 장소를 사전에 답사하여 현장학습 내용, 소요 시간, 화장실, 물과 간식 먹을 곳, 안전문제 등을 점검한다. 이때 안내 책자 등을 가져와 사전활동에 활용하면 좋다.
- 사전답사에 기초해 교통편을 결정하고 학부모에게 현장학습에 대한 장소, 일시, 내용, 목적, 준비물 등이 기재된 안내문을 배부하고 서명한 동의서를 받는다.
- 비상 상황이 발생했을 때 연락할 수 있는 연락망을 준비하여 차량에 비치하고, 여벌 옷, 물, 간식, 물티슈, 구급약품, 일정표, 필기도구, 비상연락망, 돗자리, 쓰레기 봉투 등의 필요한 물품을 준비한다.
- 현장학습을 지원해 줄 인적자원을 교섭하고, 날씨 변화에 따른 대체활동을 계획한다.
- 차량의 보험 가입 및 안전점검 여부, 운전자의 연락처 및 운전 경력 등을 확인한다.

② 사전활동

- 영유아와 함께 현장학습할 곳에 관하여 그림, 사진, 슬라이드 등을 활용하여 이야기 나눈다.
- 현장학습에 필요한 복장, 태도, 안전규칙, 예절 등에 대해 이야기 나눈다.
- 현장학습에서 알아보고 싶은 것에 대한 질문을 기록해 놓는다.
- 공공건물의 사용법 및 예절, 계단을 바르게 오르내리는 법, 이동 차량의 승·하차 시 태도에 대해 이야기 나눈다.
- 현장학습의 일정과 내용을 안내한다.

③ 본활동

- 현장에 도착하면 화장실에 갈 영유아를 데리고 다녀온다.
- 현장학습이 어떻게 진행될 것인지 활동 순서를 소개한다.
- 현장학습 장소에서 영유아가 관찰하고 탐색하고 발견할 수 있는 시간을 충분히 준다. 또한 현장 교육담당자가 체험을 진행할 경우 영유아가 사전에 작성한 질문을 할 수 있도록 격려한다.
- 특별한 요구가 있는 영유아를 사전에 파악하여 현장학습에서 소외되지 않게 한다.
- 교실에 돌아가 사후활동을 위해 필요한 자료(메모, 사진, 결과물 등)를 수집한다.
- 안전사고나 미아가 발생하지 않도록 주의한다.
- 기관에 도착하면 영유아를 학부모에게 안전하게 인계한다.

④ 사후활동

- 현장학습에 대한 평가를 한다. 재미 여부, 본 것, 알게 된 것, 느낀 것, 현장학습의 태도가 적절했는지, 규칙은 잘 지켰는지 등에 대해 평가해 본다. 영유아들과의 평가 외에도 교직원들과 전반적인 내용을 평가한다.
- 현장학습의 경험을 회상하고 확장할 수 있는 다양한 유형의 활동을 진행한다. 예를 들어 감사 편지쓰기, 현장학습에 관한 책 만들기, 그림 그리기, 쌓기 영역에서 구성물 만들기, 수수께끼, 극놀이 등을 실시한다.
- 현장학습 장소에서 수집한 자료나 사진을 전시하여 다양한 방법으로 활용한다.
- 사전에 작성한 질문 목록에 대한 답변 목록을 작성한다.
- 사후활동은 다양한 유형의 활동, 대·소집단 혹은 개별활동으로 진행될 수 있으며, 누리과정 5개 영역의 통합적 활동으로 전개되는 것이 바람직하다.

(4) 인적자원 활용

지역사회 인사를 초청하여 이야기를 나누는 시간은 영유아의 흥미와 참여도를 높일 수 있고, 개념 발달에 있어 좋은 경험이 될 수 있다. 지역사회의 인사를 초청하여 지역사회의 역사와 풍습에 관한 이야기를 듣기도 하고 다양한 직업과 풍부한 경험을 가진 사람의 강의를 들어봄으로써 사회교육의 내용을 보다 풍부하게 하고 폭넓은 기회를 얻을 수 있다.

교사는 인적자원을 초대하기 전에 영유아의 관심과 주제에 대해 이야기 나누고 초청 인사에게 궁금한 점들을 미리 생각해 보도록 한다. 인적자원을 활용하는 방안에는 다음과 같은 것이 있다(최현정 외, 2020).

첫째, 가정과의 연계활동으로 다양한 직업과 취미를 가진 부모가 참여하는 것이다. 직업 소개, 직업과 관련된 활동 제공, 다양한 취미나 특기 활동 소개와 영유아와의 직접 활동을 해볼 수 있다. 외국에 살았거나 다녀온 부모를 초청해 그곳의 문화와 사회에 대해 이야기를 나누어 볼 수 있다.

둘째, 지역사회 인사를 활용하는 방법이다. 지역에 오래 사신 어른을 모셔 지역사회의 역사나 풍습에 관한 이야기를 듣거나, 다양한 분야에서 일하고 있는 분들을 초청하여 그들의 경험을 나눔으로써 다양한 정보도 얻고 그 분야에 대한 관심을 확대할 수 있다.

(5) 시청각 자료

시청각 자료는 시각과 청각적 정보를 동시에 제공해 주는 자료이다. 시청각 자료를 선정할 때에는 자료의 가치, 주제와의 관련성, 주요 개념 등을 고려해야 한다. 시청각 자료에는 도서, 실물이나 모형, 사진이나 그림, 영상 자료가 있다.

첫째, 도서를 살펴보자. 영유아의 발달에 적합하고 주인공의 감정과 갈등이 분명히 드러나 있어서 감정이입이 잘되고 성공적으로 갈등 해결에 도움이 되는 도서는 영유아의 인지나 사회성 발달에 도움이 된다. 영유아가 관심을 보이거나 진행 중인 주제와 관련한 책들을 도서 영역에 비치하여 읽어보게 하거나 교사가 읽어주어 극화놀이나 토의 같은 후속활동이 가능하도록 한다.

둘째, 실물이나 모형을 활용한다. 영유아는 말보다는 실물을 통해 보다 감각적이고 직접적인 경험을 할 수 있다. 실물을 일상생활에서 쉽게 볼 수 없거나 가져올 수 없는 경우에는 실물의 모형을 사용해 관찰하고 조작하면서 활동을 진행할 수 있다. 이렇게 실물이나 모형을 활용하는 것은 활동을 보다 쉽게 이해하는 데 도움을 주고 영유아의 흥미를 높일 수 있다.

셋째, 그림이나 사진을 활용한다. 사진이나 그림은 실제 사실을 영유아에게 전달하는 자료로써 여러 종류의 시각 자료 중에서 사회학습을 위한 기초 자료로 가장 많이 활용된다. 최근 들어 사회교육 관련 사진이나 그림 자료가 많아지고 비교적 쉽게 구입할 수 있다. 그러나 교사가 반 영유아들의 모습을 찍어 활용하는 등, 교수자료를 직접 생활 속에서 제작하여 활용하면 영유아는 더 호기심을 가지게 되고 내용에 보다 흥미를 높일 수 있다.

넷째, 영상 자료의 활용이다. 영상 자료에는 영화, 슬라이드, 스마트 폰, TV 등이 있으며 영상매체에 따라 특수성이 있기 때문에 교육 내용에 따라 적절한 영상매체를 선정하여 활용하여야 한다. 영상자료는 영유아가 직접 경험하기 어려운 장소나 물건, 다른 나라의 문화를 경험할 수 있도록 돕는다. 영상자료를 활용할 때에는 영유아의 발달 수준과 관심사, 현재 진행 중인 놀이 내용과의 연관성, 내용의 적절성, 영상 재생시간과 길이가 적절한가를 점검해야 한다.

영유아에게 시청각 자료를 통해 사회교육을 할 때 고려해야 할 점은 다음과 같다(Seefeldt et al., 2014; 이영미 외, 2020 재인용).

① 시청 전에 어떤 내용인지 알려주고 집중해서 볼 곳을 말해준다. 질문을 통해 내용을 예측해 보도록 하여 호기심을 자극할 수도 있다.

② 시청하면서 이야기를 나눌 것인지, 시청한 이후에 이야기를 나눌 것인지를 결정한다.

③ 시청 후에는 자료에 대한 생각을 나누고 연계활동이나 확장활동을 촉진하도록 한다.

3) 영유아 사회교육 평가

(1) 영유아 사회교육 평가의 목적

2019 누리과정에서는 평가를 영유아가 중심이 되고 놀이가 살아나는 교육·보육과정 운영을 되돌아보고 개선해 가는 과정이라고 하였다. 누리과정의 운영 개선을 위해 유아교육기관에서의 자체적 평가를 통해 영유아의 행복과 전인적 발달을 지원하고 보다 나은 방향으로 개선해 나가도록 다음과 같은 사항에 중점을 두고 평가해야 한다고 명시하고 있다(교육부, 보건복지부, 2019).

첫째, 누리과정 운영의 질을 진단하고 개선하기 위해 평가를 계획하고 실시한다.

둘째, 영유아의 특성 및 변화 정도와 누리과정의 운영을 평가한다.

셋째, 평가의 목적에 따라 적합한 방법을 사용하여 평가한다.

넷째, 평가의 결과는 유아에 대한 이해와 누리과정의 운영 개선을 위한 자료로 활용할 수 있다.

영유아 사회교육 평가는 영유아의 사회성·정서 발달 수준과 발달 과정을 파악하고 사회과학 지식의 정도를 관찰·기록하여 활동 후의 변화 정도를 파악함으로써 영유아 사회교육 전반의 과정이 잘 이루어지고 있는지 파악하는 것이다.

(2) 영유아 사회교육 평가의 내용

누리과정에서 제시하는 평가 내용은 영유아 평가와 누리과정 평가로 이루어진다.

영유아 평가는 영유아의 행복과 전인적 발달을 지원하는 데 목적이 있다. 교사는 영유아의 놀이, 일상생활, 활동 속에서 영유아의 고유한 특성이나 의미 있는 변화를 발견하고, 그것을 바탕으로 영유아의 배움과 성장을 돕기 위해 평가할 수 있다. 그러므로 교사는 영유아의 놀이, 일상생활, 활동 등을 관찰하여 놀이의 특성은 어떠한지, 무엇에 흥미와 관심을 보이는지, 친구관계는 어떠한지, 놀이를 이어가기 위한 자료를 어떻게 활용하는지 등을 관찰하여 영유아의 특성과 변화를 이해하도록 한다(교육부, 보건복지부, 2019).

영유아 평가의 개념을 근거한 영유아 사회교육 평가는 영유아의 놀이, 일상생활, 활동에서 경험한 사회교육 관련 정보와 자료를 통해 영유아의 사회·정서 발달이 효율적으로 이루어지고 있는지, 영유아의 사회과학적 지식, 기술, 태도 등이 긍정적으로 형성되어 가는지를 관찰하고 이를 지원하는 과정이다(최혜진 외, 2020).

누리과정 운영 평가는 교육·보육과정이 유아 중심, 놀이 중심으로 적절히 운영되고 있는지 평가하는 것이다. 놀이시간을 충분히 제공하고 있는지, 영유아가 주도적으로 놀이하고 배워나가고 있는지, 영유아 주도의 놀이를 진행하도록 놀이 지원을 하고 있는지 등을 평가한다. 누리과정 운영 평가는 놀이 속에 나타나는 영유아의 특성과 변화 정도와 연계하여 평가할 수 있다. 교사는 영유아 사회교육을 계획하고 운영할 때, 지역, 기관, 학급의 상황을 고려하여 자율적으로 평가계획을 수립한다.

표준보육과정과 누리과정 사회관계 영역의 평가 내용을 정리하면 다음과 같다(최혜진, 2021).

표 6-4 표준보육과정과 누리과정 사회관계 영역의 평가 내용

연령	내용범주	내용	평가를 위한 관찰
0~1세	나를 알고 존중하기	• 나를 인식한다. • 나의 욕구와 감정을 나타낸다. • 나와 친숙한 것을 안다.	영아가 자신을 인식하고 기본적인 욕구와 감정을 나타내며 자신에게 친숙한 것을 알아가는지 관찰한다.
	더불어 생활하기	• 안정적인 애착을 형성한다. • 또래에게 관심을 가진다. • 다른 사람의 감정과 행동에 관심을 가진다. • 반에서 편안하게 지낸다.	영아가 교사와 안정적인 애착을 형성하고, 또래와 다른 사람에게 관심을 가지면서 반에서 편안하게 지내는 것을 경험하는지 관찰한다.

연령	내용범주	내용	평가를 위한 관찰
2세	나를 알고 존중하기	• 나와 다른 사람을 구별한다. • 나의 감정을 표현한다. • 내가 좋아하는 것을 한다.	영아가 자신을 다른 사람과 구별하고, 자신의 여러 가지 가정을 표현해 보며, 스스로 선택한 놀이를 즐겁게 해봄으로써 자신을 긍정적으로 여기는지 관찰한다.
	더불어 생활하기	• 가족에게 관심을 가진다. • 또래와 함께 놀이한다. • 다른 사람의 감정과 행동에 반응한다. • 반에서의 규칙과 약속을 알고 지킨다.	영아가 가족에게 관심과 특별한 감정을 갖고, 또래와 함께 놀이하며, 다른 사람의 감정과 행동에 적절하게 반응하고, 반에서의 기본적인 규칙과 약속을 알고 지킬 수 있도록 하여 사회관계의 기초를 경험하는지 관찰한다.
3~5세	나를 알고 존중하기	• 나를 날고 소중히 여긴다. • 나의 감정을 알고 상황에 맞게 표현한다. • 내가 할 수 있는 것을 스스로 한다.	유아가 자신을 나타낼 수 있는 것과 자신의 감정을 알고 상황에 맞게 적절하게 표현하며, 자신이 할 수 있는 것을 스스로 해봄으로써, 긍정적인 자아존중감과 자율성을 경험하는지 관찰한다.
	더불어 생활하기	• 가족의 의미를 알고 화목하게 지낸다. • 친구와 서로 도우며 사이좋게 지낸다. • 친구와의 갈등을 긍정적인 방법으로 해결한다. • 서로 다른 감정, 생각, 행동을 존중한다. • 친구와 어른께 바르게 행동한다. • 약속과 규칙의 필요성을 알고 지킨다.	유아가 가족의 의미와 소중함을 알며, 친구와 서로 돕고 양보, 배려, 협력하며 사이좋게 지내고, 사람마다 감정, 생각, 행동이 각기 다름을 알고 존중하여, 친구와의 갈등을 여러 가지 긍정적인 방법으로 해결하는지 관찰한다. 또한 친구와 어른께 예의 바른 태도로 말하고 행동하며, 사회 공동체의 일원으로서 약속과 규칙의 필요성을 알고 지키는지 관찰한다.
	사회에 관심 가지기	• 내가 살고 있는 곳에 대해 궁금한 것을 알아본다. • 우리나라에 대해 자부심을 가진다. • 다양한 문화에 관심을 가진다.	유아가 사회구성원으로서 자신이 사는 지역에 관심을 가지고 탐구하며, 우리나라의 상징, 언어, 문화를 알아가면서 대한민국 국민으로서 긍지와 자부심을 느끼는지 관찰한다. 다른 나라의 다양한 문화에 관심을 가지고 존중하는 경험을 하는지 관찰한다.

(3) 영유아 평가 방법

표준보육과정과 누리과정의 사회관계 영역의 내용을 적절히 경험하고 있는지 평가하기 위해 영유아의 놀이를 중심으로 일과를 관찰하고 다양한 방법으로 기록한다. 평가방법은 평가의 목적과 대상에 따라 다를 수 있다.

① 관찰법

관찰법은 영유아의 행동을 이해하기 위해 직접 관찰하고 기록·분석하여 영유아의 발달과 행동에 대한 정보를 수집하는 대표적인 평가 방법이다(황해익 외, 2013). 영유아를 관찰하는 방법에는 사회교육 평가와 관련하여 일화기록법, 시간표집법, 사건표집법, 평정척도법, 행동목록법 등이 있다.

가. 일화기록법

일화기록법은 영유아의 일상에서 일어나는 일에 대해 사건이나 행동을 중심으로 관찰자가 받은 인상을 육하원칙(언제, 어디서, 누가, 무엇을, 어떻게, 왜)에 근거하여 사실적으로 기록하는 방법이다. 일화기록은 짧은 내용의 사건이나 행동에 대한 사실적 기록으로 한 가지 행동이나 상황에 초점을 맞춘다. 특히 영유아의 일상적 행동을 이해하거나 성격 및 사회·정서적 특성, 집단 내에서 다른 영유아와의 관계 분석, 영유아가 가진 문제점을 객관적으로 파악하는 데 유용하게 활용될 수 있다.

일화기록을 할 때 유의해야 할 점은 다음과 같다(조혜경 외, 2021).

- 사건이 생긴 후 즉시 기록한다. 관찰 기록할 때 관찰대상 영유아가 자신이 관찰대상임을 의식하면 부자연스럽게 행동할 수 있으므로 보는 앞에서 기록하지 않도록 한다.
- 관찰일자, 시간, 장면 등 기본적인 활동에 대한 정보를 반드시 기록에 포함한다.
- 대상 영유아가 한 말을 그대로 인용부호(“ ”)를 사용하여 현재형으로 기록하며 그

장면에 있었던 상대방의 반응도 기록한다.

- 일화는 일어난 순서대로 기록한다.
- 교사는 기록된 정보를 읽고 영유아의 사회적 행동을 해석하고 평가한다.

일화기록법의 예시

<table>
<tr><td>관찰유아</td><td>김가은</td><td>생년월일</td><td>2011. 08. 26(4년 7개월)</td><td>성별</td><td>여</td></tr>
<tr><td>관찰자</td><td>꽃님반-김○○</td><td>관찰일시</td><td colspan="3">2016. 03. 30(AM 10:30~10:45)</td></tr>
<tr><td>관찰장면</td><td colspan="5">꽃님반 교실(이야기 나누기 시간 중)</td></tr>
<tr><td colspan="6">관찰 내용</td></tr>
<tr><td colspan="6">이야기 나누기 시간, 교사가 로봇을 유아들이 볼 수 있도록 왼쪽에서 오른쪽으로 천천히 보여준다.

민영: 안 보여요.
교사: 앞에 친구들은 아빠 다리하고 바르게 앉도록 해요. 뒤에 친구들이 볼 수 없대요.
민영: 그래도 안 보여요. 가까이서 보고 싶은데….

뒷줄에 앉아있던 민영이가 로봇이 보이지 않는다고 말하고 교사의 앞으로 나온다. 교사 손에 있는 로봇을 보고는 뒤로 돌아서 제자리로 돌아가다가 의자에 앉아 있는 가은이의 어깨를 잡고 있다.

가은: 야~!!(얼굴을 찌푸리고 팔로 민영이의 팔을 뿌리친다.)
선생님! 민영이가 밀었어요!
교사: 가은아, 그렇게 소리를 지르면 친구들이 놀라잖아요. 민영이가 일부러 밀친 게 아니라 자리로 돌아가다가 그런 거야. 그러니까 마음 풀어요.
민영: (큰소리로 얼굴을 찌푸리고 가은이를 보고 화를 낸다.) 야! 네가 비켜야지! 내가 일부로 밀었냐?!
교사: 민영아, 민영이가 일부로 민게 아닌 걸 가은이도 알았는데, 그렇게 소리 지르면 어떻게 해요. 모르고 밀쳐서 가은이 기분이 안 좋다는데, 어떻게 해야 할까?
민영: (입을 삐죽인다.) 미안해.
교사: 민영아, 입을 그렇게 하면 예쁜 사람이 아니라고 했죠? 민영이가 잘못한 거니까 민영이가 사과를 먼저 하는 게 맞는 거죠? 이제 민영이도 마음 풀고 자리로 돌아가세요.

자리로 돌아가 앉는 민영이는 가은이를 향해 때리는 듯이 손을 흔든다. 가은이는 앞에 있는 로봇을 보고 앉아 있다.</td></tr>
<tr><td>관찰자의 견해</td><td colspan="5">가은이와 민영이는 지신이 불쾌한 감정을 말로 표현하기보다는 짜증내기나 화내기와 같은 감정 표출을 많이 한다. 가은이는 방해받았을 때 불쾌한 감정을 표현하는 것을 배울 필요가 있다.</td></tr>
</table>

출처: 박찬옥 외(2016: 236)

나. 시간표집법

시간표집법은 미리 선정된 행동을 정해진 시간 동안 일정한 시간 간격을 두고 여러 번 관찰하고 그 결과를 기록하는 방법이다. 시간표집법은 관찰 가능한 외현 행동으로 비교적 자주 일어나는 행동을 체계적으로 관찰하는 데 적합하다. 또한 많은 영유아를 한꺼번에 관찰할 수 있어 자료를 수집하는 데 효율적이다. 관찰 기록 방법은 행동 출현 유무를 체크하는 방식과 행동 출현 빈도수를 표시하는 방식 등이 있다.

공격적 행동 시간표집법 예시

<table>
<tr><td>관찰유아</td><td>최민형</td><td>생년월일</td><td>2011. 01. 30
(5년 5개월)</td><td>성별</td><td colspan="2">남</td></tr>
<tr><td>관찰자</td><td>바다반-이○○</td><td>관찰일시</td><td colspan="4">2016. 06. 30(AM 10:00~10:10)</td></tr>
<tr><td>관찰장면</td><td colspan="6">바다반 교실(자유시간)</td></tr>
<tr><td rowspan="2">시간</td><td colspan="2">공격적 행동</td><td colspan="2">친사회적 행동</td><td rowspan="2" colspan="2">관찰 내용</td></tr>
<tr><td>욕하기</td><td>놀잇감 뺏기</td><td>양보하기</td><td>말로 표현하기</td></tr>
<tr><td>10:00~10:01</td><td>√</td><td></td><td></td><td></td><td colspan="2">정현이가 블록을 주지 않겠다고 하자 큰 소리로 욕을 한다. 정현이는 민형이를 쳐다보다가 다시 놀이한다</td></tr>
<tr><td>~10:02</td><td></td><td></td><td></td><td></td><td colspan="2"></td></tr>
<tr><td>~10:03</td><td></td><td></td><td></td><td></td><td colspan="2"></td></tr>
<tr><td>~10:04</td><td>√</td><td>√</td><td></td><td></td><td colspan="2">정현이를 보고 있던 민형이가 정현이가 쥐고 있던 블록을 빼앗으며 욕을 한다.</td></tr>
<tr><td>~10:05</td><td></td><td>√</td><td></td><td></td><td colspan="2">정현이가 가지고 있는 블록을 빼앗으려 한다.</td></tr>
<tr><td>~10:06</td><td></td><td>√</td><td></td><td></td><td colspan="2"></td></tr>
<tr><td>~10:07</td><td></td><td></td><td></td><td></td><td colspan="2"></td></tr>
<tr><td>~10:08</td><td></td><td></td><td></td><td></td><td colspan="2"></td></tr>
<tr><td>~10:09</td><td></td><td></td><td></td><td></td><td colspan="2"></td></tr>
<tr><td>~10:10</td><td></td><td></td><td>√</td><td></td><td colspan="2">정현이가 “같이 놀자.”라고 말하자 쥐고 있던 블록을 돌려주고, 벽돌 블록을 가져다가 “너 필요해?”하고 묻는다.</td></tr>
<tr><td>~10:11</td><td></td><td></td><td></td><td></td><td colspan="2"></td></tr>
<tr><td>견해</td><td colspan="6">민형이는 친구들과 놀이를 할 때 놀잇감을 달라는 말을 하기보다는 상대방의 놀잇감을 빼앗는 행동을 하여 또래로부터 거부된다. 또래 친구들이 민형이가 원하는 대로 해주지 않으면 큰소리로 욕을 한다. 그러나 상대방이 호의를 베풀 경우, 놀잇감을 양보하는 행동이 나타난다.</td></tr>
</table>

출처: 박찬옥 외(2016: 237)

다. 사건표집법

사건표집법은 관찰자가 보고자 하는 특정한 행동이나 사건이 발생했을 때에만 관찰하여 기록하는 방법이다. 이 방법은 특정 행동이 일어나는 원인이 무엇인지 알고자 할 때 적합하게 사용할 수 있는 방법으로 어떤 사건이나 행동이 일어나기 전의 상황(Antecedent event: A), 사건이나 행동(Behavior: B), 사건이나 행동이 일어난 후의 결과(Consequence: C)를 시간적 순서에 맞추어 자세히 기록한다.

A B C 사건표집 예시

<table>
<tr><th>관찰유아</th><td>김용민</td><th>생년월일</th><td>2011. 08. 26(4년 5개월)</td><th>성별</th><td>남</td></tr>
<tr><th>관찰자</th><td>바다반-이○○</td><th>관찰일시</th><td colspan="3">2016. 04. 10~2016. 04. 12</td></tr>
<tr><th>관찰장면</th><td colspan="5">바다반 교실(모이기 시간)</td></tr>
</table>

<table>
<tr><th>시간</th><th>사건 전</th><th>사건(갈등 상황)</th><th>사건 후</th></tr>
<tr><td>4월 10일
(11:00~11:10)
간식 후
동화 듣는
시간</td><td>간식을 먹은 후 교사가 카펫에 모이라는 말을 하자, 쌓기 영역에서 대집단 영역으로 걸어옴</td><td>형진이와 민용이가 교사 앞에 앉겠다고 말다툼함. 교사는 둘 다 뒤쪽에 가서 앉으라고 이야기하였으나 서로 가지 않겠다고 이야기함. 교사가 일어서서 두 유아의 자리를 카펫의 뒤쪽으로 옮김</td><td>카펫 뒤쪽에 앉은 형진이와 민용이는 서로 눈을 흘기며 쳐다보다가 동화를 들음. 동화 듣기 이후 바깥놀이 나갈 때 민용이와 형진이가 늦게 나가게 된 것을 불평함</td></tr>
<tr><td>4월 11일
(9:30~9:50)
이야기
나누기 시간</td><td>교사가 '나무야' 노래 부르면서 유아들의 주의를 집중시킴. 수영이와 민용이, 상은이가 교사 앞으로 다가와 앉음</td><td>민용이가 수영이가 교사의 무릎을 잡고 서로 먼저 왔다고 이야기함. 민용이가 수용이의 어깨를 밀치며 교사 가까이 앉자, 수영이는 교사에게 민용이가 밀었다고 이름. 교사는 민용이에게 사과하도록 지도하고, 누가 먼저 왔는지를 물음. 둘 다 먼저 왔다고 이야기하자, 두 유아를 뒤로 가서 앉도록 함</td><td>이야기 나누기 시간에 누가 먼저 왔는지에 대해 말다툼을 함. 이야기 나누기에 집중하지 못하여 교사로부터 지적을 받음.
체육실로 이동할 때 다른 유아를 밀고 먼저 나가려다 교사에게 줄 설 것을 지시받음</td></tr>
<tr><td>4월 12일
(12:30~12:40)</td><td>교사가 피아노를 치면서 모이라고 이야기하자, 민용이, 하정이, 가영이가 카펫으로 걸어옴</td><td>민용이는 카펫에서 두 번째 줄에 앉아서 노래 부름. 앞줄에 앉은 수연이의 등을 침. 수연이가 뒤돌아보자 "안 보여"라고 말함</td><td>노래 부르기가 끝나고 게임에 대한 설명을 들음</td></tr>
<tr><th>관찰 내용
요약</th><td colspan="3">민용이는 집단활동 시간에 교사 앞에 앉기 위해 다른 유아와 말다툼을 하거나, 신체적인 공격적 행동(밀기, 때리기)을 한다.
마당이나 체육실로 이동하기 위해 줄을 서야 할 경우에는 교사 앞에 서기 위해 경쟁을 하지만 이후 활동이 교실활동일 경우에는 교사 앞자리에 앉으려는 욕심을 부리지 않았다.</td></tr>
<tr><th>관찰자
해석</th><td colspan="3">유아들은 교사가 앞자리에 앉은 유아를 먼저 이름 불러준다고 생각하여 교사 앞자리에 앉으려고 하는 것 같다. 교사가 줄을 세울 때 어떤 유아의 이름을 먼저 불러주는지 관찰할 필요가 있다. 만약 교사가 교사 앞에 앉은 유아부터 이름을 부르기 때문에 유아들이 자리 다툼을 한다면, 모든 유아가 공평하게 먼저 줄을 설 수 있는 방법을 고안해야 한다고 생각한다.</td></tr>
</table>

출처: 박찬옥 외(2016: 238)

라. 행동목록법

행동목록법(checklist)은 관찰할 사회적 행동목록을 사전에 준비하고 목록에 포함된 행동이 나타났는지 여부를 표시하는 방법이다. 사전에 준비한 목록에 따라 관찰대상의 현재 상태를 평가하여 행동이 발생했는지 여부를 '예', '아니요'로 체크하기 때문에 체크리스트법이라고도 한다. 관찰 시작 전 행동 특성의 목록이 미리 작성되어 있어 객관적 평가가 가능하고 시간을 두고 반복 관찰을 통해 같은 행동 목록을 사용하여 영유아 사회적 발달 변화를 알 수 있다. 단 행동의 출현 빈도나 지속성과 같은 질적 수준에 대한 정보는 제공하지 못한다는 단점이 있다.

행동목록법 예시

유아	박수진	생년월일	2011. 09. 02(3년 8개월)	성별	여
평가자	산반-이○○	평가일	2015. 04. 10		

번호	내용	예	아니요
1	친구들과 함께 논다.	√	
2	다양한 놀이에 참여한다.	√	
3	친하게 지내는 친구가 많다.	√	
4	친구에게 놀이를 하자고 제안한다.	√	
5	새로운 교구에 흥미를 보인다.		√
6	새로운 환경에 적응을 한다.		√
7	이미 진행되고 있는 놀이에 자연스럽게 끼어든다.		√
8	친구들의 놀이나 행동을 방해하지 않는다.	√	
9	문제 상황이 생기면 말로 해결한다.	√	
10	다른 친구의 물건을 사용할 때는 허락을 구한다.	√	
11	자기보다 약한 친구를 도와준다.	√	
12	친구가 도와주면 고맙다는 인사말을 한다.	√	
13	집단활동에서 여러 친구들과 협동한다.	√	
14	친구와 약속을 지킨다.	√	
15	친구들이 좋아한다.	√	
16	집단생활에서 규칙을 지킨다.	√	
17	새로운 활동에 적극적으로 참여한다.		√
18	차례를 지키고 자기 순서를 기다릴 수 있다.	√	
19	내 물건과 다른 사람의 물건을 구별하여 사용한다.	√	
20	활동에 자신감을 갖고 참여한다.	√	
21	교사와의 상호작용을 잘한다.	√	
22	친구들의 이름을 알고 가끔 친구에 대해 이야기한다.	√	
23	다른 유아와의 문제해결을 위해 교사나 다른 성인들의 도움을 요청한다.		√

출처: 박찬옥 외(2016: 241)

마. 평정척도법

평정척도법은 관찰 대상 영유아의 특정 행동이 나타나고 있는지에 대한 평가뿐만 아니라 관찰된 행동의 질적 차이를 평가하고자 할 때 사용하는 방법이다. 평정척도법은 특정 행동의 발생 빈도와 행동의 정도나 질적 수준을 수량적인 정도의 차이를 나타내도록 구성하여 평가한다. 평정척도법은 빠른 시간 내에 평가한다는 장점이 있으나 관찰자의 주관과 편견이 개입될 수 있다. 따라서 관찰자는 개인적 의견이나 편견 없이 영유아의 행동을 평가할 수 있도록 객관적으로 평가하도록 노력해야 한다.

평정척도 예시

유아	이윤철	생년월일	2021. 03. 20(4년 7개월)	성별	남
평가자	하늘-서연수	평가일	2016. 10. 20		

번호	내용	전혀 그렇지 않다(1)	거의 그렇지 않다(2)	조금 그렇다 (3)	대체로 그런 편이다(4)	매우 그렇다 (5)
1	또래에게 우호적으로 제안하고 요구한다.				○	
2	자신의 생각과 감정을 분명한 말로 표현한다.					○
3	또래 간 대화에 적극적으로 참여한다.				○	
4	친밀감 있는 목소리로 또래의 이름을 부른다.					○
5	미안함 또는 고마움을 알맞게 표현한다.				○	
6	또래와 갈등이 있을 때 협상을 시도한다.		○			
7	또래의 말에 관심을 기울이며 주의 깊게 듣는다.			○		
8	또래의 말을 듣고 관련된 내용으로 반응한다.				○	
9	또래의 성취나 좋은 행동을 칭찬해 준다.				○	
10	슬퍼하거나 화난 또래의 의견을 거절한다.		○			
11	이유나 대안 제시 없이 또래의 의견을 거절한다.		○			
...	...					
해석	윤철이는 상황에 적합하게 자신의 감정을 표현하고, 친구들에게도 친근하게 행동하기 때문에 또래와 우호적인 관계를 형성한다. 또래와 갈등이 생겼을 때 협상하는 기술을 발달시킨다면 더 높은 사회성을 가질 것이다.					

출처: 박찬옥 외(2016: 240)

② 면담

면담은 교사가 유아에 대한 정보를 얻기 위해 유아나 학부모와 대화를 나누면서 자료를 수집하는 방법이다. 면담은 관찰을 통해 얻기 어려운 구체적이고 정확한 정보를 파악하는 데 도움을 준다는 장점이 있으나 시간이 많이 들고 영유아의 언어 능력이나 인지적 능력이 부족한 영유아를 면담할 때 의사전달의 한계가 있을 수 있으므로 유의하여야 한다. 영유아와의 면담 시 유의해야 할 점은 다음과 같다(문혁준 외, 2016).

첫째, 질문을 말로만 하지 말고 그림과 함께 제시하고 응답도 제시한 그림을 보고 선택하도록 한다.

둘째, 영유아는 주의집중할 수 있는 시간이 짧기 때문에 면담시간을 짧게 한다.

셋째, 영유아는 질문에 대한 요지를 이해하는 능력이 부족하기 때문에 충분한 설명을 해주어야 한다.

넷째, 영유아의 상상과 실제 사고를 잘 구분해야 한다.

다섯째, 수줍음을 많이 타는 영유아, 산만한 영유아의 경우에는 면담 실시 이전에 집중할 수 있는 간단한 게임이나 놀이를 하는 것이 좋다.

③ 포트폴리오

가. 포트폴리오의 개념과 내용

포트폴리오는 영유아의 발달에 대한 종합적인 기록으로 일회적 평가가 아니라 지속적으로 이루어지는 평가이다. 포트폴리오는 시간의 흐름에 따라 영유아의 성장과 발달을 설명하고자 하는 것으로 영유아의 노력, 진보, 성취 그리고 더 나은 발달을 위한 자료를 제공한다.

영유아사회교육과 관련한 포트폴리오 내용은 일상생활의 활동, 교사의 관찰기록, 영유아와 부모의 면담 등으로 이루어질 수 있다. 영유아 사회성 발달과 관련된 포트폴리오 내용에는 다음과 같은 것들이 있다.

표 6-5 영유아 사회성 발달과 관련된 포트폴리오 내용

일상활동	• 출석 및 지각 기록 • 발달에 따른 영유아의 행동 특성 • 낮잠 시 행동 특성 • 배고픔 정도, 피곤함 정도에 대한 특성 • 선호하는 활동시간, 조용한 시간, 시끄러움과 새로운 상황에 대한 영유아의 반응, 영유아의 학습 방법
사회관계활동	• 또래관계에 대한 교사의 관찰 기록 • 집단활동, 학급과제, 야외활동 등 협동 상황에서의 영유아의 태도에 대한 관찰기록, 영유아의 자기보고 • 갈등 시 사회적 문제해결 능력에 대한 관찰 • 영유아의 또래관계 속 사회적 위치 관찰 • 자아개념에 대한 자기보고 및 관찰 • 영유아의 우정관계 관찰 및 자기표현
영유아의 자기표현, 성향	• 영유아의 독특성, 개별적 학습스타일, 흥미, 성향에 대한 기록 • 주어진 과제에 소요하는 시간을 보여 주는 견본 • 흥미영역에서 활동을 수행하는 동안 관찰된 영유아의 동기, 태도, 성향에 대한 기술 • 활동, 과제에 대한 영유아의 선택을 보여주는 견본 • 역할놀이, 수 · 조작놀이, 조형활동 등 활동의 결과물에 대한 영유아의 느낌, 평가물 • 사회관계 영역과 관련한 지식과 기술 • 영유아가 좋아하는 활동, 책, 사물 등에 대한 기록 • 가정에서 좋아하는 것, 즐기는 놀이 등에 대한 이유와 자기표현 자료

출처: 문혁준 외(2016)

나. 포트폴리오의 구성방법(조운주 외, 2017; 문혁준, 2016)

㉠ 계획

- 평가 내용과 평가 준거를 계획한다.
- 포트폴리오에 포함시킬 평가자료 목록을 선정한다.
- 평가자료에는 핵심자료와 개별화 자료로 나눌 수 있다.
- 핵심자료는 모든 영유아를 대상으로 1년에 3~4회 수집하는 것이 적절하다. 핵심자

료는 평가 내용에 적절하고 일과활동을 통해 수집하기 쉬운 것으로 선정한다.

- 영유아 사회교육 평가를 위한 핵심자료 수집은 누리과정 사회관계 영역의 평가 내용에 근거하여 2~3개 정도로 하고, 수집 횟수는 각 수집자료별로 연초, 연중, 연말 등 3번 정도 수집한다.
- 개별화 자료는 영유아의 발달특성이 나타나고 영유아가 원할 때 수집하는 자료로 수시로 모을 수 있다.
- 자료수집의 시기를 정한다.
- 포트폴리오 보관 장소를 정한다.

㉡ 자료수집

- 영유아의 일상활동 중 자료수집을 하기 때문에 영유아의 언어적·비언어적 반응과 활동과정, 영유아와 부모와의 면담자료도 함께 수집한다.
- 영유아의 특성과 변화 정도를 파악하기 위해 실제 놀이 모습을 관찰한 기록, 놀이 결과물과 작품, 다양한 활동사진, 영유아들 말, 몸짓, 표정 등에서 드러나는 놀이의 의미와 특성에 주목하여 필요한 내용을 메모나 사진 등 영유아의 특성과 변화를 이해하는 평가가 필요하다.
- 교사의 관찰기록, 영유아의 작업 결과물, 미술작품이나 극놀이, 동작 등의 활동사진 등을 다양하게 수집한다.
- 교사의 자료수집 시 계획에 따라 주기적으로 자료를 수집하고 수집한 자료에 대한 날짜, 활동 내용, 상황 및 영유아의 반응을 기록하고 교사의 논평을 쓴다.
- 자료가 첨가될 경우 수집한 날짜와 자료 형태를 기록하고, 시간 흐름에 따른 변화를 알 수 있도록 새로운 활동 시점에서 작품을 수집하고 수집 자료의 날짜, 교사의 논평을 첨부한다.

ⓒ 조직 및 관리

- 수집된 자료를 정리하여 관리한다. 표지에 영유아의 사진, 제작 연도, 유아교육기관명, 반명, 영유아 이름과 생년월일을 기록한다.
- 보관 방법은 파일, 바인더, 컴퓨터 등을 활용할 수 있으며, 미리 선정한 보관 장소에 보관한다.
- 자료 보관 장소는 영유아가 쉽게 접근할 수 있어 새로운 자료를 쉽게 첨가할 수 있고 영유아 스스로가 관리할 수 있어 애착을 갖도록 한다.
- 영유아 사회교육의 자료 분류 기준을 정한다. 영유아의 기본생활습관, 개인생활, 집단생활, 사회현상 및 환경 등과 같이 누리과정 사회관계 내용 영역이 분류기준이 될 수 있다.

ⓔ 해석 및 활용

- 영유아의 놀이, 일상생활, 활동을 통해 수집된 자료를 평가의 목적에 맞게 종합하여 평가의 결과를 얻을 수 있다. 영유아의 평가 결과는 영유아가 행복감을 느끼고 전인적으로 발달하도록 도움을 주는 데 활용한다.
- 영유아의 학습과 발달에 영향을 미치는 사회문화적 맥락을 고려하여 해석한다.
- 영유아의 행동 특성과 수행에서 드러난 능력과 기술 등을 개념화하고 수집된 자료들을 분석한다.
- 누리과정이 추구하는 인간상과 목적 및 목표 등에 비추어 영유아의 특성과 변화 정도를 이해하고 영유아의 배움과 성장에 도움이 되도록 지원하는 데 활용한다.
- 학부모와의 면담자료 및 영유아의 생활지도 등에 활용한다.

PART 3

영유아 사회교육의 실제

chapter 7

사회교육의 실제

1. 영아를 위한 사회교육의 실제

본 장에서는 제4차 표준보육과정에서 제시한 0~1세와 2세의 '사회관계' 영역의 내용범주와 내용 및 영아 경험의 실제, 영아 경험 이해, 교사의 지원을 중심으로 구성하였다. 교사는 표준보육과정의 내용을 바탕으로 영아의 놀이를 이해하고 놀이과정 중 사회관계 영역과 관련된 경험을 이끌어 낼 수 있어야 한다.

1) 0~1세 표준보육과정의 사회관계 영역과 실제

	내용범주	내용
나를 알고 존중하기	• 나를 인식한다. • 나의 욕구와 감정을 나타낸다. • 나와 친숙한 것을 안다.	영아가 자신을 인식하고 기본적인 욕구와 감정을 나타내며 자신에게 친숙한 것을 알아가는 내용이다.
더불어 생활하기	• 안정적인 애착을 형성한다. • 또래에게 관심을 가진다. • 다른 사람의 감정과 행동에 관심을 가진다. • 반에서 편안하게 지낸다.	영아가 교사와 안정적인 애착을 형성하고, 또래와 다른 사람에게 관심을 가지면서 반에서 편안하게 지내는 것을 경험하는 내용이다.

(1) 나를 알고 존중하기

① 나를 인식한다.

자신의 몸을 스스로 움직이기 시작하면서 자신의 신체를 탐색하고, 교사와 개별적으로 상호작용하는 일상적 경험을 통해 자신을 다른 사람과 독립된 존재로 인식한다.

가. 영아 경험의 실제

"거울 속에 내가 있어"

희나가 거울 쪽으로 걸어와서 거울을 손으로 짚고 벽돌 블록 위에 올라간다. 양손을 거울에 대고 발끝을 보며 벽돌 블록 위로 오르내리기를 반복한다.
희나는 벽돌 블록을 들어 거울에 문지르기 시작한다.
이리저리 블록을 움직이다 거울에 비친 자신의 얼굴을 발견한다.

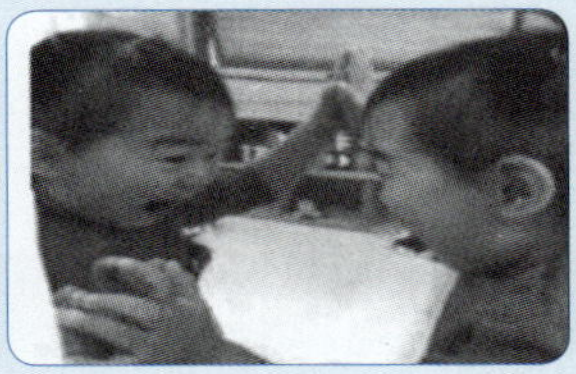

"어어?"하며 벽돌 블록을 바닥에 내려두고 거울 앞에 가까이 다가가 자신의 얼굴을 바라본다.
교사가 "까꿍, 희나가 어디 있지?"하고 말하자 "와~ 하하~" 하며 거울 속 자신의 얼굴을 바라보며 환하게 웃는다.

나. 영아의 경험

- 영아는 거울 속에서 자신의 모습을 발견하고 표정을 만들어 거울에 비추어보며 자신임을 인식하였다.
- 영아는 자신이 경험하고 있는 것을 교사가 언어로 표현하며 공감해주는 것을 듣고 즐거운 감정을 소리와 웃음으로 표현하고 거울에 비춰진 자신의 표정을 확인하였다.
- 영아는 안정감 있게 걷게 되면서 밟고 올라가서 균형을 잡는 것에 관심이 많아졌다. 손바닥으로 거울을 눌러 지지하면서 블록을 오르내리는 것을 반복했다. 손으로 짚고 발끝으로 넘어지지 않도록 신체의 균형을 잡는 것에 집중하였다.
- 교사가 영아의 경험을 말로 표현해 주자 듣고 이해하여 말소리를 내며 반응하였다.

다. 교사의 지원

● 공간

- 영아들이 블록을 충분히 탐색하며 놀이할 수 있도록 블록이 있는 공간을 좀 더 넓게 마련해 주었다.

● 자료

- 영아들이 자신의 전체를 비춰볼 수 있도록 보육실의 벽면에 안전거울을 붙여주었다.
- 영아들이 블록을 밟거나 거울에 문지르는 등 원하는 방식으로 자유롭게 놀이하도록 허용하였다.

● 상호작용

- 교사는 영아가 블록으로 탐색하는 동안에는 관찰하며 스스로 집중할 수 있도록 개입하지 않았다. 영아가 거울 속의 자신을 발견하여 즐거움을 느낄 때 영아가 느끼고 있는 것을 말로 공감해주며 영아의 인식을 도왔다.

● 안전

- 교사는 영아가 거울을 가까이에서 안전하게 볼 수 있도록 거울 가까이에 가구나 놀잇감을 배치하지 않았다. 영아가 블록에 올라서거나 거울을 짚고 균형을 잡을 때 영아가 다치지 않도록 가까이에서 유의하며 지켜보았다.

② 나의 욕구와 감정을 나타낸다.

영아가 자신의 생리적 욕구와 감정을 나타내고 이에 대한 민감하고 따뜻한 반응과 돌봄을 받는 경험을 통해 자신의 욕구와 감정표현에 익숙해진다.

가. 영아 경험의 실제

"같이 거울 보자."

현우가 놀이하다가 거울을 본다.
거울 속의 자신을 한참 들여다보며 웃는 표정을 짓는다.

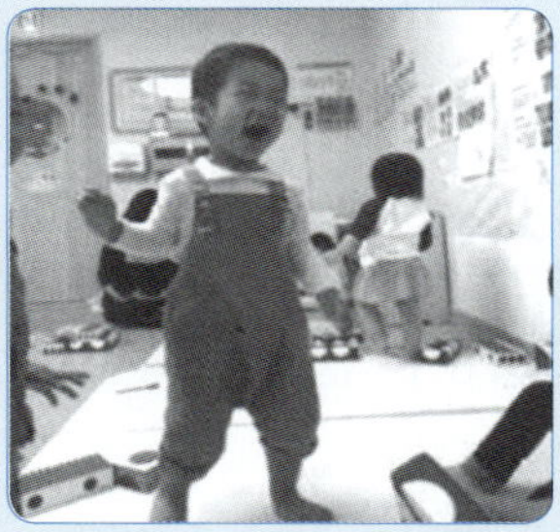

현우는 거울을 바라보며 여러 가지 표정을 만든다.
입을 크게 벌리고 "어흥, 무섭지."하고 소리도 지른다. 얼굴을 찌푸리는 표정도 만들어 본다.
교사가 "현우가 어흥 하는 소리가 무섭네."라고 대답해준다.
교사를 향해 더 무서운 표정을 보여준다.

서준이가 가까이 다가와 현우가 짓는 표정을 따라한다.
현우가 더 큰 소리를 내며 "나는 더 무섭지."한다.
서준이가 웃자 현우도 따라서 웃는 표정을 짓고 둘이 마주보며 웃는다.

나. 영아의 경험 이해

- 영아는 거울 속의 자신을 의도적으로 바라보고 자신의 즐거운 감정을 표정으로 나타내면서 자신의 감정을 확인하였다.

- 영아는 표정과 소리로 자신을 나타내 보일 수 있다는 것을 느꼈으며 교사와 또래에게 보여주면서 자신을 나타내고자 하였다.
- 영아는 자신이 나타내고자 하는 것을 표정, 몸짓, 말소리로 표현하여 교사에게 보여주었다.
- 영아가 무서운 동물을 모방하여 나타내며 단순한 상징놀이를 하였다.
- 영아는 또래와 경험을 공유하면서 자신의 감정과 같은 또래의 감정에 관심을 갖고 또래의 행동을 모방하였다.

다. 교사의 지원

● 자료

- 영아들이 자신의 전체를 비춰볼 수 있도록 벽면에 안전거울을 붙여주었다.

● 상호작용

- 교사는 영아들이 자신의 신체를 인식하며 즐겁게 놀이할 수 있도록 지지하였다.
- 교사는 영아가 자신을 표현하는 것을 긍정적으로 지켜보았으며 영아가 교사에게 표현하였을 때 영아의 감정을 공감해 주면서 반응해 주었다.
- 교사는 영아와 영아 간의 상호작용이 잘 일어나도록 돕기 위하여 두 영아가 서로 모방행동을 하며 놀이할 때 미소로 바라보며 비언어적 상호작용을 하였다.

③ 나와 친숙한 것을 안다.

영아가 이름이나 친숙한 물건 등 자기에게 속한 것이 있다는 것을 일상에서 경험하면서 자신의 고유성을 인식한다.

가. 영아 경험의 실제

"내 가방 메고 놀거야"

다윤이가 등원한 후, 자신의 가방을 꺼내 안을 살핀 뒤 아무것도 없자 인형을 넣고 싶다고 이야기한다.
"인형 넣고 싶어요."
교사가 웃으며 고개를 끄덕이자 휴식 영역에 있는 인형 중 강아지 인형을 골라 가방에 넣는다.

다윤이는 인형을 넣고 스스로 지퍼를 닫은 후 팔을 끼워 가방을 멘다.
교사가 "다윤이 가방 메고 놀거야?"하고 묻자 "네"하고는 웃으며 교사를 쳐다본다.

다윤이가 가방 멘 것을 보고 혜민이가 자기 가방을 가지고 와서 교사에게 내민다. "혜민이도 가방 메고 싶어?" 그렇다고 고개를 끄덕인다. 혜민이는 교사의 도움을 받아 가방을 메고 다윤이를 따라다니며 놀이한다.

다윤이가 인형을 안자 혜민이도 인형을 안고 다닌다. 다윤이가 웃자 혜민이도 따라 웃고 인형을 다독이자 따라서 다독인다. 둘은 각자 놀이하면서 서로가 어떻게 노는지 계속 살핀다.

나. 영아의 경험

- 영아는 가방이 자신이 소유한 물건이며 자신이 좋아하는 친숙한 사물임을 인식하였다. 영아들은 같은 놀잇감으로 놀이하면서 함께 놀이하고 싶은 마음을 표현하고 또래 친구에게 친밀감을 느꼈다.

- 두 명의 영아들은 반에서 함께 생활하는 또래에 관심을 가지고 또래의 행동을 서로 모방하며 놀이하였다. 친구가 필요한 물건을 건네주거나 같은 놀잇감으로 놀이하며 함께 놀이하고 싶은 마음을 표현하고 친밀감을 쌓아가고 있는 중이다.
- 영아는 교사에게 자신의 의사를 표정, 행동, 말로 표현하였으며 교사의 말을 듣고 이해하여 대답하였다.

다. 교사의 지원

● 공간

- 교사는 영아가 보육실의 놀이 영역에 상관없이 자신이 하는 놀이에 따라 자유롭게 이동하며 놀이하도록 허용하였다.

● 자료

- 교사는 영아의 가방도 놀이자료가 될 수 있다고 생각하여 영아가 놀이하기를 원하는 방식대로 인형을 가방에 넣도록 허용하였다.

● 일과

- 교사는 영아의 등원을 편안하고 안정적으로 맞이하여 놀이와 연결하여 주었으며 놀이시간 동안 영아가 원하는 놀이를 할 수 있도록 하였다.

● 상호작용

- 교사는 영아의 언어적 요구와 비언어적 요구를 민감하게 듣고 영아에게 공감하였으며 영아가 원하는 것을 해볼 수 있도록 지원하였다.
- 교사는 영아가 인정받았다고 느낄 수 있도록 미소, 끄덕임과 같은 비언어적인 표현으로 긍정적인 반응을 하였다.

(2) 더불어 생활하기

① 안정적인 애착을 형성한다.

영아가 교사에게 정서적 유대와 심리적 안정감을 갖고 자신의 욕구와 관심을 표현함으로써 자신이 안전하게 보호받고 있다는 것을 인식한다.

가. 영아 경험의 실제

"선생님이 좋아."

유하가 등원 첫날 엄마를 찾으며 운다.
교사가 "엄마 보고 싶구나. 걱정되고 속상하지? 선생님과 재미있게 놀다보면 엄마가 데리러 오실거야."라고 말해준다. 처음에는 교사를 쳐다보지 않았지만 교사가 쓰다듬어주고 달래주자 점차 울음을 멈추고 교사와 눈을 마주친다.

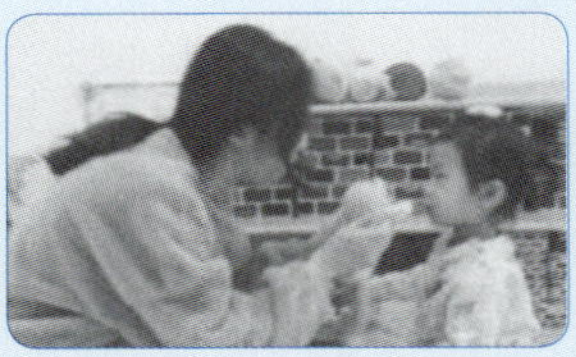

교사는 동물 인형을 가져와서 유하에게 가까이 간다.
인형을 보여주며 동물소리를 낸다.
"안녕, 유하야. 난 유하 친구 몽이야. 반가워. 나랑 같이 놀자."
하고 말한다.
인형을 관심 있게 바라보다가 인형을 가까이 당긴다.
인형을 잡고 흔들거나 한참을 쳐다보며 흥미를 보인다.

교사가 유하에게 "몽이도 엄마 보고 싶나 봐. 우리가 몽이 안아줄까?"라고 말한다. 그러자 유하가 몽이를 안아준다. 교사가 "선생님도 우리 유하 안아줘도 될까?"라고 말하며 유하에게 팔을 벌린다. 유하가 교사 가까이에 다가와 품에 안긴다.

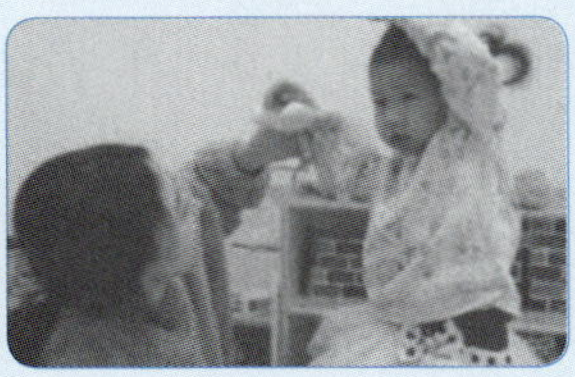

유하는 교사와 인형을 가지고 놀다가 음악소리를 듣더니 일어난다. 교사가 "유하가 좋아하는 노래야?"하고 묻자 "응"하면서 노랫말에 맞추어 팔을 뻗는 동작을 하며 몸을 흔든다. 교사 곁에 머물던 유하가 잠시 후 인형을 들고 교실을 살피며 돌아다니기 시작한다.

나. 영아 경험 이해

- 영아는 애착이 형성되어 있는 부모와 일시적으로 분리된 것에 대한 불안감을 느꼈지만 교사가 신체적으로 접촉하며 달래주고 인형으로 관심을 유도하자 교사에게 안정감을 느꼈다.
- 영아는 교사의 긍정적이고 우호적인 표정과 태도에서 심리적 안정감을 갖게 되었다. 영아는 좋아하는 인형을 매개로 교사와 소통함으로써 자신이 관심과 보호를 받고 있다는 것을 인식하였다.
- 영아는 교사에게 애착을 형성하고 반에 있는 다른 공간과 활동에도 관심을 갖고 편안하게 지내기 시작했다.
- 영아는 교사가 보여주는 표정, 몸짓, 말을 집중하여 듣고 이해하여 자신의 의사를 표현하였다.

다. 교사의 지원

● 자료

- 신입 영아가 정서적 안정감을 갖고 적응하도록 영아가 흥미를 가질 만한 인형을 제공하였다.

● 일과

- 영아가 어린이집의 하루일과에 적응하는 과정에서 편안하질 수 있도록 개별적으로 충분한 시간을 제공하여 천천히 놀이에 참여하도록 하였다.

● 상호작용

- 교사는 영아의 감정을 읽어주고 언어적 표현뿐만 아니라 친근감을 나타내는 표정과 행동으로 상호작용을 하였다. 영아가 듣고 이해하여 스스로 감정을 조절할 수

있도록 기다려주면서 제안하는 방법으로 이야기를 하였다.

② 또래에 관심을 가진다.

영아가 교사 외에 다른 영아와 함께 지내는 경험을 통해 자연스럽게 자신과 구별되는 다른 존재로서 또래가 있다는 것을 인식하고 또래에게 관심을 갖는다.

가. 영아 경험의 실제

"옆에 있고 싶어"

소이가 보람이 옆에 와서 좋아하는 초록색 보자기를 편다. 보람이가 놀이하는 것을 바라보다가 보람이와 같은 방법으로 그릇 모형을 쌓으며 놀이한다.
보람이가 그릇에 담으면 소이도 따라 담는다.

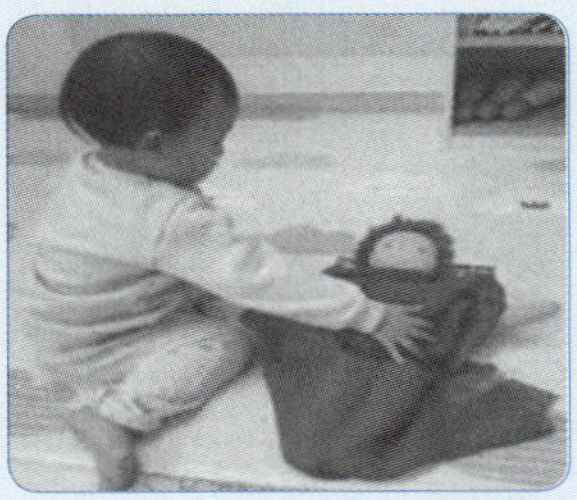

소이는 보람이 옆에서 이동하여 혼자서 놀이한다. 초록색 보자기로 인형을 덮어주며 재우려고 토닥여 준다.
"자장~자장~"하고 작게 여러 번 말한다.

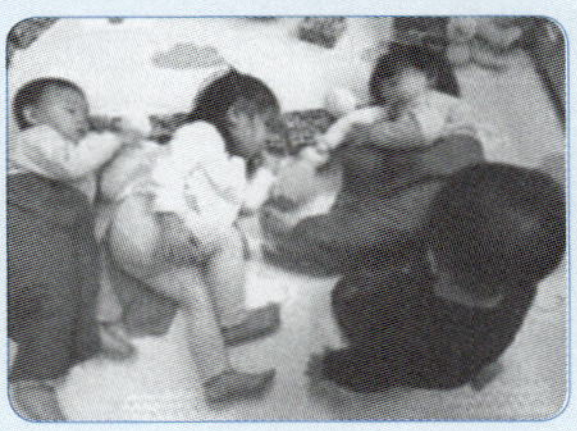

소이는 친구들이 인형을 안고 보자기를 덮거나 눕는 놀이를 하고 있는 쪽으로 간다. 또래의 놀이를 바라보다가 자기가 가지고 놀던 인형을 안고 친구들 옆에 가서 누워 자는 척을 한다.

나. 영아의 경험

- 영아는 또래가 놀이하는 모습에 관심을 가졌으며 또래를 모방하며 놀이하였다. 영아는 또래와 나란히 같은 놀이를 하면서 다른 영아의 감정과 행동에 주의를 기울이며 같은 행동을 하려고 의도하였다.
- 영아는 반에서 자기가 좋아하는 놀잇감을 가지고 혼자 놀거나 또래와 가까이에서 놀이하면서 방해받지 않고 정서적으로 편안함을 느꼈다.
- 영아는 보자기로 놀이하면서 깔고 앉거나, 쓰다듬거나, 덮으면서 보자기의 촉감을 탐색하였다.
- 영아는 보자기를 깔개, 인형덮개, 이불이라고 상상하며 모방행동을 하였다.

다. 교사의 지원

● 공간

- 영아들이 영역의 구분 없이 자유롭게 놀이할 수 있도록 공간을 개방적으로 배치하였다.

● 자료

- 영아들이 보자기에 관심이 많아지자 영아의 수만큼 여러 개의 보자기를 제공하고 영아들이 자신의 의도대로 보자기를 사용하여 놀이하도록 허용하였다.

● 상호작용

- 교사는 영아가 또래의 놀이를 모방하거나 또래 가까이에서 같은 행동을 하며 놀이를 시도할 때 미소, 끄덕임 등 긍정적인 표정으로 영아의 놀이를 지지해 주었다.

● 안전

- 교사는 영아들이 보자기로 놀이할 때 미끄러지거나 잡아당기며 다칠 우려가 있는

지 주의 깊게 관찰하였다.

③ 다른 사람의 감정과 행동에 관심을 가진다.

영아가 주변의 다른 사람이 표현하는 감정과 행동을 보고 자신이 여러 가지 감정을 표현하는 것처럼 다른 사람도 감정과 행동을 나타내는 존재임을 알고 관심을 가진다.

가. 영아 경험의 실제

"친구야, 들어와."

서준이가 블록을 연결하고 공간을 만든다.
블록 하나를 집어 들어 올리더니 반대쪽 손을 흔든다.
"가온이 일루 와"라고 말한다.
멀리 있던 가온이가 "싫어"라고 하자 "안 돼. 가온이 일루 와" 한다. 교사가 가온이에게 "가볼까?"라고 말해 본다.

가온이가 블록 집으로 다가간다.
가온이가 블록 집 앞에 멈추자 서준이는 "똑똑~"하며 블록 하나를 들어 문을 열어준다.

서준이는 자신이 열어준 문으로 가온이가 들어오자 "안녕~"하고 말한다.
서준이가 웃는 모습을 본 가온이도 따라 웃으며 즐거워한다.

놀이가 지속되지 않고 가온이는 곧 자기 놀이로 돌아갔지만 서준이의 표정은 계속 밝다.

나. 영아 경험의 이해

- 영아는 혼자서 놀이하다가 좋아하는 또래에게 자신의 놀이를 보여주고 싶어 하였다. 또래에게 관심을 가지고 자신의 의사를 표현하였으며 또래가 자신에게 관심을 갖자 즐거워하였다.
- 자신의 의도에 또래가 즐거운 표정을 짓는 것을 보고 상대방의 감정을 인식하였으며 자신도 공감하며 나타냈다. 영아는 또래와의 짧은 놀이에서 정서적 공감을 경험하고 반에서 자신의 요구와 감정이 교사와 또래에게서 받아들여진다는 것을 느꼈다.
- 영아는 좋아하는 친구와 놀이하고 싶어서 몸짓과 말소리로 친구를 부르며 자신의 의사를 표현하였다.
- 영아는 같은 모양의 블록을 규칙적으로 연결하여 공간을 만들며 놀이하였다. 영아는 블록을 연결하거나 쌓으면서 패턴, 길이, 높이가 변화하는 것을 경험하였다.

다. 교사의 지원

● 공간

- 교사는 일정한 놀이 영역으로 공간을 제한하지 않고 영아가 블록을 늘어놓으며 충분한 공간에서 놀이할 수 있도록 하였다.

자료

- 교사는 영아들이 블록을 늘어놓거나 쌓는 놀이를 좋아하자 같은 종류를 여러 영아들이 충분히 놀이할 수 있도록 풍부한 양을 제공하였다.

상호작용

- 교사는 영아의 말소리와 행동에 관심을 가지고 관찰하면서 영아와 영아 간의 관계에 먼저 개입하지는 않았다. 영아가 또래에 관심을 보였을 때 다른 영아의 반응을 기다렸다가 놀이가 이루어지도록 제안하였다.

2) 2세 표준보육과정의 사회관계 영역과 실제

내용범주		내용
나를 알고 존중하기	• 나와 다른 사람을 구별한다. • 나의 감정을 표현한다. • 내가 좋아하는 것을 한다.	영아가 자신을 다른 사람과 구별하고, 자신의 여러 감정을 표현해 보며, 스스로 선택한 놀이를 즐겁게 해 봄으로써 자신을 긍정적으로 여기도록 하는 내용이다.
더불어 생활하기	• 가족에게 관심을 가진다. • 또래와 함께 놀이한다. • 다른 사람의 감정과 행동에 반응한다. • 반에서의 규칙과 약속을 알고 지킨다.	영아가 가족에게 관심과 특별한 관심을 갖고, 또래와 함께 놀이하며, 다른 사람의 감정과 행동에 적절하게 반응하고, 반에서의 기본적인 규칙과 약속을 알고 지킬 수 있도록 하여 사회관계의 기초를 경험하는 내용이다.

(1) 나를 알고 존중하기

① 나와 다른 사람을 구별한다.

자신과 다른 사람의 신체적 특징, 능력, 성별 등을 바탕으로 구별함으로써 자신이 고유한 존재임을 인식하도록 한다.

② 나의 감정을 표현한다.

즐거움이나 기쁨, 슬픔이나 두려움, 화남 등 자신의 욕구나 감정을 인식하고, 다른 사람이 알도록 적절한 말과 표정, 행동으로 표현할 수 있도록 한다.

가. 영아 경험의 실제

"친구야, 들어와."

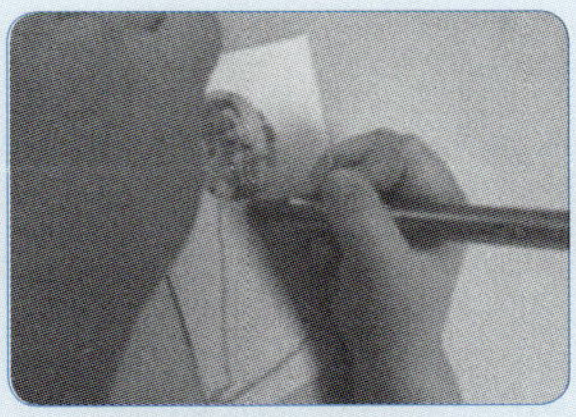

얼굴 스티커를 살펴보던 예진이는 자신의 얼굴 스티커를 하나 잡는다. "예진이 그려줄 거야."라며 종이에 자신의 얼굴 스티커를 붙인 뒤 분홍 색연필로 원피스를 그린다.

예진이가 스티커를 이용해 그림 그리는 것을 본 성훈이는 "내가 너 그려줄게~."라고 하며 친구의 얼굴 스티커를 붙인 뒤 몸통과 옷을 그려 선물한다.

다음날,
손이 더러워진 채린이가 손 씻기를 거부하며 화를 낸다.
교사는 채린이에게 “채린이는 기분이 안 좋니?”라고 물어본다.
화가 난 채린이는 대답하지 않는다.
이 상황을 지켜보던 예진이가 “이거 화난 거야.”라고 말하며
자신이 생각하는 화난 표정을 그려 채린이에게 준다.

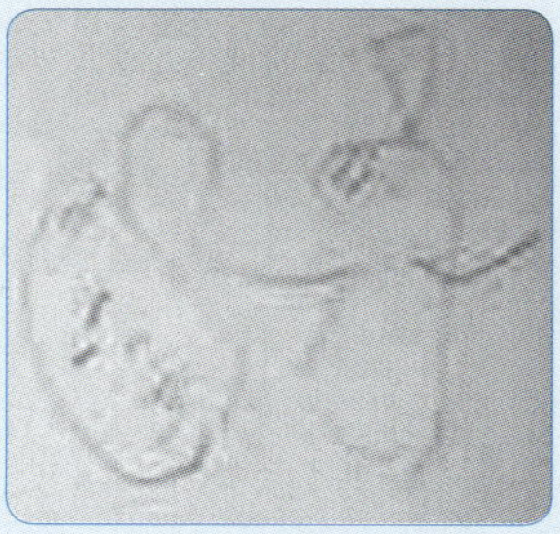

성훈이는 자신이 그린 그림을 교사에게 보여준다.
교사가 “성훈아, 무슨 그림이야?”라고 묻자,
성훈이는 “친구랑 싸우는 거 ... (기분이) 안 좋아...”라고 말한다.

교사는 영아들에게 다양한 감정 그림들을 제공한다.
감정 그림들을 살펴보던 성훈이는 그림 속 표정을 따라 해보려고 시도한다.
예진이는 감정 그림을 하나 고르며,
“이거 까까 먹는 기분.”이라고 말하며 그림에 표현된 감정들에 대해 이야기한다.

나. 영아 경험의 이해

- 영아는 자신의 얼굴 스티커를 이용하여 자신의 모습을 그림으로 표현해보며 나를 인식하였다.
- 영아는 자신의 그림과 다른 영아가 자신을 그려준 그림, 다른 영아의 그림을 비교해 보며 자신에 대한 특징을 알고 다른 사람과 구별하였고, 또래와 함께 그림 그리는 놀이를 통해 다른 사람의 감정과 행동에 관심을 가졌다.
- 영아들은 여러 가지 감정들을 경험하고, 그림이나 표정, 말로 자신의 감정을 표현

해 보는 경험을 통해 자신의 감정에 대해 알게 되었다.

- 감정 그림의 표정을 따라해보거나 유사한 감정을 경험했던 상황을 떠올리며 감정에 대한 생각이나 느낌을 말로 표현하고, 친구의 이야기를 들으며 다른 사람의 감정과 행동에 관심을 가졌다.

다. 교사의 지원

● 자료

- 교사는 영아들이 자신의 얼굴과 같은 반 친구들의 얼굴에 대해서도 알고 구분할 수 있도록 영아들의 실제 얼굴 사진 스티커를 제공하였다.
- 교사는 영아들이 감정에 관심이 있다는 것을 알고 다양한 감정의 예를 보여주기 위해 다양한 감정 그림 스티커를 제공하였다.

● 일과

- 교사는 영아들이 자신의 특징을 알고 표현하며, 또래들끼리 서로 관찰하며 알아가는 시간을 가질 수 있도록 며칠에 걸쳐 충분한 시간을 제공하였다.
- 교사는 일과 중에 영아들의 표정이나 행동 등을 세심하게 살피고 영아의 감정을 이해해주어, 영아들이 편안하게 자신의 감정을 표현할 수 있도록 하였다.

● 상호작용

- 교사는 영아들이 얼굴 사진 스티커를 가지고 자신의 모습을 그려보고 자신과 다른 영아의 그림을 비교해 보면서, 자신에 대해 알아가는 흥미를 가질 수 있게 지원하였다.
- 교사는 영아의 감정을 그림이나 언어로 표현해 보도록 격려하고, 영아들이 표현한 감정에 대해 명명하거나 어떤 경험과 관련이 있었는지 물어보며 영아들의 감정을 존중해 주었다.

③ 내가 좋아하는 것을 한다.

자신이 좋아하는 것, 관심이 생기는 것을 찾아 직접 해보는 경험을 통해 자신이 스스로 무엇을 한다는 것에 만족감을 느끼며 자신에 대한 긍정적인 인식을 갖게 한다.

가. 영아 경험의 실제

"내가 좋아하는 것은..."

상호가 색색의 철사를 탐색하고 있다.
동그랗게 만들려고 여러 번 시도하다가 말발굽 모양으로 철사를 구부린다.
이후 구부린 철사를 나무에 걸어둔다.
교사가 "상호야, 왜 나무에 걸어 준 거야?"라고 묻자, 상호는 "예쁘라고!"라며 대답한다.

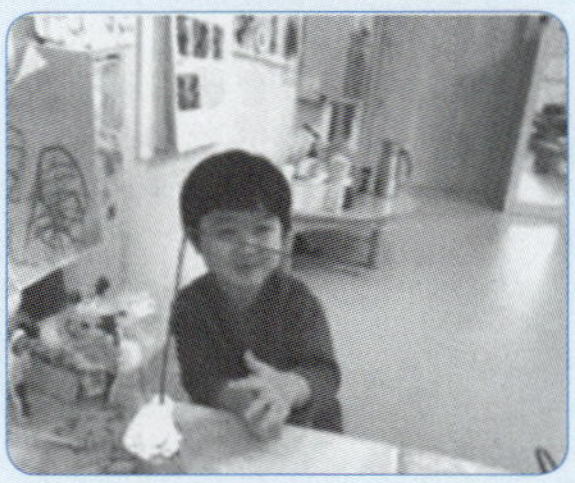

상호는 이전에 꽂은 나뭇가지 윗부분을 꺾어 'ㄱ'자를 만든 뒤 "이거 가로등이야!"라고 교사에게 알려준다.
교사가 "어디에 불이 들어와요?"라고 묻자, 상호는 "지금은 어두워지지 않았기 때문에 빛이 안 켜진 거야."라고 말한다.
잠시 후, "이건 자동으로 켜지는 가로등이에요."라고 설명하고 다시 철사를 만진다.

어제에 이어 오늘도 상호는 철사를 구부리며 이리저리 탐색한다.
상호는 천사점토 위로 여러 개의 철사를 꽂더니 다시 모든 철사를 빼 어제 만든 가로등에 건다.
꺾여진 나뭇가지 사이로 2개의 철사를 넣더니 고정된 것을 확인하고 떨어지지 않는지 재확인한다.

갑자기 교사를 부른 상호는 책상 기둥 모양대로 철사를 구부린다.
"이것 봐. 이렇게 하면 철사가 반달 모양으로 구부러진다?"
기둥 모양대로 구부러진 철사를 보며 신기해한다.
관심이 생긴 철사를 계속 탐색하며 철사를 활용한 놀이를 며칠 더 지속한다.

나. 영아 경험 이해

- 영아는 좋아하는 재료들을 탐색하고, 그것들을 활용한 놀이를 찾아 매일 새로운 시도를 해 보며 자신이 선호하는 놀잇감에 대해 알고 자신이 좋아하는 놀이를 하였다.
- 영아는 여러 가지 색 철사, 나뭇가지, 천사점토 등 다양한 재료에 관심을 갖고 이리저리 탐색하며 물체들의 다양한 특성과 변화를 감각으로 탐색했다.
- 영아는 철사를 구부려 동그랗게 만들려고 여러 차례 시도해 보다가 아직은 조절이 어려운지 말발굽 모양으로 철사를 구부리고, 철사로 구부려 만든 장식을 나무에 걸어주거나 천사점토에 꽂아보며 손과 손가락의 힘을 조절했다.
- 영아는 열매나 잎이 모두 떨어져 텅 빈 나뭇가지를 예쁘게 보이도록 꾸며주거나 나뭇가지를 구부려 가로등이라고 명명하며 사물을 표상하고 영아가 생각한 것을 철사와 점토, 나뭇가지 등의 미술 재료를 이용하여 표현하였다.

다. 교사의 지원

● 공간

- 교사는 영아가 좋아하는 놀이를 며칠 동안 이어갈 수 있도록 놀이하는 공간과 영아의 작품을 그대로 보전해 주었다.

● 자료

- 교사는 영아가 탐색할 수 있는 새로운 자료들을 제공하였다.
- 영아가 새로운 자료에 관심을 보이면 그 자료를 활용한 놀이를 확장할 수 있는 다른 자료는 없는지 살펴보고 제공해 주었다.

● 일과

- 교사는 영아가 좋아하는 놀이를 계속 지속할 수 있도록 놀이시간을 충분히 제공하고, 며칠 동안 일과에 반영하였다.

● 상호작용

- 교사는 영아가 관심을 보이는 놀이를 관찰하며 영아가 만든 것이나 하고 있는 놀이에 대해 질문하며 관심을 보여주고 격려하였다.
- 영아의 다양한 시도, 독립적인 수행과 성취에 대해 칭찬해 주고, 영아가 스스로 능력이 있다고 느끼고 조절할 수 있도록 도와주었다.

(2) 더불어 생활하기

① 가족에게 관심을 가진다.

주변의 친숙한 사람 중에서도 가족이 보다 특별한 대상임을 알고 가족에게 관심과 소속감, 애정을 가지고 표현할 수 있도록 한다.

가. 영아 경험의 실제

"우리 엄마, 아빠"

예진이가 놀이하다가 엄마 이야기를 한다.
"엄마는 지금 뭐하지?"
교사는 예진이에게 "엄마는 지금 회사에서 일하고 계시지. 예진아, 엄마 보고 싶어요?"하자 예진이는 고개를 끄덕인다.
"그럼, 잠깐 엄마, 아빠 사진 보고 올까?"라고 교사가 묻자, 예진이는 가족사진이 있는 교실 벽면으로 가서 엄마, 아빠 사진을 보며 엄마 얼굴에 손을 대고 엄마 사진을 바라본다.

나. 영아 경험의 이해

- 영아는 주변의 친숙한 사람과 함께 있는 일과 중에도 가족에 대한 생각을 하거나 가족이 무엇을 하고 있을지 궁금해하며, 가족에 대한 애정이나 소속감 같은 특별한 감정과 관심을 표현하였다.
- 영아는 놀이 중에 엄마가 무엇을 하는지 물어보며 자신의 의사를 표현하였다.

다. 교사의 지원

● 자료

- 교실 벽면에 영아들의 가족사진을 게시하여 영아가 가족원과 자신의 관계에 대해 인식할 수 있고, 가족과 함께한 일상적인 일 등을 또래들과 공유할 수 있게 하였다.

● 상호작용

- 교사는 가족에 대해 궁금해하는 영아의 관심을 민감하게 확인하고, 교실 내에 있는 영아의 가족사진을 가서 볼 수 있게 하였다.

• 교사는 영아와 함께 영아의 가족사진을 보고 가족들과 즐거웠던 경험이나 추억에 대해 이야기하며 영아의 가족에 대한 감정을 인정해 주고, 남은 일과를 즐겁고 편안하게 보낼 수 있도록 지원하였다.

② 또래와 함께 놀이한다.

또래와 함께 놀이하는 경험을 통해 또래에게 자연스럽게 관심을 가지고 또래의 모습과 행동을 모방하면서 또래 관계를 익히도록 한다.

가. 영아 경험의 실제

"같이 하니까 재밌어."

간식을 먹은 후, 지아가 보현이에게 "우리 같이 가자."라고 이야기한다. 둘은 세면대에서 입을 닦은 후 세수도 한다.

지아가 "우리 로션 바르자."라고 말하며 로션을 짠다.
지아는 로션 냄새를 맡으며 "이건 좋은 냄새가 나."라고 말한다.
보현이도 로션 냄새를 맡으며 "레몬 냄새야. 화장실 거울 보고 발라야지~"라고 말한다.

지아와 보현이는 거울 속의 상대방을 보면서 이야기를 나눈다.
지아: 나 이쁘지?
보현: 응, 이뻐.
지아: 로션 발라서 이쁜 거지?

교실로 돌아와 둘은 다시 거울 앞에 앉는다. 거울을 보며 손으로 얼굴을 문지른다.
보현: 보들보들해.
지아: 맞아. 보들보들해.
보현: 미끌미끌해.
지아: 맞아. 미끌미끌해.

나. 영아 경험의 이해

- 영아들은 일상에서 좋아하는 친구와 함께 씻기, 로션 바르기와 같은 행동을 서로 모방하면서 또래와 함께 놀이하였다.
- 영아들은 거울을 통해 자신의 얼굴과 친구의 얼굴을 살펴보며 나와 다른 사람을 구별하였다.
- 자신이 예쁘다고 생각하는지 친구의 생각을 묻자 이를 동의해주며 함께 놀이하는 친구의 감정과 행동에 적절하게 반응하였다.
- 영아들은 친구와 함께 하고 싶은 일, 로션의 냄새와 느낌, 자신의 외모에 대한 의사를 표현하였고, 상대방의 이야기를 듣고 자신의 생각을 말하였다.
- 간식을 먹은 후 스스로 입을 닦고 세수를 하며 자신의 몸을 깨끗이 하였다.
- 로션의 냄새와 로션을 바를 때의 촉감에 대해 서로 이야기하며, 일상에서 흔히 접하는 로션의 특성을 감각으로 탐색하였다.

다. 교사의 지원

● 공간

- 교사는 영아가 일상에서 혼자 또는 좋아하는 친구들과 함께 탐색하고, 즐길 수 있도록 안전한 공간을 제공하였다.

- 교실의 설비나 사물들을 영아들의 키 높이에 맞게 배치하여 영아들 스스로 편안하게 이용할 수 있게 하였다.

● 일과

- 교사는 영아들이 일상의 경험을 스스로 할 수 있도록 하였다.

● 상호작용

- 교사는 영아들이 또래들과 함께 교실 내의 사물들을 자유롭게 탐색하고 놀이할 수 있도록 지원하였다.

③ 다른 사람의 감정과 행동에 반응한다.

다른 사람의 기쁨이나 즐거움과 같은 긍정적인 감정뿐만 아니라 슬픔, 화남, 두려움, 아픔 등의 부정적 감정을 알아차린다. 상대방의 감정에 같이 기뻐하고, 공감하며, 돕거나 위로를 하는 등의 반응을 할 수 있도록 돕는다.

가. 영아 경험의 실제

"나도 탈래! 같이 가요!"

지완이는 달팽이 끈을 길게 풀며 바닥에 나란히 내려놓는다. 교사가 "우와 끈이 길다~."하고 말하자, 지완이는 "이것도 길고, 이게 더 길어."라고 하며 끈의 길이를 비교한다.

그 모습을 보던 유나가 지완이에게 다가와 "이거 뭐야? 엄청 길다."라고 말하자 지완이가 "이거 기찻길이야."라고 말한다. 교사가 "그럼 기차는 어디 있지?"하고 묻자 지완이는 끈 두 개를 들고 "내가 기차야!"라고 말한다.

지완이는 달팽이 끈으로 기차를 만들고 휘성이와 기차놀이를 하다가 옆에 있는 유나에게 "유나야 탈래?"라고 묻는다.
유나: 어디 가세요?
지완: 놀이터로 놀러 가는 거야.
유나: 나도 탈래! 같이 가요!

지완, 휘성, 유나는 달팽이 끈으로 만든 기차를 타고 "출발합니다! 칙칙폭폭."이라고 소리를 낸다.
교사가 "셋이 어디로 놀러 가는 거야?"하고 묻자 "놀이터로 출발합니다! 안녕~!"하고 손을 흔든다.

나. 영아 경험의 이해

- 지완이는 자신이 놀이하는 모습을 바라보고 있는 유나가 자신의 놀이에 관심을 보인다는 것을 이해하고 함께 놀이할 것을 제안하며 자신의 생각과 느낌을 말하였고, 다른 사람의 감정과 행동에 적절하게 반응하였다.
- 영아는 교사가 제공해 준 달팽이 끈을 늘어놓으며 자신과 사물, 사물과 사물 간의 위치, 거리 등의 관계를 탐색하였고, 길이를 비교하며 주변 사물의 같고 다름을 구분하였다.
- 영아는 '긴 것'에서 기찻길을 연상해내고, 교사의 '기차'에 대한 질문을 들은 후 스스로 '기차'가 되는 상상을 하며 자신의 생각을 말하였다.

- 끈을 가지고 노는 지완이에게 유나는 놀이에 사용하는 물건이 무엇인지, 친구가 무엇을 하는지 물으며 자신의 생각과 느낌을 말하였다.
- 제공된 긴 달팽이 끈을 가지고 기차를 만들어 놀이하며 대·소근육을 조절하고 신체활동을 즐겼다.

다. 교사의 지원

● 공간

- 교사는 영아들이 실내에서도 기차놀이를 할 수 있도록 넓은 공간을 마련해 주었다.

● 자료

- 교사는 영아가 자유롭게 탐색하고 여러 가지로 활용할 수 있는 색과 길이가 다양한 '달팽이 끈'을 제공하였다.

● 상호작용

- 교사는 영아가 가지고 놀이하는 재료에 대해 이야기하며 영아의 탐색을 격려하였다.
- 교사는 영아들이 하는 대화를 듣고, 관련된 질문을 하여 영아들의 상상력을 자극하였다.
- 기차가 되어 함께 놀이하는 영아들에게 어디로 가는지 물어봐 주어 친구들과 함께 하는 놀이를 즐겁게 인식하고 또래 관계를 확장할 수 있게 지원하였다.

④ 반에서의 규칙과 약속을 알고 지킨다.

자신이 자주 경험하는 상황에서 지켜야 할 간단한 규칙이나 약속이 있다는 것을 인식하고 이를 스스로 지키고자 노력하도록 돕는다.

가. 영아 경험의 실제

"내가 같이 해줄까?"

탐구 영역에 있던 통을 떨어뜨려 그 안에 있던 모래가 쏟아지자 주워 담기 시작한다.
그 주위에 있던 영아들도 각자 도구를 가지고 와서 친구들을 도와 모래를 통에 넣으며 정리를 도와준다.

다른 영역에서 놀던 영아들도 교실 바닥에 흩어진 모래를 같이 담아주려고 모여든다.
"어, 쏟았어?"
"내가 같이 해줄까?"
"이렇게 하면 될 것 같아."
영아들은 각자의 방법으로 함께 바닥 위의 모래를 정리해 간다.

나. 영아 경험 이해

- 놀이 중에 바닥에 모래가 쏟아져 지저분해지자 스스로 바닥을 정리하며, 함께 지내는 공간에서 친구들과 잘 놀기 위한 반에서의 기본적인 규칙과 약속을 알고 이를 지키려고 한다.
- 친구가 어려워하는 일을 도와주며 다른 사람의 감정과 행동에 친사회적으로 반응하였다.
- 영아가 모래를 다시 통에 담아 정리하는 것을 보고, 주위에 있던 영아들과 다른 영역에 있던 영아들도 도움이 필요한지 묻고 돕겠다는 의사를 표현하였다.
- 다양한 종류의 숟가락이나 도구를 이용하여 바닥에 흩어진 모래를 통에 담으며 대·소근육을 적절하게 조절하였다.

다. 교사의 지원

● 공간

- 모래 정리를 돕기 위해 한 영역으로 여러 영아가 몰리는 경우를 대비하여 교사는 영아들의 안전을 지키고 편안한 움직임이 가능하도록 교구장과 책상 등의 위치를 옮겨 공간을 더 넓게 확보해 주고 위험한 것들을 치워 주었다.

● 자료

- 교사는 영아가 바닥에 쏟아진 모래를 숟가락으로 정리하는 것이 어렵다는 것을 알게 되면 다른 청소도구를 이용할 수 있다는 것을 알려주고 제공하였다.

● 일과

- 교사는 일과를 조정하여 영아들이 스스로 모래를 정리하고 서로 도울 수 있도록 정리 및 놀이시간을 충분히 제공하였다.

● 상호작용

- 교사는 영아들이 놀이 중 발생한 문제를 미리 나서서 해결해 주기보다는 시간이 걸리더라도 영아들끼리 힘을 합쳐 해결해 볼 수 있도록 지켜보며 기다려 주었다.
- 반에서의 기본적인 약속인 놀이하던 것 정리하기, 함께 사용하는 반을 깨끗이 하는 내용을 영아들이 알고 이를 스스로 지키려고 하는 것을 격려해 주었다.

2. 유아를 위한 사회교육의 실제

1) 누리과정의 사회관계 영역과 유아의 실제 경험

내용범주		내용 및 유아의 실제 경험
나를 알고 존중하기	나를 알고 소중히 여긴다.	자신을 나타내는 나이, 성별, 모습 등에 대해 알고, 자신을 소중히 여기며 가치 있는 존재로 느끼는 내용이다. 유아의 실제 경험: 5세 반 유아들이 숨바꼭질을 하려고 모여든다. 유아가 “나는 진짜 잘 숨을 수 있어.”라고 말하자, 다른 유아들이 “나도 잘 하거든. 나는 몸이 작아서 아무 데나 숨을 수 있어.”, “나도 잘 숨거든!”이라고 말한다.
	나의 감정을 알고 상황에 맞게 표현한다.	자신의 감정에 대해 알고 다양한 상황에서 자신의 감정을 적절하게 표현하는 내용이다. 유아의 실제 경험: 이때 다른 유아가 “나도 할래.”하며 다가온다. 먼저 숨바꼭질을 하던 유아가 “너는 늦게 왔으니까 먼저 술래 해!”라고 말한다. 늦게 온 다른 유아는 “그런 게 어딨어! 네가 하기 싫어서 그런 거잖아. ‘가위 바위 보’로 정해. 나도 술래하기 싫다고!”라고 말한다.
	내가 할 수 있는 것을 스스로 한다.	자신이 할 수 있는 일을 알고 자신감을 가지며 자율적으로 실천해 가는 내용이다. 유아의 실제 경험: 유아가 등원하자마자 선생님에게 오는 자신이 도우미인 것을 확인하며 말한다. “저는 도우미하는 날이 좋아요. 저는 화분에 물주는 것도 잘하고, 친구들한테 간식을 나눠주는 것도 잘할 수 있어요.”라고 말한다. 선생님이 “그럼 오늘의 도우미는 제일 먼저 무엇을 할 생각이야?”라고 웃으며 묻자, “화분에 물 주러 가야지.”라고 말하며 물을 뜨러 화장실 쪽으로 간다.

<table>
<tr><th colspan="2">내용범주</th><th>내용 및 유아의 실제 경험</th></tr>
<tr><td rowspan="3">더불어
생활하기</td><td>가족의 의미를 알고
화목하게 지낸다.</td><td>
가족구성원을 알고, 가족과 함께 생활하며, 가족은 서로 돕고 살아간다는 것을 경험하는 내용으로 가족의 구성원이 다양함을 이해하고 존중하는 내용이다.

유아의 실제 경험: 4세 유아는 가족과 지냈던 일에 대해 그림을 그리며 웃으면서 말한다. “엄마, 아빠랑 캠핑을 갔는데 정말 재미있었어요. 아빠가 밥을 하고 고기를 구웠고, 엄마는 식탁을 차렸어요. 저는 물컵을 꺼냈어요. 밥을 다 먹고 나서, 같이 공놀이도 하면서 놀았어요.”</td></tr>
<tr><td>친구와 서로 도우며
사이좋게 지낸다.</td><td>
친구들과 함께 놀이하는 즐거움을 느끼고 친구와 서로 도우며 배려하고 협력하며 더불어 살아가는 내용이다.

유아의 실제 경험: 유아들이 도화지에 물감을 흘리면서 무늬를 만들고 있다. 4세 수연이가 높은 위치에서 물감을 흘러내리게 하다가 물감이 현우의 팔에 튄다. 현우가 얼굴을 붉히며 “야! 내 팔에 물감이 튀었잖아!”라고 말하자 수연이는 “미안해!, 이제 작게 뿌릴게.”라고 말하며 아까보다 낮은 위치에서 물감을 흘러내리게 한다.</td></tr>
<tr><td>친구와의 갈등을
긍정적인 방법으로
해결한다.</td><td>친구와 갈등이 생겼을 때 자신의 감정과 생각을 제대로 표현하고, 배려, 양보, 타협, 등을 통해 해결하는 내용이다.

유아의 실제 경험: 유아들이 고무줄뛰기를 하고 있다. 고무줄뛰기를 하고 싶은 유아들이 많아지자 서로 먼저 뛰겠다고 큰 소리로 이야기한다. 5세 유아들이 누가 먼저 할지 순서를 정해야 한다고 말한다. 이때 우재가 “우리 먼저 온 순서대로 여기 이름을 적으면 되잖아.”라고 말하더니 3세 도하 손을 잡아 이끈다. “도하야, 아까 네가 제일 먼저 왔지? 여기에 네 이름을 적어 봐. 못 적으면 형아가 적어줄까?”라고 말한다.</td></tr>
</table>

<table>
<tr><th colspan="2">내용범주</th><th>내용 및 유아의 실제 경험</th></tr>
<tr><td rowspan="3">더불어
생활하기</td><td>서로 다른 감정, 생각, 행동을 존중한다.</td><td>다른 사람의 감정, 생각, 행동에 관심을 갖고 감정, 생각, 행동이 서로 다를 수 있음을 이해하고 존중하는 내용이다.

유아의 실제 경험: 5세 유아가 ‘가위 바위 보’하여 이긴 사람이 한 계단씩 올라가는 놀이를 한다. 먼저 계단을 올라간 두 유아가 계단을 다 오르지 못한 유아를 남겨두고 미끄럼틀로 뛰어간다. 혼자 남은 유아가 “나 혼자만 여기 있잖아.” 하며 울먹이자, 미끄럼틀로 뛰어가던 유아가 되돌아와 친구의 어깨를 두어 번 토닥이며 “같이 가자.”라고 말한다. 그리고 손을 잡고 함께 계단을 올라 미끄럼틀 쪽으로 달려간다.</td></tr>
<tr><td>친구와 어른께 예의 바르게 행동한다.</td><td>친구와 어른께 배려, 존중, 공경하는 마음을 담아 예절을 실천하는 내용이다.</td></tr>
<tr><td>약속과 규칙의 필요성을 알고 지킨다.</td><td>

다른 사람과 더불어 살아가는 데 필요한 약속과 규칙이 있음을 이해하는 내용이다. 상황에 따라 필요한 약속과 규칙을 의논하여 정하고 지키는 내용이다.

유아의 실제 경험: 실내 놀이를 마친 뒤 5세 반의 몇몇 유아들이 놀이할 때 불편한 점이 있었다고 말한다. 하선이가 “우리끼리 약속 좀 만들어야겠다.”라고 말하자 유아들이 매트 위에 모여 앉았고, 진지하게 이야기를 나누며 놀이 약속을 정한다. 다음날 유아들끼리 정한 약속을 교사는 색종이에 적어 칠판에 붙여준다. 한 유아는 놀이 약속 옆에 손가락 도장을 찍으며 “내가 지킬 수 있는 약속이 이거야.”라고 말한다.</td></tr>
</table>

<table>
<tr><th colspan="2">내용범주</th><th>내용 및 유아의 실제 경험</th></tr>
<tr><td rowspan="3">사회에
관심 가지기</td><td>내가 살고 있는 곳에 대해 궁금한 것을 알아본다.</td><td>
유아가 자주 접하는 가까운 주변 지역과 이웃에 대해 관심을 가지고, 궁금한 것을 알아보며, 지역 구성원으로서 유대감과 소속감을 느끼는 내용이다.

유아의 실제 경험: 유아들이 함께 블록으로 동네를 만든다. 유아들은 도서관을 만들면서 이야기를 나눈다. “여기는 도서관! 우리 도서관 가봤지? 우리 동네에 도서관이 있으니까 좋다. 그치?”, “응, 선생님한테 내일 또 도서관 가자고 말씀드리자.”</td></tr>
<tr><td>우리나라에 대해 자부심을 가진다.</td><td>유아가 우리나라의 전통에 익숙해지고, 우리나라의 상징, 언어, 문화 등을 경험하면서, 우리나라에 대해 자랑스러운 마음을 가지는 내용이다.

유아의 실제 경험: 바깥 놀이터에서 유아들과 선생님이 이야기를 나눈다.
우재: 너희는 우리나라에서 누가 제일 좋아?
유아들: 이순신 장군! 세종대왕!
교사: 왜 좋아하는데?
시연: 한글을 만들었잖아요. 나는 한글을 진짜 못 쓰는데, 한번 보세요.(모래바닥에 나뭇가지로 자신의 이름을 쓴다.)
유아들: 나도 내 이름 써야지. 아! 맞다. 내일 한글날이라했지.</td></tr>
<tr><td>다양한 문화에 관심을 가진다.</td><td>유아가 다른 나라의 다양한 문화와 생활 양식에 대해 관심을 가지고, 문화의 다양성을 이해하며 존중하는 내용이다.

유아의 실제 경험: 이야기 나누기 시간에는 각 가정마다 감자를 이용하여 만들어 먹는 음식을 한 가지씩 소개하기로 했다. 유아들은 자기 집에서 즐겨 먹는 감자요리와 레시피를 사진, 그림으로 준비해서 소개한다. “우리 집에서는 감자를 삶아서 샐러드를 먹는데...”, “우리 집에서는 감자를 여러 채소랑 볶아서 먹어...” 등의 다양한 감자요리 방법들을 소개한다. 교사는 확장하여 다른 나라 사람들이 즐겨 먹는 감자요리를 소개한다. 그리고 다음날 유아들과 함께 만들어 보고 싶은 감자요리와 필요한 재료를 준비해서 요리활동으로 연결한다.</td></tr>
</table>

2) 사회관계 영역의 통합적 이해(교육부, 보건복지부, 2019)

2019 누리과정은 놀이를 내용별로 이해하지 않고 통합적으로 이해할 수 있도록 하였다. 다음에 제시된 사회관계 영역의 사례를 통해 5개 영역의 내용이 어떻게 통합적으로 이해될 수 있는지 확인해 보자.

(1) 사회관계 영역의 통합 사례

"알겠어. 미안해!"

하원 시간, 우주는 놀이를 계속하고 있는 서연이에게 블록 정리를 하자고 말한다.

우주: (서연이의 귀 뒤쪽에 대고) 이제 블록 정리하는 시간이야!

서연이가 듣기에 우주의 큰 목소리는 자신의 귀에 대고 크게 소리를 지르는 것처럼 들린다.

서연: 귀에 대고 하지 마! 귀 아파!

우주: 아니야. 나는 머리카락에 대고 말했거든. (서연이의 귀 뒷면 머리를 만진다.)

서연: 너가 내 귀에 대고 크게 말했잖아. 귀 아팠거든.

우주: (매우 큰 목소리로) 아니야. 나는 여기에 대고 말했어.

우주와 서연이의 모습을 지켜보던 은성이가 다가와 무슨 일인지 묻는다.

우주: (울먹이는 듯한 목소리로) 있잖아. 내가 귀에 말 안 하고 여기 머리카락에 말했는데, 서연이가 자꾸 내가 귀에 대고 말했다고 하잖아. 나 기분 진짜 안 좋아. 힝!

은성: 알겠어. 서연이가 어떤 말 했는데?

서연: 얘가 내 귀에 대고 말했다구! 여기가 귀야.

(서연이는 자신의 귀를 만지며 소리가 들렸던 위치를 가리킨다.)

은성이는 두 유아의 말을 듣고 팔짱을 끼고 잠시 말없이 생각하더니, 서연이에게 "귀를 막아 봐"라고 말한다. 서연이가 두 손가락으로 귀를 막는다. 은성이는 서연이의 등 뒤로 돌아가 서연이의 귀 옆에서 소리를 낸다.
은성: 아 아...(서연이에게) 어때? 소리 들려?
서연: 응. 귀에 대고 하는 것처럼 들려.
은성: 이제 됐지?
우주: 봐 봐, 맞지? 나 여기 뒤에다 대고 말했지?
서연: 알겠어. 미안해.

(2) 5개 영역의 통합적 이해

① 의사소통

[듣기와 말하기]

- 말이나 이야기를 관심 있게 듣는다. 은성이는 갈등 상황에 있는 유아들의 말을 관심 있게 듣는다.
- 자신의 경험, 느낌, 생각을 말한다. 우주와 서연이는 자신의 입장을 적극적으로 주장한다.
- 상황에 적절한 단어를 사용하여 말한다. 유아들은 상황에 적절한 단어와 문장을 사용하여 말한다.
- 상대방이 하는 이야기를 듣고 관련하여 말한다. 갈등 중에 있는 유아들이나 갈등을 해결하려는 유아 모두 서로의 이야기를 듣고 상대방의 생각, 의도, 감정을 이해

하여 관련지어 말하고자 노력한다.

② 사회관계

[나를 알고 존중하기]

- 나를 알고 소중히 여긴다. 서연이는 자신의 귀가 아프다는 것을 알고 보호하려고 하며, 우주는 자신의 행동에 대한 오해를 풀기 위해 적극적인 태도를 취한다.
- 나의 감정을 알고 상황에 맞게 표현한다. 갈등 중에 있는 두 유아는 서로 자신의 속상한 감정을 알고 상황에 맞게 말한다.

[더불어 생활하기]

- 친구와의 갈등을 긍정적인 방법으로 해결한다. 은성이는 두 친구의 갈등을 긍정적인 방법으로 해결한다.
- 친구와 서로 도우며 사이좋게 지낸다. 은성이는 두 유아의 문제해결을 위해 적극적으로 돕는다.
- 서로 다른 감정, 생각, 행동을 존중한다. 은성이는 두 유아가 느끼는 감정, 생각, 행동을 존중하며 갈등의 원인이 된 상황을 재연하기를 제안한다.

③ 자연탐구

[생활 속에 탐구하기]

- 물체의 특성과 변화를 여러 가지 방법으로 탐색한다. 유아들은 갈등을 해결하는 과정에서 귀 옆에서 크게 말하는 소리는 귀에 대고 하는 소리로 들릴 수 있음을 알게 된다.
- 물체의 위치와 방향, 모양을 알고 구별한다. 유아들은 귀의 위치, 말소리가 들린 귀 옆 등 방향을 짚어가며 서로 말한다.

참고문헌

과학기술정보통신부, 한국정보화진흥원(2019). 2018년 스마트폰 과의존 실태조사. 대구: 한국정보화진흥원.

곽금주, 정윤경, 김민화, 박성혜, 송현주 역(2005). **아동발달심리학**. 서울: 박학사.

권석만(2019). **현대 이상심리학**. 서울: 학지사.

교육과학기술부, 보건복지부(2013). 3~5세 연령별 누리과정 교사용 지침서. 서울: 교육과학기술부 · 보건복지부.

교육부, 보건복지부(2019). 2019 개정 누리과정 해설서. 세종: 교육부.

교육인적자원부(2004). 유아를 위한 양성평등 교육활동 지도자료. 서울: 교육인적자원부.

교육인적자원부(2005). 유아를 위한 역사교육활동자료. 서울: 교육인적자원부.

교육인적자원부(2007). 교사와 유아를 위한 유아사회교육 활동자료. 서울: 교육인적자원부.

구경선, 김혜경(2011). **유아사회교육**. 서울: 교육아카데미.

구광현, 이희경(2002). **유아사회교육**. 서울: 동문사.

국립국어원 표준국어대사전(2020).

김규수, 안영경, 이종향(2018). **영유아 사회교육**. 경기: 공동체.

김명화(2011). **우리 아이 자존감의 비밀**. 서울: 비비북스.

김민성(2009). 학습상황에서 정서 존재: 학습정서의 원천과 역할. **아시아교육연구, 10**(1), 73-98.

김수정, 정익중(2016). 컴퓨터, 전자게임, 스마트폰 사용이 유아의 우울불안과 공격성에 미치는 영향. **아동과 권리, 20**(2), 157-176.

김영희(2018). 키워드 네트워크를 활용한 유아역사교육의 개념분석. 동의대학교 일반대학원 박사학위논문.

김윤경(2020). **사회정서학습: 이론과 실제**. 경기: 다봄교육.

김정원, 최소린(2016). 지속가능발전수업에서 표출된 예비유아교사의 '지속가능발전교육'에 대한 인식 연구. **유아교육학논집, 20**(5), 59-80.

김희태, 김경희(2021). **유아사회교육**. 서울: 한국방송통신대학교출판문화원.

류미향(2014). 영아의 스마트폰 사용실태 및 어머니 인식: 어머니의 양육효능감. 양육스트레스와의 관련성 탐구. **한국영유아보육학, 86**, 307-329.

문혁준, 이희경, 권희경, 김정희, 김혜연, 이성복, 강인숙(2016). **유아사회교육**. 서울: 창지사.

민혜영, 김영희, 유은석, 임경령(2019). **유아사회교육**. 경기: 공동체.

박선진, 강민주(2020). 부모 공동양육의 질이 유아의 사회적 기술에 미치는 영향: 부정적 정서에 대한 어머니의 반응과 유아 불안의 이중매개효과. **육아정책연구, 14**(2), 3-27.

박소영(2015). 유아의 스마트미디어 사용실태 및 과다사용에 영향을 미치는 변인 연구. 가톨릭대학교 대학원 박사학위논문.

박찬옥, 서동미, 엄은나(2020). **유아사회교육**. 파주: 양서원.

박희숙(2020). **영유아 발달**. 경기: 어가.

보건복지부(2008). 성학대 피해 아동 지원 모형 개발. 세종: 보건복지부.

보건복지부(2020). 제4차 어린이집 표준보육과정 해설서. 세종: 보건복지부.

서소정(2006). 유아의 친사회적 행동에 관한 연구: 유아의 요구전략, 언어발달, 어머니의 친사회성에 관련된 양육신념 및 사회화전략을 중심으로. **열린유아교육연구, 11**(4), 287-310.

서울대학교 교육연구소 편(1998). **교육학 대백과사전**. 서울: 하우동설.

서은미, 엄은나, 이혜경, 박성희(2019). **영유아 교수학습방법론**. 경기: 공동체.

서정은(2022). **영유아 사회정서 지도의 이해**. 서울: 퍼플.

성샛별, 이혜원, 이경숙, 김명식(2017). 영유아 영상물 과다노출이 영유아의 일반 발달과 정서 사회행동에 미치는 영향. **영유아아동정신건강연구, 10**(1), 45-58.

송석재(2003). 반두라의 행위 중심의 도덕론에 관한 연구. 한국교원대학교 대학원 박사학위논문.

심숙영(2014). **영유아 사회정서행동II. 애착, 정서지능 및 사회지능**. 경기: 교육과학사.

심숙영(2016). **영유아 사회정서 개별화지도 -애착기반 사회정서지능 프로그램 기반-**. 경기: 교육과학사.

양옥승(2010). 다문화 시대의 한국교육. 한국몬테소리교육학회 학술대회 자료집.

양옥승, 이옥주, 이정란, 손복영(2017). **유아사회교육**. 서울: 신정.

양옥승, 김정림, 양유진(2020). **유아의 자기조절 능력과 교육**. 한국유아교육학회 유아교육 디딤돌시리즈 3. 파주: 양서원.

오성숙, 석은조(2020). **영유아 사회교육의 이론과 실제**. 파주: 양서원.

오주현, 박용완(2019). 영유아 스마트 미디어 사용 실태 및 부모 인식 분석. **육아정책연구, 13**(3), 3-26.

유구종, 김민경, 김은아(2012). 유아교육용 애플리케이션 내용 및 인터페이스 상호작용 분석. **열린유아교육연구, 17**(10), 169-194.

유아교육자료 사전 편찬위원회(1997). **유아교육사전**. 서울: 한국사전연구사.

윤선영, 조형숙(2008). 비판적 사고 교수 접근에 기초한 유아경제교육 프로그램 구성 및 적용효과. **유아교육연구, 28**(2), 113–141.

이경희(2006). TV, 컴퓨터 매체가 유아의 두뇌발달 중 집중력에 미치는 영향. 국제문화대학교 대학원 석사학위논문.

이기숙, 장영희, 이윤경, 정미라, 심성경, 손순복, 김영아(2015). **유아발달**. 경기: 양서원.

이숙재, 이봉선, 이방실, 박정선, 한상경, 김종선(2006). **유아경제교육을 위한 새로운 접근**. 서울: 성신여자대학교.

이영, 김온기, 조성연, 이혜경, 이선원, 이정림, 나유미, 김상림, 나종혜(2015). **유아발달**. 서울: 학지사.

이영미, 임민정, 윤재희, 이승하(2021). **영유아 사회교육**. 경기: 공동체.

이영자, 유효순, 이정욱(2004). **주제중심의 통합적 접근방법에 의한 유아사회교육**. 서울: 교문사.

이영자, 이기숙, 이정욱(2009). **유아 교수 · 학습방법**. 서울: 창지사.

이원영, 이영자, 박찬옥, 조형숙(1999). 영아를 위한 애착 형성 교육 프로그램 연구. 삼성재단 학술대회.

이현경, 김우영, 홍지명, 조홍자(2020). **미래사회의 핵심역량: 유아의 사회적 능력**. 한국유아교육학회 유아교육 디딤돌시리즈 5. 경기: 양서원.

인터넷중독대응센터(2014). 건강한 스마트미디어 활용 가이드북(유치원 및 초등 1, 2학년 부모용). http://www.iapc.or.kr/info/mediaAddc/selectInfoMediaAddcList.do.

장수연(2021). 유아의 인성과 유아교육기관적응 간의 관계에서 의사소통능력과 매개효과. **육아정책연구, 15**(2), 3–26.

전예화, 최미현, 천영희, 서현아, 황해익, 오경녀(2010). **유아사회교육의 이해**. 경기: 양서원.

정미라(2009). 유아의 성역할 정체감에 따른 자아존중감과 사회적 능력에 관한 연구. **유아교육학논집, 13**(6), 107–130.

정미라(2010). 유아의 성역할 정체감 유형에 따른 유치원 적응력. **아동교육, 19**(3), 217–234.

정옥분(2017). **사회정서발달**. 서울: 학지사.

정옥분(2019). **발달심리학: 전생애 인간발달**. 서울: 학지사.

조순옥(2010). **유아사회교육**. 서울: 창지사.

조순옥, 이경화, 배인자, 이정숙, 김정원, 민혜영(2013). **유아사회교육**. 서울: 창지사.

조운주, 최일선(2017). **유아사회교육**. 서울: 창지사.

죠세핀 킴(2012). **우리 아이 자존감의 비밀**. 서울: 서울문화사.

지성애, 박희숙, 이승하, 조유진(2020). **마음의 문을 열고 관계로 들어가는 아이: 사회 · 정서 유능감**. 경기:

양서원.

차경수, 모경환(2017). **사회과교육**. 서울: 동문사.

찰스 A. 스미스(1996). **유아들의 사회생활 교육**. 서울: 이화여자대학교 출판부.

최혜순(2004). **유아사회교육**, 서울: 양서원.

최혜진, 조은래, 권유선, 김선영(2022). **표준보육과정과 누리과정에 기초한 영유아사회교육**. 경기: 공동체.

하수연, 신현경, 이해정, 정재은, 김보경, 서영민(2015). **3~5세 연령별 누리과정에 의거한 유아사회교육**. 고양: 공동체.

한국아동학회(2012). 만 3~5세 누리과정 제2차 표준보육과정 워크샵.

한국양성평등교육진흥원(2012). 2012년도 생애주기별 양성평등의식교육. 서울: 한국양성평등교육진흥원.

홍순옥(2020). **영유아발달**. 경기: 양서원.

홍순정, 김희태(2010). **유아사회교육**. 경기: 공동체.

Band, E. B. & Weisz, J. R.(1988). How to feel better when it feels bad: Children's perspectives on coping with everyday stress. *Developmental Psychology, 24*(2), 247–253.

Bandura, A.(1969). Social learning theory of identification processes. In D. A. Goslin(Ed.), *Handbook of socialization theory and research*. Chicago: Rand McNally.

Bandura, A.(Ed.)(2004). **변화하는 사회 속에서의 자기효능감**(윤운성, 정정옥, 가경신 공역). 서울: 학지사.

Baumrind, D.(1991). Parenting styles and adolescent development. *The Encyclopedia of Adolescence, 2*, 746–758.

Baxley, D. & Zendell, A.(2005). *Sexuality education for children and adolescents with developmental disabilities*. Florida Developmental Disabilities Council. INC.

Berk, L. E.(2012). *Child development*(9th ed.). Boston, MA: Pearson Education.

Bowlby, J.(1982). *Attachment and loss*(2nd ed.). New York, NY: Tavistock Institute of Human Relations.

Bronfenbrenner, U.(1986). Ecology of the family as a context for human development : Research perspectives. *Developmental Psychology*. 22, 733–742.

Bronfenbrenner, U.(1989). Ecology systems theory in R. Vasta(ed.) *Six Theories of Child Development*. Greenwich. C.T.: JAI Press.

Denham, S. A.(1998). *Emotional development in young children*. New York: Guilford.

Dodge, K. A., Coie, J. D., & Lynam, D.(2006). Aggression and antisocial behavior in youth. In N.

Eisenberg, W. Damon, & R. M. Lerner(eds.). *Handbook of Child Psychology* Vol. 3(pp. 719–788). Hoboken, NJ: Wiley & Sons.

Douville–Watson, L., Watson, M. A., & Wilson, L. C.(2003). *Infants and toddlers: Curriculum and teaching*. Clifton Park, NY: Delmar Learning.

Erickson, E.(1963). *Childhood and society*, NY: Norton.

Gilligan, C.(1977). In a different voice: Woman's conceptions of self and morality. *Harvard Educational Review, 47*(4), 481–517.

Hooper(2012). **아이의 행복 플로리시**. [*What children need to be happy. confident and successful: step by step positive psychology to help*]. (우문식, 이명원, 허현자 공역). 서울: 물푸레.

Hupp, S., & Jeweoo, J.(2016). 아동발달, 그 오해와 진실. [*Great myths of child development*]. (정용숙 역). 서울: 시그마프레스.

Izard, C. E., Fantauzzo, C. A., Castle, J. M., Haynes, O. M., Rayias, M. F., & Putnam, P. H.(1995). The ontogeny and significance of infants' facial expressions in the first 9 months of life. *Developmental Psychology*, 31(6), 997–1013.

Kohlberg, L. A.(1969). Stage and sequence: The cognitive–developmental approach to socialization. In D. A. Goslin (ed.), *Handbook of socialization theory and research*. Chicago: Rand McNally.

Kohlberg, L. A.(1976). Moral stages and moralization: The cognitive development approach. In T. Likona(Ed.), *Moral development and behavior: Theory, research, and social issues*. New York: Holt, Rinehart, & Winston.

Kopp, C. B., & Neufeld, S. J.(2002). Emotional development in infancy. In R. Davidson, K. Scherer, & H. H. Goldsmith(eds.), *Handbook of Affective Sciences*. New York: Oxford University Press.

Kostelnik, M. J., Whiren, A. P., Soderman, A. K., & Gregory, K. M.(2009). 영유아의 사회 · 정서 발달과 교육[*Guiding Children's Social Development and Learning(6th ed.)*]. (박경자, 김송이, 권연희, 김지현 역). 서울: 교문사.

Melendez, W. R., Beck, V., & Fletcher, M.(2000). *Teaching social studies in early education*. New York: Delmar.

Melendez, W. R. & Beck, V.(2007). *Teaching young children in multicultural classrooms*. Albany, NY: Thomson Learning.

Messinger, D. S., Fogel, A., & Dickson, K. L.(2001). All smiles are positive, but some smiles are more positive than others. *Development Psychology*, 37(5), 642–653.

Poole, C., Miller, S. A., & Church, E. B.(2006). Development: Ages & stages–how children develope a sense of time. *Early Childhood Today, 20*(7), 20–25.

Rheta Devries, Betty Zan(1994). **유아를 위한 사회 도덕성 교육**. 서울: 창지사.

Ridley, M.(2004). **매트 리들리의 본성과 양육**. (김한영 역). 경기: 김영사.

Robertson, J. T.(1981). An investigation of prosocial modeling effects on the duration of prosocial and aggressive behavior in preschoolers. Unpublished Doctoral Dissertation. University of Chicago.

Seefeldt, C.(2005). *Social Studies for the Preschool/Primary Child*(7th ed.). Upper Saddle River, NJ: Pearson Prentice Hall.

Seefeldt, C., Castle, D. S., & Falconer, D. R.(2014). 아동을 위한 사회교육(제8판). (권연희 역). 서울: 시그마프레스.

Shaffer, D. R.(2005). *Social and personality development*(6th ed.). Belmont, CA: Wadsworth.

Simmons, R. G. & Blyth, D. A.(1987). *Moving into adolescence. The impact of pubertal change and school context. Hawthorne*, New York: Aldine & de Gruyter.

Statham, J.(1986). *Daughters and Sons-Experiences of non-sexist childraising*. Oxford: Basil Blackwell.

Trawick–Smith, J.(2005). *Early childhood development: A multicultural perspective*(4th ed.) Columbus, MO: Merrill.

Van den Boom.(1994). The influence of temperament and mothering on attachment and exploration: An experimental manipulation of sensitive responsiveness among lower–class mother with irritable infant. *Child Development*, 65, 1457–1477.

Westen, D.(1994) Toward an integrative model of affect regulation: Applications to social–psychological research. *Journal of Personality*, 62(4), 641–667.

찾아보기

ㅇ

ㅈ

저자약력

구경선

연세대학교 대학원 교육학과(문학 석사)

독일 본(Bonn)대학교 교육학과(철학 박사)

현, 서울신학대학교 아동보육학과 교수

영유아 사회교육

1판 1쇄 인쇄 2023년 12월 10일
1판 1쇄 발행 2023년 12월 15일

저 자	구경선
발 행 인	회장 박철용
	대표 박세원
발 행 처	정민사
주 소	경기도 파주시 직지길 522 파주출판도시
전 화	031-955-8030
팩 스	031-955-8025
홈 페 이 지	http://www.jmpub.co.kr
이 메 일	yswgroup@naver.com
출 판 등 록	1979년 1월 22일 No. 406-2004-000130호
I S B N	978-89-5809-996-3
정 가	20,000원